W0056597

Hans Horst Fröhlich

Sebastian Kneipps Kräuter- und Naturgarten

*Unter Mitarbeit von
Markus Wittenzeller*

KOSMOS

Inhalt

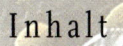

Vorwort

Gartenschauen locken Millionen von Besuchern an. Erlebnistage von Staudengärtnereien finden begeisterte Resonanz. Gartencenter boomen und Gartenzeitschriften von „praktisch" bis „edel" füllen ein breites Regal im Zeitschriftenkiosk. Dieses ungeheure Interesse an Gärten und Pflanzen hat sicherlich mehrere Gründe: In unserer hektischen, hochtechnisierten Zeit haben wir Sehnsucht nach dem Ursprünglichen. Wir möchten wieder gerne mehr in und mit der Natur leben, Jahreszeiten spüren, im Garten Wunder erleben. Daneben geht die Liebe zu den Gärten, vor allem zu den Nutzgärten, sicher auch durch den Magen. Wer auf Kantinenessen, Fast Food und Convenience angewiesen ist, genießt bewusst den eigenen Salat oder das selbstgeerntete Gemüse. Durch Reisen in fremde Länder haben wir den Reiz des Würzens kennen gelernt. „Kräutern statt Salzen" wird uns als schmackhafte Gesundheitsvorsorge immer mehr bewusst. Nicht zuletzt regt auch die ungeheure Beliebtheit und anerkannte Wirksamkeit von Naturheilmitteln dazu an, den Kräuterschatz der Pflanzenheilkunde kennen zu lernen.

So ist es nicht verwunderlich, dass Sebastian Kneipp, der Wiederentdecker der Heilkräuter, enorme Popularität und Wertschätzung erfährt. Die Arzneipflanzen sind ein wesentlicher Bestandteil seiner hochaktuellen Gesundheitslehre. Neben Wasseranwendungen, gesunder Ernährung und ausreichend Bewegung sind es die Heilkräfte der Pflanzen, die den modernen Menschen zu einer Harmonie von Körper, Geist und Seele führen können. So ist dieses Buch dem heilkundigen Pfarrer von Wörishofen gewidmet. Es soll seine Erkenntnisse darstellen, diese um aktuelle Erfahrungen ergänzen und prak-

Der „Pflanzenhimmel" in der Klosterkirche in Bad Wörishofen

tische Tipps für Ihren persönlichen Lebensstil weitergeben.

In Bad Wörishofen, der ursprünglichen Wirkungsstätte Sebastian Kneipps, wurden seine Verdienste um die Pflanzenheilkunde durch die Anlage von drei Kräutergärten und eines Duft- und Aromagartens gewürdigt. Bereits 1894, zu Lebzeiten Kneipps, richtete Wörishofen als vielbesuchter Kurort, Grünanlagen zur Erholung seiner Bürger und Gäste ein. Anfang des 20. Jahrhunderts wurden diese zu einem Park im englischen Stil erweitert. Es gelang in Bad Wörishofen immer, den Kurpark durch behutsame Umgestaltungen attraktiv zu halten. Eine seit Kneipps Zeiten bestehende Tennisanlage mit Jugendstil-Clubhaus fügt sich harmonisch ein. Wassertretanlage und Becken für Armbäder erfrischen, zahlreiche Ruheoasen laden ein zur Meditation inmitten der Natur. Seit 1995 stellt ein Rosarium die Königin der Blumen in über 450 Sorten vor. 1997 öffnete sich der neu angelegte Aroma- und Duftgarten als Augen- und Nasenweide den zahlreichen Besuchern. Ermutigt durch die ungeheure Resonanz errichteten 1999 die Stadt Bad Wörishofen und die Kneipp Werke die Kräutergärten.

Geschichte, Ideen und Pflanzen dieser Gärten möchte ich Ihnen vorstellen. Tauchen Sie ein in die Welt der Düfte. Lernen Sie mit Sebastian Kneipp die Sprache der Pflanzen verstehen. Besonders sinnvoll wäre dieses Buch, wenn es Sie zur Anlage einer Kräuter- oder Duftecke in Ihrem Garten anregen könnte. Sebastian Kneipp möchte Sie hierzu ermuntern: „Mit jedem Schritt und Tritt, welchen wir in der Natur machen, begegnen wir immer wieder neuen Pflanzen, die für uns höchst nützlich und heilbringend sind."

Der Wiederentdecker der Heilkräuter

Kräuterwissen besitzt eine jahrtausendealte Tradition: von der ayurvedischen Medizin Indiens, über die traditionelle chinesische Medizin bis hin zu den Ärzten der Antike, der Klostermedizin und den mittelalterlichen Meistern der Kräuterbücher. Im 19. Jahrhundert, einer Zeit, in der synthetische Mittel zunehmend an Bedeutung gewannen, entdeckte Sebastian Kneipp erneut den Naturschatz bewährter Heilpflanzen und führte die Kräutertradition zu neuer Bedeutung.

Mit fünf Elementen zum Wohlbefinden

Seit Urzeiten nutzen Menschen Kräuter und Wasser als Nahrungs-, Würz- und Heilmittel. Hieraus haben sich wissenschaftlich abgesicherte Naturheilverfahren entwickelt, unter denen die Gesundheitslehre von Sebastian Kneipp eine herausragende Stellung einnimmt. Seine ganzheitliche Betrachtungsweise des Menschen liegt voll im modernen Gesundheitstrend. Fünf sich ergänzende Säulen erleichtern es uns, unser Leben gesundheitsbewusst zu gestalten:

▶ Differenzierte Wasseranwendungen
▶ Mild wirkende Heilkräuter
▶ Ausreichende Bewegung
▶ Gesunde Ernährung
▶ Harmonie von Körper, Geist und Seele

Erst das Zusammenspiel dieser fünf Elemente, für mich sinnvoll symbolisiert durch fünf gleichwertige Segmente eines in sich geschlossenen Kreises, führt zu Gesunderhaltung oder Heilung. „Kaum ein Umstand wirkt schädlicher auf die Gesundheit, als die Lebensweise unserer Tage. Es muss ein Ausgleich gefunden werden, um die überanstrengten, schwachen Nerven zu stärken und ihre Kraft zu erhalten."

Wie aktuell ist dieser Ausspruch Sebastian Kneipps! Unsere moderne Gesellschaft ist auf der Suche nach „Lifestyle". Der Lebensstil nach Kneipp zielt daraufhin ab, durch Anregung der körpereigenen Selbstheilungskräfte Widerstandskraft und inneres Gleichgewicht zu

Die fünf Elemente des ganzheitlichen Naturheilverfahrens nach Sebastian Kneipp – eine in sich geschlossene, harmonische Einheit

erlangen. Die Kneipp-Methode ist von der Schulmedizin anerkannt, ihr gesundheitsvorbeugender Aspekt ist dagegen Vorurteilen ausgesetzt. Immer noch wird er mit negativ belegten Begriffen wie „abhärten" oder „kaltem Wasser" in Verbindung gebracht. Sebastian Kneipp war ein verständnisvoller Menschenfreund, der ein maßvolles, jedoch keineswegs asketisches Leben forderte. Dies steht im Einklang mit der Erkenntnis, dass Gesundheitsvorsorge heute nur dann von breiten Gesellschaftsschichten angenommen wird, wenn sie Spaß macht. Für diesen Trend stehen positiv belegte, aber nicht genau definierte Begriffe wie „Wellness" oder „Fitness". Unter dem Begriff „Kneippness" kann die klassische Kneipp-Therapie ihre fünf Elemente einbringen und darstellen, wie zeitgemäß und zukunftsweisend ihre Inhalte sind.

In einem Buch über Kräutergärten stehen natürlich Kräuter und Heilpflanzen im Vordergrund. Auch als „Wasserdoktor" schenkte Sebastian Kneipp diesen besondere Beachtung: „Ich habe mehr mit Kräutern als mit Wasser kuriert und dabei die schönsten Erfolge erzielt."

Es sind die sanften Reize, die Starkes bewirken: die Waschung, der ausgedehnte Spaziergang, das Gewürz oder die milden Heilkräuter. Kneipp besaß eine ausgeprägte Beobachtungsgabe, wissenschaftliche Neugier, analytischen Verstand, die Fähigkeit, Erkenntnisse praktisch umzusetzen und markant zu formulieren: „Tausende von Menschen könnten ihr Leben verlängern, würden sie zu leben verstehen." Warum beherzigen wir so selten diese sinnvolle Lebensphilosophie?

Zu allen Zeiten haben die Menschen die Heilkraft des Wasser in verschiedenster Form genutzt.

Wohltuende Wasseranwendungen

Wenn Sie an einem heißen Sommertag Ihre müden Füße nach einer Wanderung in einem kühlen Gebirgsbach erfrischen oder am Meeresstrand das Laufen im seichten Wasser genießen, dann „kneippen" Sie ohne es zu wissen.

Bereits vor Sebastian Kneipp wurde Wasser von Ärzten oder Laienbehandlern zu Heilzwecken angewendet. Kneipp erkrankte während seines Studiums an Lungentuberkulose. Die Lektüre des Buches „Unterricht von der wunderbaren Heilkraft des frischen Wassers" des Schweidnitzer Arztes Johann Siegmund Hahn regte ihn zu kurzen Tauchbädern in der winterkalten Donau an. Seine unverhoffte Heilung und weitere Heilerfolge festigten in ihm die Überzeugung, dass die wechselweise Anwendung von warmem und kaltem Wasser die Selbstheilungs-

kräfte des Menschen so anregen kann, dass er seltener krank wird und länger gesund bleibt.

Diese „Abhärtung" im Sinne einer Prävention wurde inzwischen wissenschaftlich als Stimulierung unseres Immunsystems nachgewiesen. Dass der Nachweis am Beispiel einer sanften morgendlichen Waschung gelang, spricht dafür, dass gerade die milden Reize Starkes bewirken. So hat auch Sebastian Kneipp seine zunächst kräftigen Wasseranwendungen im Laufe der Jahre immer mehr abgemildert. Heute braucht daher niemand mehr Angst zu haben, „dass er nach Wörishofen kommt und im Wasser ersäuft", wie es Kneipp drastisch ausdrückte.

Die Kneippsche Hydrotherapie beinhaltet heute mehr als 130 differenzierte Wasseranwendungen, die nach Konstitution und Alter abgestuft werden. Das Wasser dient als Überträger von Temperaturreizen. Kalte Wasseranwendungen sollen

immer als angenehm empfunden werden. Die Spanne reicht von der Waschung über Güsse, Wickel, Kräuterbäder bis hin zum Blitzguss, für den eine robuste Natur nötig ist. Durch den physikalischen Reiz werden im Körper Reaktionen im Bereich der Blutgefäße, des Stoffwechsels und der Muskulatur ausgelöst. Die Folgen sind bessere Durchblutung, Entschlackung und allgemeine Entspannung. Einfache Formen der Hydrotherapie können Sie selbst durchführen: Tau- oder Schneetreten, Wassertreten am Meer oder in der Badewanne, Tauchbäder nach der Sauna oder Wechselduschen und Entmüdungsbäder nach dem Sport. Regelmäßige Anwendungen bedingen einen Trainingseffekt, der zur Abhärtung und Immunstimulierung führt. Sie werden widerstandsfähiger, bleiben fit, die Infektanfalligkeit wird vermindert und das allgemeine Wohlbefinden steigt. Dies ist Wellness im besten Sinne.

Mild wirkende Heilkräuter

Die Pflanzenheilkunde im Sinne Sebastian Kneipps basiert auf einer jahrtausendealten Tradition. Neben der Medizin der Ägypter und Perser, neben Ayurveda und Traditioneller Chinesischer Medizin können wir auch von einer Traditionellen Europäischen Medizin sprechen. In unserem Kulturkreis wurde das Wissen um die heilende Kraft von Kräutern aus der Antike (Hippokrates, Dioscurides, Galen) bis ins hohe Mittelalter (Hildegard von Bingen) vor allem von den christlichen Klöstern gepflegt und weitergegeben. Mit der Renaissance begann die große Zeit der kunstvollen Kräuterbücher (Otho Brunsfeld, Leonhart Fuchs, Hieronymus Bock). Erweitert wurde das Pflanzenwissen um neue Kräuter und Gewürze aus dem Fernen Osten und Amerika. Die Rolle der Heilpflanzen begann sich zur Zeit des Paracelsus (1493 – 1541) zu wandeln. Durch Fortschritte der Naturwissenschaft und Medizin gewannen chemische Arzneimittel

an Bedeutung. 1855 kam Sebastian Kneipp als Pfarrer nach Wörishofen und entwickelte hier seine Gesundheitslehre.

Seine Pflanzenkenntnisse schöpfte er aus der Erfahrung der Volks- und Klostermedizin. Er sondierte, ordnete und erprobte gewissenhaft. Kneipp beschränkte die Anwendungsgebiete und erweiterte die Einsatzgebiete der Heilpflanzen vom Heilen (Curativen) hin zur Wiederherstellung

Ein traumhafter Kräuterstrauß

(Rehabilitation) und zur Gesundheitsvorsorge (Prävention). Der von Kneipp zu neuer Bedeutung geführte Arzneipflanzenschatz muss heute ständig neuen wissenschaftlichen Erkenntnissen angepasst und um neue wertvolle Pflanzen erweitert werden. Heilpflanzen besitzen in Form von Tees, Pflanzensäften, Extrakten, Kräuter-dragees, Badezusätzen oder Salben ein breites Wirkungsspektrum. Sie sind gut verträglich und weitestgehend frei von Nebenwirkungen.

Daher eignen sie sich zur langfristigen Anwendung, zur Steigerung der Abwehrkräfte, zur Verminderung von Risikofaktoren, zur Stärkung von Organfunktionen, zur Behandlung leichter Erkrankungen oder Befindlichkeitsstörungen und zur Linderung von Altersbeschwerden. Phytotherapie ist keine Alternative zur Schulmedizin, sondern ein anerkannter Teil der heutigen, naturwissenschaftlich orientierten Medizin.

Gerade die milden Heilkräuter können Starkes bewirken.

Bewegung, die Spaß macht

Im 19. Jahrhundert gingen die Menschen tagsüber meist einer schweren körperlichen Arbeit nach. Abends war man müde und hatte kein Bedürfnis mehr nach körperlicher Betätigung. So ist es kein Wunder, dass die Empfehlungen zur Gymnastik in Kneipps Schriften eher kurz ausfallen. Auch wenn sich die prominenten Gäste bereits zu Kneipps Zeiten im Internationalen Club Wörishofen auf Croquet- und Lawn-Tennisplätzen vergnügten, verordnete ihnen Kneipp

Auto zurück und die Freizeit verbringen wir oft bewegungsarm vor dem Fernseher. Aktive Bewegung mit einem Wechselspiel von Belasten und Ausruhen schafft Ausgleich. Jeder muss für sich selbst entscheiden, ob er ein strenges Fitnesstraining oder eine Sportart bevorzugt, die seiner Konstitution, seinem Alter und seiner Kondition entspricht. Einen zügigen Fußmarsch, eine schnelle Radfahrt können Sie in Ihren Tageslauf einbauen. Dauersportarten wie Schwimmen, Tennis, Golf oder Wandern trainieren Herz und Kreislauf, nor-

Ernährung sollte ausgewogen, naturbelassen und schmackhaft sein.

Gesunde Ernährung, die schmeckt

Sebastian Kneipp war selbst kein Kostverächter. Er stellte fest: „Der Weg zur Gesundheit führt durch die Küche. Was nun die Kost betrifft, so soll eine solche gewählt werden, welche gesund, nahrhaft und leicht verdaulich ist." Ausgewogene, abwechslungsreiche Kost sollte den Kalorienbedarf decken und alle notwendigen Nährstoffe in ausreichender Menge und im richtigen Verhältnis enthalten. Hierfür eignen sich frische, naturbelassene und vitaminhaltige Lebensmittel, möglichst fettfrei, zuckerfrei und vollwertig. Bewusstes Essen und maßvoller Umgang mit Genussmitteln beugen Zivilisationsschäden vor und beheben Stoffwechselstörungen. Es ist daher nicht nur im Sinne von lebensfrohem Genießen, wenn unser traditioneller Speiseplan um gesunde Rezepte aus Ländern erweitert wird, aus denen viele neue Kräuter und Gewürze stammen.

Bewegung macht Spaß und hält fit.

Holzhacken und Dreschen, denn: „Wenn eine Maschine lange der Witterung ausgesetzt ist und nicht verwandt wird, so wird sie bald ihre Dienste versagen, sie wird zuletzt gebrechlich werden und zerfallen, ohne dass man sie gebrauchen kann. Gerade so ergeht es dem menschlichen Körper."

Heute üben viele Menschen eine sitzende Tätigkeit aus, selbst kurze Strecken legt man mit dem

malisieren Stoffwechselwerte, steigern die geistige Leistungsfähigkeit und fördern die seelische Entspannung. Zu den individuell abgestimmten Maßnahmen gehören Gymnastik, Rückenschule, aber auch passive Formen wie Massage. Bewegung ist in jedem Alter möglich. Wichtig ist dabei, dass man die eigene Leistungsfähigkeit richtig einschätzt, das sinnvolle Maß hält und Spaß dabei empfindet.

Ordnung – Harmonie von Körper, Geist & Seele

Nächstenliebe und soziale Verantwortung waren die Triebfedern für Sebastian Kneipps lebenslange Arbeit. Für ihn als „Seelsorger" führte der Weg zu emotionaler Ausgeglichenheit, zu Harmonie zwischen den Funktionen des Organismus und des Geistes, über die Religion: „Erst als ich daran ging, Ordnung in die Seelen meiner Patienten zu bringen, hatte ich vollen Erfolg."

Viele Krankheiten haben ihren Ursprung in den Risikofaktoren, den Genussmitteln und in der Reizüberflutung unserer Zeit. Durch eine aktive, ausgewogene Lebensführung können wir Abstand zum Alltagsstress gewinnen und wieder zu uns selbst finden. Entspannung ist eine wichtige Voraussetzung, um das seelische Gleichgewicht wieder zu erlangen. Diese Lebensharmonie kann der gläubige Mensch im Sinne Kneipps durch seine Religion erreichen. Sebastian Kneipp hielt seine Patienten aber auch zu einer harmo-

nischen Beziehung innerhalb der Familie, in der Gemeinschaft und zur Umwelt an. Daneben bieten die Beschäftigung mit der Natur, kreative Lebensgestaltung mit Malen, Musik, Lesen oder Hobbies, und Entspannungs- und mentale Stärkungstechniken, wie autogenes Training, Yoga, Qi Gong, und Atemtherapie Möglichkeiten, geistig-seelische Stabilität und Ausgeglichenheit zu erlan-

gen. Dadurch erreichen Sie auch körperliches Wohlbefinden, Lebensfreude und Aufnahmefähigkeit für die wesentlichen Dinge des Lebens. Der Kneipp-Lebensstil ist natürlich, zeitlos und ganzheitlich. Zunehmend werden auch Erkenntnisse der Chronobiologie berücksichtigt, um zum individuellen Lebensrhythmus zu finden. Sinn der Ordnungstherapie, wie dieses Element wenig zeitgemäß heißt, ist es, einen Ausgleich zwischen Antrieb und Hemmung, zwischen Chaos und Ordnung, zwischen Anspannung und Ruhe zu erreichen. Manager ziehen sich heute für eine Woche hinter Klostermauern zurück, um neue Kraft zu tanken und um wieder zu sich selbst zu finden. Den Weg zu dieser Lebensharmonie müssen Sie selbst für sich erkunden und umsetzen. Durch seelische Stabilisierung und nervliche Festigung werden dann Selbstheilungskräfte aktiviert, die zur erwünschten Gesundheitserhaltung beitragen und eine positive Lebenseinstellung unterstützen.

Lebensharmonie ist ein Kraftspender für unser Immunsystem.

Die drei Kräutergärten

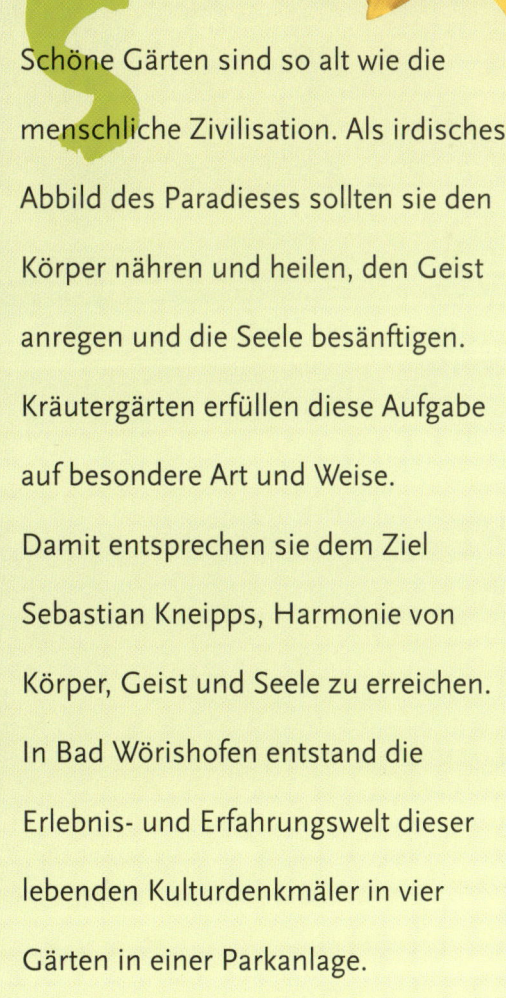

Schöne Gärten sind so alt wie die menschliche Zivilisation. Als irdisches Abbild des Paradieses sollten sie den Körper nähren und heilen, den Geist anregen und die Seele besänftigen. Kräutergärten erfüllen diese Aufgabe auf besondere Art und Weise. Damit entsprechen sie dem Ziel Sebastian Kneipps, Harmonie von Körper, Geist und Seele zu erreichen. In Bad Wörishofen entstand die Erlebnis- und Erfahrungswelt dieser lebenden Kulturdenkmäler in vier Gärten in einer Parkanlage.

Walahfrid Strabos Klostergarten

Zu den ältesten Dokumenten über Pflanzen und Anlage früherer Kräutergärten gehört das Dekret „Capitulare de villis", das Karl der Große um 800 n. Chr. erließ. Dieses forderte in reinem Kanzleitext, dass alle Krongüter einen Garten errichten müssen, in dem 73 Kräuter sowie 16 verschiedene Obst- und Nussbäume gezogen werden.

Aufschlussreicher ist ein Grundplan des Benediktinerklosters St. Gallen um das Jahr 820 mit

Schlafmohn als Fruchtbarkeitssymbol

drei getrennten Gärten: einem Baumgarten (*pomaris*), einem Gemüsegarten (*hortus*) und einem gesonderten Kräutergarten (*herbularis*) mit 16 Pflanzenarten. Auf diesen idealen Grundriss geht der Plan des Klostergartens der Bodenseeinsel Reichenau zurück, den Abt Walahfrid Strabo mit viel poetischer Kraft besungen hat. Zwischen 830 und 840 schuf er das Lehrgedicht „Liber de cultura hortorum" – oder kurz „Hortulus" –, das zu den ältesten gartenhistorischen Quellen im deutschen Sprachraum gehört.

Walahfrid wurde im Jahre 809 als Sohn einfacher Leute am schwäbischen Meer geboren. 825 wurde er unter die Mönche des Bendiktinerklosters Reichenau aufgenommen. Wegen eines Augenfehlers nannte man ihn „Strabo, den Schieler". Neben Latein und Griechisch vertiefte er sich in die römischen Dichter und studierte die ärztlichen Schriften der Klosterbibliothek. 838 wurde er, noch nicht 30jährig, Abt von Reichenau. Im Jahre 849 ertrank er auf einer Gesandtschaftsreise zu Karl dem Kahlen beim Übergang über die Loire.

Der „Hortulus" ist seine sehr persönliche Beschreibung von 24 Heilkräutern und Blumen aus unmittelbarer Beobachtung. Walahfrid schildert die erlebte Pflanzenwelt und stützt sich lediglich in der pharmakologischen Bewertung auf antike Quellen. Die Einteilung der 6 × 4 Kräuterbeete und die 444 Hexameter des Kräutergedichts sind der Zahlensymbolik der Natur und der Religion entnommen: 4 Elemente – 4 Jahreszeiten – 4 Naturen der Körper – 4 Evangelien – 4 Kardinaltugenden.

Den einem Klostergarten nachempfundenen „Walahfrid-Strabo-Garten" in Bad Wörishofen umgibt eine „Ruinenmauer". Früher trennte eine Gartenmauer Welten: das künstlich geschaffene Paradies von der profanen Umwelt, den Nomaden vom sesshaften Bauern, den besitzlosen Landarbeiter vom mächtigen Herrscher, Arbeit von Müßiggang. Hinter Mauern wollte man die in der freien Natur verstreute Apotheke konzentrieren. Auch in Klostergärten hielten die mit der Pflege der Natur betrauten Mönche hinter Mauern Zwiesprache mit Gott und dessen Schöpfung gemäß der Benediktinischen Regel „ora et labora" (bete und arbeite).

DIE KRÄUTER DES „HORTULUS"

in der Reihenfolge der Strophen des Gedichts

aus dem „Hortulus"	Deutscher Name	botanischer Name
salvia	Salbei	*Salvia officinalis*
ruta	Raute	*Ruta graveolens*
abrotanum	Eberraute	*Artemisia abrotanum*
cucurbita	Kürbis	*Lagenaria vulgaris*
pepones	Melone	*Cucurbita melo*
absintium	Wermut	*Artemisia absinthium*
marubium	Andorn	*Marrubium vulgare*
foeniculum	Fenchel	*Foeniculum capillaceum*
gladiola	Schwertlilie	*Iris germanica*
lybisticum	Liebstöckel	*Levisticum officinale*
cerefolium	Gartenkerbel	*Anthriscus cerefolium*
lilium	Lilie	*Lilium candidum*
papaver	Mohn	*Papaver somniferum*
sclarea	Muskatellerkraut	*Salvia sclarea*
menta	Minze	*Mentha viridis*
puleium	Poleiminze	*Mentha pulegium*
apium	Sellerie	*Apium graveolens*
bettonica	Betonie	*Betonica officinalis*
agrimonia	Odermennig	*Agrimonia eupatoria*
ambrosia	Rainfarn	*Tanacetum vulgare*
nepeta	Katzenminze	*Nepeta cataria*
raphanus	Rettich	*Raphanus sativus*
rosa	Rose	*Rosa gallica*

Der Walahfrid-Strabo-Garten wurde im Stil eines mittelalterlichen Klostergartens angelegt.

Der Kräuter liebende Abt Walahfrid Strabo ergänzte in seinen Strophen diese meditative Besinnung um sinnliche Freude an der kultivierten Natur. Neben der Beschreibung der Pflanzen und ihrer Wirkungen widmete er der christlichen Pflanzensymbolik viel Raum. Die Rose steht für das Leiden Christi, die Lilie verweist auf die Unschuld Marias, das gebeugte Veilchen gilt als Zeichen der Demut. Nach einleitenden Gedichten über die Vorzüge des ruhigen Klosterlebens und die schweißtreibende Arbeit des Gartenbaus und nach einem Lob auf den Fleiß des Gärtners geht er in den folgenden Strophen auf die therapeutischen Kräfte von Salbei, Raute, Eberraute und weiteren Kräutern ein. So ergibt sich aus dem „Hortulus", aus der Pflanzenliste Karls des Großen und aus dem Klosterplan von St. Gallen ein äußerst anschauliches Bild von den Gartenpraktiken des 9. Jahrhunderts.

Der Leonhart-Fuchs-Garten

Nach den Schriften der Benediktinermönche und dem Lorscher Arzneibuch (um 800) klafft zwischen der karolingischen Zeit bis zu Hildegard von Bingen (1098 – 1179) eine Überlieferungslücke. Auch wenn Hildegard Medizinkenntnisse mit Liebeszauber und christlicher Mystik vermischte, dokumentieren ihre Bücher den Kenntnisstand der Pflanzenheilkunde des hohen Mittelalters.

Dem botanischen Werk des Dominikanermönchs Albertus Magnus (1193 – 1280) ist zu entnehmen, dass die Gartenkulturen der Klöster sowohl die Haus- als auch die Hofgärten der Bauern mit ihrem Erfahrungsschatz bereicherten. Bedingt durch die wissenschaftliche Annäherung von christlicher und islamischer Welt verlor die Klostermedizin ihre Monopolstellung. Sie musste nun mit Laienakademien und Universitäten konkurrieren. Die enge Verzahnung von Botanik, Pharmazie und

Medizin wird ab dem ausgehenden 15. Jahrhundert einprägsam sichtbar in den Holzschnitt-Herbarien der Herbalisten. Und mit der Erfindung der Buchdruckkunst eröffnete sich der zivilisierten Welt eine ähnlich neue Dimension der Aneignung und Weitergabe von Wissensgut, wie wir es heute in den Kommunikationsmöglichkeiten der modernen Medien erleben.

Der Verdienst der Herbalisten lag nicht so sehr in eigener Forschung, als in der redaktionellen Aufbereitung des damaligen pflanzlichen und naturheilkundlichen Wissensfundus. Das älteste illustrierte Kräuterbuch neuen Stils, das „Herbarium Vivae Eicones" des Pfarrers und Arztes Otho Brunfels (1488 – 1534), wurde wegen der lebensnahen Pflanzendarstellungen zum Vorbild vieler nachfolgender Kräuterbücher. Neben dem Holzschnitt-Herbarium des italieni-

Die Fuchsie ehrt mit ihrer Schönheit den berühmten Arzt und Botaniker.

schen Botanikers und Arztes Pierandrea Matthiolus (1500 – 1577) und dem „New Kreuterbuch" des Hieronymus Bock (1498 – 1554) erschien im Jahre 1543 das bis heute großartigste Pflanzenbuch, verfasst von Leonhart Fuchs (1501 – 1566), einem in Wemding geborenen Arzt und Botaniker. Über viele Jahre hinweg hatte er eine Sammlung aller damals bekannten Heilpflanzen unter dem Titel „De historia stirpium commentarii" niedergeschrieben. 1543 erschien davon in Basel eine deutschsprachige Ausgabe als „New Kreüterbuch" mit fast 900 Seiten und über 500 hervorragenden Pflanzendarstellungen. Die Illustrationen wurden von H. Füllmaurer und A. Meyer unter Anleitung von Fuchs gezeichnet und dann von V. R. Speckle in Holz geschnitten.

Der „Leonhart-Fuchs-Garten" in Bad Wörishofen ist diesem herausragenden humanistischen Gelehr-

DIE VIER BEETE DES LEONHART-FUCHS-GARTENS

Zierpflanzen

Mutterkraut, Studentenblume, Akelei, Pfingstrose, Feuerlilie, Gretl im Busch, Kugeldistel, Goldlack, Balsamine.

Küchenkräuter

Dill, Bohnenkraut, Gartenkresse, Garten-Ampfer, Basilikum, Wilder Majoran, Garten-Majoran, Schnittlauch, Pimpinelle.

Gemüse

Spargel, Rote Beete, Mangold, Kohl, Kopfsalat, Zwiebel, Lauch, Spinat, Gurke.

Giftpflanzen

Fingerhut, Eisenhut, Stechapfel, Herbstzeitlose, Schierling, Maiglöckchen, Osterluzei, Tollkirsche, Bilsenkraut.

Der Leonhart-Fuchs-Garten entspricht der strengen Geometrie der Renaissance-gärten. Er zeigt in vier Beeten Giftpflanzen, Gewürze, Nutz- und Zierpflanzen.

ten gewidmet. Der Gestaltung des Gartens liegen die streng geomet-rischen Formen der Renaissance zugrunde: ein quadratischer Grundriss mit zentralem Brunnen und mit streng geordnetem Pflanzenwuchs in den Beeten. Die mittelalterliche Klostermauer ist gefallen, der weltliche Garten wird von einer Eibenhecke umgrenzt. Vier gleichmäßig um die Garten-mitte angeordnete Beete für Gift-pflanzen, Gemüse, Küchenkräuter und Zierpflanzen sind mit niedri-gen Buchshecken eingefasst. Unter einer Auswahl der rund 500 im „New Kreüterbuch" beschriebenen Pflanzen ziert natürlich eine Fuchsie zu Ehren des Namens-gebers das Blumenbeet. Der Gar-ten entspricht dem Wunsch der ersten öffentlichen Schaugärten der Renaissance nach Symmetrie und ausgewogenen Proportionen.

Sebastian Kneipps Kräutergarten

Eibisch vereint in sich Heilkraft und Schönheit.

Im 19. Jahrhundert standen die milden Heilpflanzen in Gefahr, durch die segensreichen Erfolge der chemischen Mittel in Vergessenheit zu geraten. Gegen den Strom hat Sebastian Kneipp das jahrtausendalte Kräuterwissen der Volks- und Klostermedizin wieder neu entdeckt und die Heilpflanzen als wichtiges Element seines Naturheilverfahrens zu neuer Bedeutung geführt. Die Wurzeln seiner Pflanzenkenntnisse finden wir in seinem Elternhaus und in der Tra-dition der Bauerngärten. Der „Sebastian-Kneipp-Garten" entspricht mit Staketenzaun, Holzbänken, Kieselwegen und Geräteschuppen dem äußeren Bild eines Bauerngartens. Die Pflanzenvielfalt ländlicher Gärten, eine Folge der vielfältigen Einflüsse von Kloster-, Pfarr- und Apothekergärten, lässt diese fälschlicherweise als schein-

bar zufälliges Durcheinander erscheinen. Daher ist die strenge Anordnung der sorgfältig beschrifteten Beete didaktisch sinnvoll, aber nicht typisch. Bauerngärten waren unverzichtbare Einrichtungen zur Selbstversorgung mit Gemüse, Gewürz- und Heilpflanzen und zugleich die Hausapotheke. Kenntnisse über die Verwendung von Kräutern bei kleinen medizinischen Problemen gehörten in ländlichen Gegenden zum Allgemeingut.

Aus dieser Tradition heraus machte Kneipps Mutter ihren Sohn Sebastian mit Heilkräutern vertraut. Mit dem Vater erkundete er die Pflanzenwelt seiner Heimat. Er vertiefte seine Kenntnisse durch Beobachtung und Erfahrung – „denn umsonst hat uns der Schöpfer all die wunderbaren Pflanzen und den Verstand nicht gegeben" – und durch das Studium alter Pflanzenbücher: „Und wie ich von den Vorfahren die Kräuter kennengelernt habe, so habe ich auch Kräuterbücher gelesen und dann Versuche gemacht, um die Wirkungen, der mir aus diesen Büchern bekannten Pflanzen zu erproben." Kneipp erprobte kritisch, befreite die Heilpflanzen von Mystik und Indikationslyrik und ordnete ihnen nur noch wenige Anwendungsgebiete zu. Diese sind in fast unveränderter Form in den Monographien der Kommission E des Bundesamtes für Arzneimittel und Medizinprodukte zu finden. Durch seinen Würzburger Apothekerfreund Leonhard Oberhäußer erweiterte Sebastian Kneipp seine Kenntnisse über die Anwendung und die wirkungsvollste Zubereitung der Heilkräuter.

INHALT EINER KLEINEN HAUSAPOTHEKE

Sebastian Kneipp „Meine Wasserkur" (1886)

I. Tinkturen von
Arnica
Enzian
Heidelbeeren
Rosmarin
Wachholderbeeren
Wegwart
Wermuth

II. Thee von
Angelika
Anserine
Attich
Augentrost
Baldrian
Bitterklee
Brennessel
Dornschlehblüthen
Eibisch
Eichenrinde

Erdbeeren
Hagebutten
Hollunder
Huflattich
Johanniskraut
Kamille
Lindenblüthen
Lungenkraut
Malve
Minze
Mistel
Raute
Rosmarin
Salbei
Schafgarbe
Schlüsselblume
Spitzwegerich
Tausendgüldenkraut
Veilchen
Wachholderbeeren

Waldmeister
Wegwart
Wermuth
Wollkraut
Wühlhuber
Zinnkraut

III. Pulver von
Alaun
Aloe
Angelika
Attich
Augentrost
Baldrian
Fenchel
Foenum graecum
Huflattich
Leinsamen
Minze
Salbei

Santala
Wermuth, feiner
Knochenpulver
Kohlenstaub
Kreidemehl

IV. Oele von
Anis
Fenchel
Kampher
Raute
Wachholderbeeren

ferner
Mandelöl
Nelkenöl
Salatöl
Spicköl

Die Pflanzen aus Sebastian Kneipps „Hausapotheke" blühen nach Indikationen geordnet in einem schwäbischen Bauerngarten.

Kneipp gab sein umfangreiches Pflanzenwissen in öffentlichen Vorträgen und in erfolgreichen Büchern weiter. In seinem Bestseller „Meine Wasserkur" empfiehlt er Tees, Tinkturen, Pulver und Öle von 46 Kräutern als „Inhalt einer kleinen Hausapotheke". Die Pflanzen der „Hausapotheke" bilden, nach Indikationen geordnet, den Pflanzenbestand des „Sebastian-Kneipp-Kräutergartens". Um den Fortschritt vom traditionellen Heilkraut der Volksmedizin zur Arzneipflanze der modernen Phytotherapie aufzuzeigen, wurde dieser um heute wichtige, erforschte Heilpflanzen wie Ginkgo, Artischocke, Nachtkerze oder Mariendistel erweitert.

Der Aroma- und Duftgarten

I„Immer der Nase nach" erreichen Sie den sinnlichsten Teil des Bad Wörishofer Kurparks. Lassen Sie sich verzaubern von der betörenden Welt der Düfte, entdecken Sie die Sprache der Pflanzen. Auf 3 500 Quadratmetern wurde mit 250 Duftpflanzen-Arten ein botanischer Beitrag zur harmonischen Lebensordnung im Sinne Sebastian Kneipps geschaffen.

Die Namen der Rosen

Während Sie durch den Rosenbogen des Aroma- und Duftgartens treten und und auf diese Weise in immer neue Duftabenteuer eintauchen, werden Sie am Eingang würdig von der Rose 'Sebastian

Tipp

Rosen pflanzen und pflegen

▶ **Die beste Pflanzzeit** für Rosen ist der Herbst (Oktober/November). Bei Frühjahrspflanzung die Pflanze 2 Stunden wässern.

▶ **Rosenwurzeln dürfen nie austrocknen** und sind gegen Wind und Sonne zu schützen. Rosen mögen alle ausreichend mit Humus versorgten Gartenböden. Sie vertragen keine Staunässe. Zur Düngung eignen sich Rinderdung bzw. organische Handelsdünger.

▶ **Rückschnitt bei Herbstpflanzung** im Frühjahr, bei Frühjahrspflanzung direkt auf 20 cm Trieblänge.

als wertvolle Komponente für Parfums, Körperpflegemittel, Seifen und Aromaöle vor allem aus Frankreich und aus der Türkei zu uns. Aus 3 – 5 Tonnen Blütenblätter kann man durch Wasserdampfdestillation oder Extraktion nur einen Liter ätherisches Öl gewinnen. Dies erklärt den hohen Preis von etwa 10 000 Euro für ein Kilogramm Rosenöl. Das kostbare Öl wird aus den Blüten „Alter Rosen" gewonnen (*Rosa damascena*, *Rosa centifolia*).

Bis zum Ende des 18. Jahrhunderts kannte man in Europa ausschließlich Rosen-Sorten, die nur einmal blühen und besonders intensiv duften. Gallica-Rosen sind die ältesten Gartenrosen mit besonders edlem Duft. Anmutig rosa oder weiß blühende Damas-

zener-Rosen duften intensiver und fruchtig. Elegante Alba-Rosen verbreiten mit zarten Blütenfarben einen raffinierten, fast exotischen Duft. Als Wildformen dieser Alten Rosen war schon vor 1310 die Apothekerrose (*Rosa gallica officinalis*) bekannt. Abkömmlinge der Essigrose (*Rosa gallica*) wurden vom 13. bis ins 18. Jahrhundert in großer Menge in der Nähe von Paris angebaut. Ende des 18. Jahrhunderts kamen die ersten China-Rosen nach Europa. Durch Kreuzung der Alten Rosen mit China-Rosen entstand die Gruppe der „Historischen Rosen". Im Jahr 1867 brach mit Einführung der ersten Teehybriden, der rosa blühenden 'La France', das Zeitalter der modernen Rosen, die „ständig blühen müssen", an: Polyantha-, Floribunda- und Teehybridrosen. Der renommierte britische Rosenexperte Peter Beales hat den feinen Un-

Kneipp' begrüßt. Ihr Namensgeber hatte in seinen Schriften speziell den medizinischen Wert der Heckenrose (*Rosa canina*) und deren Hagebuttenfrüchte beschrieben. Kneipp hätte wohl kaum zu träumen gewagt, dass einmal eine Rose seinen Namen tragen würde.

Die Rose gilt als die attraktivste und beliebteste Blume, aber erst die perfekte Harmonie von Farbe, Form und Duft kürt sie zur „Königin der Blumen". Rosen werden als Symbol für Vollkommenheit, göttliche und irdische Liebe, Glück, aber auch für Krieg, Geheimnis und Verschwiegenheit betrachtet. Unzählige Lieder, Legenden, Märchen, Romane, Fachbücher und Filme versuchen, das „Geheimnis Rose" zu ergründen. Exklusives Öl ist neben Schönheit das Edelste, was die Rose zu bieten hat. Es kommt

Die Rose 'Sebastian Kneipp', eine Neuzüchtung mit dem Charme alter Rosen

terschied charmant umschrieben: „Alte Rosen sind wie Ballett-Tänzerinnen, die meisten modernen Rosen wie Revue-Girls." Moderne Rosen blühen zwar monatelang, dafür verlieren sie oft an Formenvielfalt und an Duftintensität. Erfreulicherweise besinnt man sich zur Zeit wieder auf die alten Rosenwerte.

In letzter Zeit erobern „Englische Rosen" unsere Gärten. Sie verbinden die Ausstrahlung nostalgischer Blütenformen und -düfte mit dem Wuchs, der reichen Farbpalette und der Langzeitblüte moderner Arten. Zu dieser Sorte gehört auch die Neuzüchtung 'Sebastian Kneipp' aus der Rosenzucht Kordes. Aufrecht im Wuchs, gut verzweigt, willig nachtreibend verbreitet sie mit dicht gefüllten, weiß bis zart rosafarbenen Blüten und betörendem Duft den Charme alter Rosen. Grundstock für den Rosengarten im Kurpark waren 1972 eintausend Rosenstöcke als Spende des Rosenzüchters Gerd Horstmann. 1988 wurde das Rosarium um die „Historischen Rosen" und 1991 um die „Englischen Rosen" erweitert. Heute können Sie in 150 Beeten mit 450 Rosen-Sorten von 70 Züchtern die faszinierende Vielfalt der Rosen bewun-

DIE ROSENKLASSEN

Rosenklasse	Eigenschaften	Arten und Sorten
Wildrosen	unscheinbare Blüte, charakteristischer Rosenduft, blüht einmal im Jahr	*Rosa gallica officinalis*, *Rosa canina, Rosa rugosa, Rosa arvensis*
Alte Rosen	einmal blühend, charakteristischer Rosenduft, dicht verzweigter Wuchs, dunkelgrünes Laub, weiß bis purpur blühend	
Gallica-Rosen	dichter, verzeigter Wuchs, unvergleichlich duftend, hellrosa bis purpurrot blühend	'Charles de Mills', 'Belle de Crecy', 'Cardinal de Richelieu'
Damaszener-Rosen	fein-fruchtig duftend, meist rosa blühend, graugrünes Laub, lockerer Wuchs	'Marie Louise', 'Celsiana', 'Mme. Hardy'
Alba-Rosen	zart duftend, weiß bis rosa blühend, graugrünes Laub, hoch wachsend	'Belle Amour', 'Maxima', 'Königin von Dänemark', 'Celeste'
Moderne Rosen	werden so bezeichnet seit Einführung der Teehybride 'La France' im Jahr 31897	
Beetrosen (Floribunda)	vielblütig, niedrigbuschig, aufrechter Wuchs, reich in mehreren Schüben blühend	'Class Act', 'Margret Merril', 'Friesia'
Edelrosen (Teehybriden)	aufrechter Wuchs, edle große Einzelblüte, halb bis stark gefüllt	'La France', 'Papa Meilland', 'Yardley Baroque', 'Gloria Dei'
Strauchrosen	aufrecht oder breitbuschig, einfach oder gefüllt, mehrmals reich blühend	'Angela', 'Graham Thomas', 'Centenaire de Lourdes', 'Penelope', 'Mein schöner Garten', 'Rosenresli'
Kletterrosen	Rosensträucher mit 2 – 4 Trieben, Blütenstände halb oder stark gefüllt, für Stützgerüst oder Boden	'Alchymist', 'Bobby James', 'Paul Noel', 'Sympathie', 'Setina'
Englische Rosen	vereinen in sich die Vorteile der historischen und der modernen Rosen	'Constance Spy', 'Chianti', 'Apricot Parfait', 'The Prince'

dern. Für den Rosenliebhaber ist bei der Auswahl für seinen Garten wichtig zu wissen: Wie hoch, wie gesund, wie schattenverträglich oder wetterfühlig ist die gewünschte Sorte?

Der Rosenfreund Peter Beales empfiehlt: „Rosen muss man pflanzen, in Ruhe lassen und sich mit ihnen entspannen."

Rosen stehen für Schönheit, Liebe und Verschwiegenheit.

Würzige duftende Nelken

Die Gattung *Dianthus* (Nelke) gehört mit über 300 Arten zur Familie der *Caryophyllaceae* (Nelkengewächse). Tausende von Kultivaren haben dafür gesorgt, dass Nelken zu einer Modeblume wurden. Alte Sorten gingen verloren, neue Sorten tauchten auf und verschwanden wieder. Der botanische Name leitet sich von „dios" (göttlich) und „anthos" (Blume) ab.

Nelken gelten als Symbol für irdische und göttliche Liebe, Eitelkeit, Freundschaft und für kämpferische Gemeinschaft – waren sie deshalb Attribut der französischen Royalisten und moderner politischer Parteien? Ihren deutschen Namen Nelke oder Nägelein erhielt die Blume im Mittelalter wegen ihrer Ähnlichkeit mit Gewürznelken. Künstler verbanden mit dem „Nägelein" den Hinweis auf

Christi Passion. Als Symbol für göttliche Liebe finden wir auf unzähligen Marienbildern einen Nelkenstrauch abgebildet.

Ähnlich wie bei Rosen lohnt es sich, nach alten Nelken-Sorten zu suchen. Alte Gartennelken blühen als frostharte, immergrüne Polster nur zwei bis drei Wochen im Frühsommer, verströmen aber in der Blütezeit einen intensiv herb-würzigen Duft. Als beliebte Schnittblume kamen zu den ursprünglichen Blütenfarben immer neue Varianten dazu: zweifarbig, gemustert, berandet oder schleifenförmig berandet. Der romantische Duft ging zu Gunsten der neuen Formen und Farben weitestgehend verloren.

Der Nelkenhügel des Duftgartens verströmt an warmen Nachmittagen im Frühsommer den stimmungsvollen, würzigen Duft der

weißen und roten Federnelken (*Dianthus plumarius*) und der exotisch fein gegliederten Prachtnelken (*Dianthus superbus*). Dazwischen leuchtet in kräftigem Dunkelrot als heimische Wildstaude die Karthäusernelke (*Dianthus carthusianorum*).

Nelken bevorzugen einen gut drainierten Magerstandort mit voller Sonne. Um die Blütezeit zu verlängern und dichten Wuchs zu verbessern, sollten Sie abgeblühte Köpfchen entfernen. Eine ideale Ergänzung für das Nelkenbeet ist Diptam (*Dictamus albus* var. *purpureus*) mit seinen schönen Blütentrauben. Die Blüten des als „Brennender Busch" der Bibel bekannten Diptam verdunsten an heißen, windstillen Sommertagen so üppig zitronenartig duftendes ätherisches Öl, dass sich dieses in der Sonne selbst entzünden kann.

Die Karthäusernelke ziert mit schwarz-roten Blüten vor allem Magerstandorte.

Federnelken verströmen ihren herben Duft aus weißen, roten oder auch rosa Blüten.

DUFT- UND AROMAPFLANZEN: EINE KLEINE AUSWAHL

Deutscher Name	Botanischer Name	Duftnote
Basilikum	Ocimum basilicum	frisch, krautig, pfeffrig
Dill	Anethum graveolens	würzig, süß, erfrischend
Engelwurz	Angelica archangelica	anisartig
Federnelke	Dianthus plumarius	würzig-erdig, herb, warm
Fenchel	Foeniculum vulgare	mild, warm, süßlich-würzig
Geranium	Pelargonium capitatum	süß-rosenartig, blumig
Großes Windröschen	Anemone sylvestris	süß, würzig
Johanniskraut	Hypericum perforatum	erdig, heuartig, krautig
Liebstöckel	Levisticum officinale	würzig, nach Maggi
Lorbeer	Laurus nobilis	aromatisch
Melisse	Melissa officinalis	frisch, hell, leicht, zitronig
Odermennig	Agrimonia eupatoria	aprikosenartig
Römische Kamille	Anthemis nobilis	krautig, würzig, heuartig
Schafgarbe	Achillea millefolium	mild, blütig-krautig
Steinkraut	Allysum saxatile	honigartig
Taglilie	Hemerocallis citrina	blumig, süß, frisch, kräftig
Teppich-Phlox	Phlox subulata	weicher Rosenduft, süß
Weiße Lilie	Lilium candidum	blumig, schwer, süßlich

Taglilien kommen aus den sumpfigen Flusstälern Asiens zu uns.

Vornehme Lilien

Am Eingang des Strabo-Gartens empfangen uns die beiden edelsten Blumen der Pflanzensymbolik: die Rose und die Madonnenlilie. Walahfrid Strabos Lobgedicht drückt seine Ehrfurcht vor der majestätischen Schönheit, dem Duft und der Ausstrahlung der Weißen Lilie (*Lilium candidum*) aus. „Leuchtende Lilien [...]. Euer schimmerndes Weiß ist Widerschein schneeigen Glanzes. Holder Geruch der Blüte gemahnt an die Wälder von Saba. Nicht übertrifft an Weiße der parische Marmor die Lilien. Nicht an Düften die Narde."

Lilien galten als Symbol für „das Heilige", für edle Gesinnung und Licht. Kaum eine Gottheit, kaum eine Märtyrerin, die nicht mit dem reinen Weiß der Lilienblüte aus-

gezeichnet wurde. Phönizische Seefahrer brachten sie aus Kleinasien in die Alte Welt. Lilien zierten ägyptische Flachreliefs, die Altäre der Juden und die Säulen des Tempels Salomos. Im 12. Jahrhundert wurden sie als stilisiertes Ornament in das Wappen der französischen Könige aufgenommen. Auf unzähligen Marienbildern ist die Lilie als Symbol der reinen Gottesmutter abgebildet. Heute haben farbintensive Neuzüchtungen aus Asien die Weiße Lilie in der Gunst der Blumenfreunde verdrängt. Etwa 100 verschiedene Arten und unzählige Gartenhybriden gehören zu den ausdauernden Liliengewächsen. Lilien eignen sich für Gehölz-, Wildblumen- oder Steingärten. Sie

gedeihen in großen Töpfen und Innenhöfen und lieben einen sonnigen Platz. Die Basis der Pflanzenzwiebel sollte im Schatten von benachbarten Stauden liegen. Im Wachstum benötigen sie reichlich Wasser und alle zwei Wochen einen flüssigen Volldünger.

Ganz im Gegensatz zur vornehmen Madonnenlilie leuchtet im Zierbeet des Fuchs-Gartens die orange-rote Feuerlilie (*Lilium bulbiferum*). Sie gedeiht auf saurem und alkalischem Grund und duftet nicht. Dagegen verströmt die Zitronen-Taglilie (*Hemerocallis citrina*) paradoxerweise ihren frischen Duft vor allem nachts. Die Heimat der winterharten, krautigen Taglilien sind die sumpfigen Flusstäler und Wiesen in China, Japan und Korea. Heute sind etwa 30 000 Kulturformen dieser dekorativen, frostharten Stauden-Arten in Farbschattierungen von reinem Weiß bis Rotschwarz bekannt. Sie bevorzugen einen sonnigen Standort und einen fruchtbaren, feuchten, gut drainierten Boden.

Die duftende Vielfalt der Minzen

„Den Pflänzchen, welche durch die ihnen vom Schöpfer angehängten Riechfläschchen, den würzigen Heilduft, sich uns selbst ankündigen und freundlich zuvorkommend stellen, wollen wir fleißig nachgehen". Bei keiner Pflanzengattung lässt sich dieser liebevolle Ausspruch Sebastian Kneipps so vielseitig erschnuppern, wie bei den Minzen. In seinem spannenden Minze-Katalog beschreibt der engagierte Illertisser Staudengärtner Dieter Gaißmayer 53 verschiedene *Mentha*-Sorten, eine verwirrende, aber auch faszinierende Vielfalt. Im Aroma- und Duftgarten können Sie Ihre Nase in 12 verschiedene *Mentha*-Sorten stecken.

MINZEN AUF EINEN BLICK

Deutscher Name	Botanischer Name	Duftnote
Bachminze	*Mentha aquatica*	kampferig, mild, kümmelig
Blauminze	*Nepeta* x *faassenii*	minzig, harmonisch
Frauenminze	*Chrysanthemum balsamita*	mild, frisch
Katzenminze	*Nepeta cataria*	minzig, mild, harmonisch
Korsische Minze	*Mentha requienii*	intensiv, würzig, fruchtig
Krauseminze	*Mentha aquatica* var. *crispa*	kampferig, kümmelig, grün
Pfefferminze	*Mentha* x *piperita*	frisch, grün, fruchtig
Poleiminze	*Mentha pulegium*	extrem scharf, pfeffrig
Weinminze	*Mentha* spec. 'Nepetoides'	sanft, warm, ausgewogen, weinig mit Bouquet

Die anfängliche Verwirrung wird sehr bald in begeistertes Staunen umschlagen, wenn Sie diese Vielfalt Blatt für Blatt erschnuppern. Früher wurden „frisch" duftende Kräuter verallgemeinernd als „Minzen" bezeichnet: Frauenminze (*Tanacetum balsamita*, früher: *Chrysanthemum balsamita*), Blauminzen (*Nepeta* x *faassenii* oder: *Nepeta mussinii*) oder auch die Gewöhnliche Katzenminze (*Nepeta cataria*), mit der Sie Ihren Haustiger besonders erfreuen können. Begeben Sie sich auf die lohnende Suche nach Ihrer Lieblingsminze.

Eine Minzenprobe ist ähnlich eindrucksvoll und spannend wie eine Weinprobe. Auf diesen „Arbeitsgang" freue ich mich immer in der Teefabrik der Kneipp Werke. Bis zu 15 sortenreine Kulturpflanzen von *Mentha* x *piperita* stehen zur Wahl. In kritischer Runde beurteilen wir Farbe und Duft des Teeaufgusses, prüfen den Geschmack am Gaumen und auf der Zunge, achten auf Bei- und Nachgeschmack und versuchen dann, unsere vielfältigen Eindrücke in Worte zu fassen. Doch wie unzu-

länglich sind Worte zur Beschreibung von Gefühlen und Sinneseindrücken: mild, nachtönend, kühlend, kratzig, kaugummiartig, pfeffrig, belebend, rund und dergleichen mehr?

Bei der letzten Probe stellte für uns einstimmig eine Sorte aus der Bayerischen Landesanstalt für Bodenkultur und Pflanzenbau in Weihenstephan die aromatische, harmonische und gehaltvolle Kneipp-Qualität dar. Und um Sie neugierig zu machen, möchte ich Ihnen einige Sorten aus Gaißmayers Minzen-Katalog vorstellen:

Sie haben schon erfahren, dass nicht alle Minzen Pfefferminzen sind. Die Echte Pfefferminze ist steril und setzt keine Samen an. Gute Sorten lassen sich deshalb nur vegetativ über Stecklinge, Ausläufer oder durch Teilung vermehren. Herrn Dr. Bomme ist es in Weihenstephan nach jahrelangem Vergleichsanbau gelungen, eine anerkannt hochwertige Pfefferminz-Sorte mit bis zu 2,8 % ätherischem Öl auszulesen. *Mentha* x *piperita* var. *piperita* 'Agnes' erbringt im Anbau einen hohen

Es gibt so viele Minze-Arten wie Fische im Roten Meer.

Die „minzig" duftende Blauminze gehört zur Gattung der Katzenminzen.

tern. Sie ist mit ihrem kümmelig, kampferigen Geruch ein Handschmeichler.

Minzblätter sollten vor dem vollen Erblühen geerntet und sofort schonend getrocknet oder eingefroren werden. Am gehaltvollsten sind sie morgens nach Abtrocknen des Taus. Bis zu drei Ernteschnitte pro Jahr sind möglich.

Im Duftgarten lernen Sie die Poleiminze (*Mentha pulegium*) kennen, die früher als Matratzenfüllung Flöhe vertrieb, die winzige, hocharomatische Korsische Minze (*Mentha requienii*) oder die Weinminze (*Mentha* spec. *Nepetoides*), die das Bouquet eines edlen Weines besitzt, oder …

Sie sehen, das Thema ist unerschöpflich und eigentlich viel eindrucksvoller über die Nase zu erfassen. Man sagt auch: „Minzen haben lange Beine." Welche ist in Ihrem Garten angekommen?

Ernteertrag und ist resistent gegen Mehltaubefall. Schon am komplizierten Namen können Sie erkennen, wie schwer es ist, die Vielfalt korrekt zu bezeichnen. Aus dem traditionsreichen Anbaugebiet um Fürstenfeldbruck stammt die starkwüchsige Auslese 'Eichenau', die sich besonders für die Herstellung von Konfekt und Likör eignet. An Bedeutung verloren hat 'Mitcham – The mother of Peppermint' mit ihren typischen roten Stängeln und Blättern. Inzwischen stehen uns vitalere Sorten zur Verfügung wie die kraftvolle, aromatische Thüringer Pfefferminze 'Multimentha'. Im Garten liebt Pfefferminze als Nachbarn den Fenchel, mit Kamille verträgt sie sich nicht. Für eine duftende Pflanzung eignet sich hier die niedrigwüchsige Pfefferminze 'Nana'. Die Duftnote von Fruchtminzen geht in Richtung Orangen- und Zitronenschalen. Sie eignen sich hervorragend zum Würzen von Obstsalat und Mixgetränken. Earl-Grey-Liebhaber können ihren Schwarzen Tee natürlich mit den öligen Blättern der Bergamotte-Minze aromatisieren. Ein Leinensäckchen voller 'Eau-de-Cologne'-Minze versprüht im Badewasser den nostalgischen Charme von Kölnisch Wasser. Die Teichränder liebende Bachminze (*Mentha aquatica*) ist besonders bekömmlich, da ihr ätherisches Öl kaum Menthol enthält. Ganz im Gegensatz dazu wird aus der höllisch scharfen Japanischen Minze kühlendes, entzündungshemmendes Tiger-, China- oder Japanöl destilliert. Krauseminze (*Mentha aquatica* var. *crispa*) ziert den Garten mit grasgrünen, gewellten Blät-

Ährenminzen enthalten kaum Menthol.

Mittelmeerpflanzen

Die Sehnsucht nach dem Süden wird in uns immer wieder genährt durch Urlaubserinnerungen an mildes, sonniges Klima, an die beneidenswerte Lebensart der gastfreundlichen Bewohner, an reizvolle Landschaften mit duftenden Kräutern. Schon unsere Vorfahren – und hier waren es wieder einmal die aus den Klöstern – haben zahlreiche Pflanzen aus dem Mittelmeerraum in unsere Breiten mitgebracht. Am auffälligsten verkörpert der Lavendelhügel im Bad Wörishofer Duftgarten die südliche Region. Dieses Paradies für Bienen wird noch verstärkt durch Ysop (*Hyssopus officinalis*), eine Heckenpflanze, die besonders gut an sonnigen Plätzen und auf magerem Boden gedeiht. Insekten danken uns die Anpflanzung mit würzigem Lavendel- und Ysophonig. Sparsam verwendet öffnet Ysop an Salaten und Fleischgerichten neue Geschmacksdimensionen.

Heiligenkraut (*Santolina chamaecyparissus*) eignet sich wie Lavendel als Mottenkraut. Als schnittverträgliches Kleingehölz war es die Heckenpflanze in den Klostergärten. Als wichtigen Bestandteil südfranzösischer „Fines Herbes" verwenden unsere Nachbarn Bergbohnenkraut (*Satureja montana*) zum Würzen von Bohnen und für Gemüsepfannen und Fleischgerichte. Das langsam wachsende Kriechende Bohnenkraut (*Satureja spicigera*) erfreut nicht nur mit wunderbarem Aroma die Nase, sondern mit weißer Herbstblüte auch unser Auge.

Wenn Sie etwas weiterspazieren, erschnuppern Sie im Reich des Thymians (*Thymus vulgaris*) den Duft nach Pizza und Pasta. Vielleicht verlieben Sie sich aber auch an einem heißen Sommertag in den frisch-aromatischen Duft des Orangenthymians (*Thymus fragrantissi-*

mus) oder des Zitronenthymians (*Thymus x citriodorus*), die sich beide für die Anlage eines Duftrasens eignen. Dann webt sich der grüne Teppich des Kümmelthymians (*Thymus herba-barona*), des niederliegenden Echten Quendels (*Thymus pulegioides*) oder des Sandquendels (*Thymus serpyllum*) in Ihrem Garten. Wohlriechender Quendel eignet sich besonders zum milden Würzen bei reizarmen Diäten. Den attraktiven Diptam sollten Sie nicht verwechseln mit dem Kreta-Majoran (*Origanum dictamnus*). Einen Farbtupfer setzen die Gelbtöne des Schotendotters (*Erysinum hybridum*), der zart nach Goldlack duftet. Griechischer Oregano (*Origanum heracleoticum*) ist mit seinem kräftigen Aroma das Pizzagewürz schlechthin.

Der Artemisienhügel macht Sie mit dem Wermut (*Artemisia absinthium*) und seinen bitteren Verwandten vertraut. Römischer Wermut (*Artemisia pontica*) wurde zum Aromatisieren von Wein verwendet.

Lavendel bringt den erfrischenden Duft des Südens in unsere Gärten.

Salbei-Landeplatz für Bienen

Die frischen Triebe des Rosmarins können das ganze Jahr über geerntet werden.

Eberraute (*Artemisia abrotanum*) sollte die Manneskraft stärken. Das silbrige Laub der Wohlduftenden Eberraute (*Artemisia procera*) schimmert geheimnisvoll im Mondlicht.

Beifuß (*Artemisia vulgaris*) als Fettverdauer und herzstärkender Rosmarin (*Rosmarinus officinalis*) führen uns weiter zu den Salbei-Arten. Neben Gewürzsalbei (*Salvia officinalis*) verströmen vor allem Fruchtsalbei (*Salvia dorisiana*) und Ananassalbei (*Salvia rutilans*) einen Hochgenuss für die Nase. Die gelben Blüten des Currykrautes (*Helichrysum angustifolium*) erfreuen Nase und Auge. Ich kann nicht verstehen, warum das wunderbare Aroma der magenstärkenden Zitronenverbene (*Aloysia triphylla*, früher: *Lippia citriodora*) und das in Frankreich so beliebte Eisenkraut (*Verbena officinalis*) bei uns nicht mehr Teefreunde finden? Wie Sie sehen, ist die südliche Flora im Duftgarten reich vertreten – eigentlich fehlt nur noch das Mittelmeer!

DUFTENDE MITTELMEERPFLANZEN

Deutscher Name	Botanischer Name	Duftnote
Ananassalbei	*Salvia rutilans*	fruchtig, nach Ananas
Beifuß	*Artemisia vulgaris*	bitter-würzig, kräftig, streng
Bergbohnenkraut	*Satureja montana*	herb-würzig
Eberraute	*Artemisia abrotanum*	aromatisch-süß, zitronig
Echter Quendel	*Thymus pulegioides*	kräftig-würzig, Thymian
Eisenkraut	*Verbena officinalis*	erfrischend, würzig, zitronig
Fruchtsalbei	*Salvia dorisiana*	frisch, fruchtig, aromatisch
Griechischer Oregano	*Origanum heracleoticum*	herb-würzig, mild
Heiligenkraut	*Santolina chamae-cyparissus*	harzig, aromatisch
Kriechendes Bohnenkraut	*Satureja spicigera*	herb-würzig, krautig
Kümmelthymian	*Thymus herba-barona*	würzig, krautig
Lavendel	*Lavandula officinalis*	blumig, mild, klar, harmonisch
Orangenthymian	*Thymus fragrantissimus*	fruchtig-aromatisch, nach Orange
Römischer Wermut	*Artemisia pontica*	bitter-aromatisch
Rosmarin	*Rosmarinus officinalis*	frisch-feurig, kampferig
Sandquendel	*Thymus serpyllum*	krautig, scharf-würzig, Thymian
Salbei	*Salvia officinalis*	herb, krautig, frisch, würzig
Thymian	*Thymus vulgaris*	scharf-würzig, krautig
Wermut	*Artemisia absinthium*	bitter-aromatisch, streng
Ysop	*Hyssopus officinalis*	krautig, würzig
Zitronenthymian	*Thymus citriodora*	fruchtig-herb, zitronig
Zitronenverbene	*Lippia citriodora*	zitronig-erfrischend, mild

Feuchtbiotop

Die Rote Scheinspiere liebt feuchte Füße.

In vielen Gärten ist ein Feuchtbiotop der lebendige Mittelpunkt. Auch im Teich des Aroma- und Duftgartens spiegeln sich Sonne, Himmel und Wolken. Libellen, Schmetterlinge, Insekten und Vögel umschwirren die Teichzone. Sie erreichen auch die für unsere Nasen unerreichbare, wunderschön in der Teichmitte blühende Duft-Seerose (*Nymphaea odorata*), die wie eine Nymphe über dem Wasser schwebt. Leichter ist es für uns, ihren köstlichen Duft in einer weiten Schale oder in einem Wasserfass zu genießen. Wasserähren mit kleinen, duftenden Blüten in der Achsel eines spathähnlichen Tragblattes und Molchschwanz (*Saururus cernuus*) leisten ihr Gesellschaft.

Nachdem es nicht viele duftende Wasserpflanzen gibt, müssen wir die Sumpfzone und den Teichrand in den Duftkomplex mit einbeziehen. Viele Stauden lieben feuchte Füße. Zu den dekorativsten gehören die über 300 Iris-Sorten mit ihren farbenfrohen, spektakulären Blüten. Für den Teich eignet sich vor allem die gelb blühende Sumpfschwertlilie (*Iris pseudacorus*) und die weiß-blaue Sibirische Schwertlilie (*Iris sibirica*). Diese geschützten Pflanzen begegnen uns gelegentlich noch wild wachsend an See- und Flussufern. Duftende Iriswurzeln nennt der Volksmund fälschlicherweise „Veilchenwurzel". Die Wurzelstöcke der blau-weißen Florentiner Schwertlilie

oder der Deutschen Schwertlilie (*Iris germanica*) wurden vor allem zur Parfümierung, für Brusttees oder als Zahnungswurzel für Kleinkinder verwendet. Fast jeden Teichrand säumt neben Rohrkolben der Kalmus (*Acorus calamus*) mit seinen grün-weißen Blättern und den unscheinbar grünlich-gelben Blütenkolben. Beim Reiben und Brechen von Blättern und Rhizom entweicht ein zimtartiger, süßlicher Geruch. Kalmuswurzel war als „Magenwurzel" aromatisierender Bestandteil vieler Kräuterliköre und Magenbitter. Fieberklee (*Menyanthes trifoliata*) hat als geschütztes Enziangewächs mit den bekannten Klee-Arten nur die Dreizahl der Blätter gemeinsam. Wegen seines Gehalts an Bitterstoffen wurde er in der Volksmedizin bei fiebrigen Erkältungen angewendet.

Ob Sie sich in Ihrem Garten nun einen Kübel oder einen Badeteich anlegen, Sie werden den Entschluss nicht bereuen, denn mit dem Wasser zieht Leben in Ihren Garten und eröffnet mit Lichtspiel, Pflanzen, Insekten und Düften eine neue Dimension Ihres grünen Paradieses.

DUFT AM RANDE DES FEUCHTBIOTOPS

Deutscher Name	Botanischer Name	Duftnote
Bachminze	*Mentha aquatica*	minzig, mild, ohne Menthol
Baldrian	*Valeriana officinalis*	trockene Wurzel duftet typisch
Echtes Mädesüß	*Filipendula ulmaria*	nach Honig duftend
Engelwurz	*Angelica archangelica*	mild, nach Anis
Gelbe Wiesenraute	*Thalictrum flavum*	mild, aromatisch
Korsische Minze	*Mentha requienii*	kraftvoll, ausgeprägt
Liebstöckel	*Levisticum officinale*	würzig, nach Maggi
Löffelkraut	*Cochlearia officinalis*	Blüten nach Honig, Blätter scharf
Pfennigkraut	*Lysimachia nummularia*	zart, mild
Poleiminze	*Mentha pulegium*	scharf, unangenehm
Rossminze	*Mentha longifolia*	dezent, minzig
Rote Scheinspiere	*Filipendula rubra*	honigartig, süß

Duftende Seerosen locken Libellen.

Stinkpflanzen

Tigerglockenblumen
riechen nach „Raubtier"

„Einer, den Sie nicht riechen können, stinkt Ihnen, weil er seine Nase in alles hineinsteckt und überall herumschnüffelt. Sie sind vielleicht verschnupft, wollen aber keinen Stunk machen. Deshalb verduften Sie und hoffen, dass sich alles in Wohlgeruch auflösen wird." Die Stinkerecke im Bad Wörishofer Aromagarten zeigt, dass nicht alle Düfte als wohlriechend empfunden werden. Manchmal bewirkt ein Schwefelatom im Duftkomplex, dass dieser, wie beim Knoblauch (*Allium sativum*) oder Bärlauch (*Allium ursinum*), als unangenehm empfunden wird. Der intensive Duft von Hyazinthen oder Maiglöckchen ist im Raum schwer zu ertragen, fein verdünnt ist er wunderbar. Ähnlich wie Eberesche, Feuerdorn, Zwergmispel oder Felsenbirne zeigt der blühende, nach Heringslake stinkende Weißdornbusch, dass die meist edel duftende Familie der Rosengewächse auch Gestank verbreiten kann. Offensichtlich empfinden aber

Insekten den Weißdorngeruch als anziehend, sonst wären diese blühenden Büsche längst ausgestorben. Die schönen Rispen des Silberkerzen-Saumes (*Cimicifuga simplex*) sind ein Beispiel dafür, dass oft weiße oder rotbraune Blüten unangenehme Gerüche verströmen. Nicht umsonst wird die verwandte *Cimicifuga foetida* als „Stinkendes Wanzenkraut" bezeichnet. Waldlilien-Arten (*Trillium erectum*) oder Schattenblumen (*Fritillaria*) sind ein Beispiel dafür, dass unsere Nase einen hohen Gehalt an Indol als unangenehm empfindet. Die Gattung *Stapelia*, zu der etwa 45 afrikanische Sukkulenten gehören, wird wegen ihres üblen Geruchs Aasblume genannt. Allerdings ist dieser Duft für bestäubende Fliegen sehr attraktiv. Auch die Blüten mancher Aronstabgewächse (*Arum dioscoridis*) verbreiten nicht gerade Wohlgeruch. Als heimische Wildpflanze finden Sie im Stinkerbeet die Knoblauchsrauke (*Alliaria petiolata*). Raubtier-

geruch verbreiten die Blätter der Tigerglockenblume (*Codonopsis clematidea*) und das hübsche Kaukasische Vergissmeinnicht (*Brunnera macrophylla*) lässt mit dem Duft seiner Blüten einen Schweinestall in der Nähe vermuten.

Auch wenn ich Sie wohl kaum dazu anregen konnte, die genannten Pflanzen in Ihren Garten zu holen, so zeigen die Beispiele doch, wie vielfältig die Natur mit ihren Gaben umgeht, dass Duft sehr subjektiv empfunden wird und dass man über Geschmack – mit Insekten – nicht streiten sollte.

Kaukasisches Vergissmeinnicht

Weißdorn

Nachtdufter

Nachtviolen verströmen abends
Veilchenduft.

Zu den schönsten Zeiten im Aroma- und Duftgarten gehören laue Sommerabende: Wenn die Sonne langsam untergeht, der Vogelgesang allmählich verstummt und mit zunehmender Dunkelheit vor allem weiße und hellgelbe Blumen, Stauden und Sträucher leuchten. Dann wird mir erst bewusst, wie sehr wir Menschen im Medienzeitalter vom Sehen und Hören geprägt sind, wie stark doch unsere anderen Sinne – Fühlen, Schmecken, Riechen – verkümmert sind.

Die Vielfalt der Natur hat es so eingerichtet, dass nicht nur bunte Blütenfarben Bienen, Hummeln und Vögel am hellen Tag zum Bestäuben anlocken, sondern dass

manche Pflanzen erst bei Einbruch der Dunkelheit über einen intensiven Duft attraktiv für Schmetterlinge, Nachtfalter, ja sogar für Fledermäuse werden. Im Gegensatz zu uns ist bei Tieren der Geruchssinn sehr viel ausgeprägter als das Sehen. Oft sind Insekten so kurzsichtig, dass sie hell leuchtende Blüten als Wegweiser in der Dämmerung benötigen. Da Schmetterlinge und Nachtfalter neben hellen Farben auch noch süße, schwere Gerüche bevorzugen, sind dies die vorherrschenden Duftnoten der Nachtblüher. Viele der Pflanzen, die vor allem am Abend intensiv duften, kommen aus den Subtropen und werden von Nachtfaltern bestäubt. Die Natur hat einen sinnvollen Ausgleich geschaffen, indem sie Blüten, die durch weiße Farbe, unscheinbare Größe, schattigen Standort oder nächtliches Blühen eher unauffällig sind, mit besonders intensivem, betörendem Duft ausstattete.

Vielleicht genießen manche von Ihnen die nächtliche Duftbegegnung im Garten oder auf dem Balkon mit einer Engelstrompete (*Datura suaveolens*). Diese schnellwüchsige Verwandte des sehr giftigen Stechapfels (*Datura stramonium*) verstreut aus ihren großen, trichterförmigen Blüten einen betörenden, süßlichen Duft. Datura-Arten öffnen ihre Blüten erst am Abend, verblühen sehr schnell und brauchen viel Gießwasser. Dankbar blühen zahlreiche Taglilien-Arten vom Spätfrühling bis zum Spätsommer, manche sogar mehrfach in der Saison. Bei *Hemerocallis flava* erscheinen im Frühsommer an schlanken Blütentrieben sternförmige, zitronengelbe, duftende Blüten. Im Gegensatz zu ihrem Namen „Taglilie" entfaltet sie ebenso wie *Hemerocallis citrina* ihre Blüten und Düfte vor allem nachts. Zarte Taglilienknospen sind essbar und schmecken zunächst süßlich. Wegen ihres pfeffrigen Nachgeschmacks eignen sie sich sowohl für süße als auch für herzhafte Gerichte. Wenn sie den Wohlgeruch des Nachtveil-

TRAUMHAFTE NACHTDUFTER

Deutscher Name	Botanischer Name	Duftnote
Duftblattpelargonie	*Pelargonium gibbosum*	fruchtig, würzig, süß
Duftresede	*Reseda odorata*	süß, nach Himbeeren
Engelstrompete	*Datura suaveolens*	schwer, süßlich
Geißblatt	*Lonicera periclymenum*	süß
Levkoje	*Matthiola longipetala*	exotisch, nelkenartig
Mondscheinsilberblatt	*Lunaria rediviva*	zart, nach Lilien
Myrte	*Myrtus communis*	süßlich, zart
Nachtkerze	*Oenothera biennis*	intensiv, fruchtig
Nachtviole	*Hesperis matronalis*	veilchenartig, duftig
Phlox	*Phlox paniculata*	süß, würzig, pfeffrig
Sandverbene	*Abronia umbellata*	fruchtig, frisch
Seifenkraut	*Saponaria officinalis*	zart, nach Nelken
Taglilie	*Hemerocallis flava, Hemerocallis citrina*	süßlich, frisch, pfeffrig
Wachsblume	*Hoya carnosa*	würzig, süß, nach Weihrauch
Ziertabak	*Nicotiana alata*	exotisch

chens (*Hesperis matronalis*) in der Nase haben, können Sie sicher sein, dass Ihre Uhr mindestens 19 Uhr anzeigt. Nachtviolen duften aus lilafarbenen Blüten intensiv nach Gewürznelken. Ihr Gattungsname leitet sich vom Griechischen „hesperos" (Abend) ab. Diese Stauden lieben Sonne, verholzen leicht und säen sich selbst wieder aus. Besonders reizvoll sind die Weißschattierungen der gefüllten Nachtviolen, die mit Silberkerzen, Nachtkerzen, Seifenkraut und Phlox-Arten ein geheimnisvolles Mondschein-Beet ergeben.

Die Nachtkerze (*Oenothera biennis*) macht als hautpflegende Arzneipflanze Karriere. Die Missouri Nachtkerze (*Oenothera missouriensis*) kann nicht ganz mit dem intensiven Duft ihrer Schwester mithalten. Das buschig wachsende Seifenkraut (*Saponaria officinalis*) verflüssigt als Saponindroge zähen Bronchialschleim. Wildformen locken mit hell rosa Blüten und zartem Nelkenduft Nachtfalter an. Gefüllte Formen sind zurückhaltender im Duft. Ziertabak (*Nicotiana alata*), Phlox (*Phlox paniculata*) und Duftpelargonien (*Pelargonium gibbosum*) entfalten in den Abendstunden ihre mächtigste Duftfülle. Die grazile *Gladiolus tristis* stammt aus Südafrika. Aus zwanzig cremefarbenen Blüten mit bräunlicher Markierung verströmt sie intensiven Gewürznelken-Duft. Myrte (*Myrtus communis*) und Oleander (*Nerium oleander*) eignen sich gut als Topfoder Kübelpflanzen.

Entspannt vom Tagesstress verlassen wir nun den abendlichen Duftgarten durch einen Geißblatt-Bogen (*Lonicera periclymenum*). Diese Art erfreut uns bis in den Herbst hinein mit Honigduft aus cremeweißen Blüten.

Der betörende Duft der Engelstrompete soll erotische Träume wecken.

Auch Phlox-Arten eignen sich für ein „Mondscheinbeet".

Vom Duft zur Wirkung

Duftende Stoffe aus Blüten, Hölzern und Rinden spielen eine bedeutende Rolle in der Natur. Sie locken Bienen, Hummeln, Schmetterlinge, Vögel und Ameisen zum Bestäuben an und dienen so der Arterhaltung. Duftstoffe sind zugleich Informationsträger, Schutzsubstanzen gegen Pilze, Bakterien und Tiere, und Temperaturregler. Als Nebeneffekt erfreuen sie unsere Nasen und lösen Gefühle aus. Von angeblich 1 Million Düfte auf der Erde kann ein geübter Parfumeur bis zu 4 000 unterscheiden. Duftstoffe lösen einen sensorischen Reiz aus, wenn sie ihren spezifischen Rezeptor auf der nur wenige Quadratzentimeter großen Riechschleimhaut der Nase gefunden haben. Dies geschieht an den Zilien der etwa 30 Millionen Riechzellen, die als spezialisierte Zellfortsätze in die Nasenhöhle ragen. Die flüchtigen Moleküle verbinden sich mit einem Duftstoff bildenden Protein, um den Schleim zu überwinden, der die Zilien umhüllt. An den Zilien treffen die Duftmoleküle auf etwa 1 000 verschiedene Duftrezeptoren. Für jeden Duft existiert ein spezifischer Rezeptor. Oft

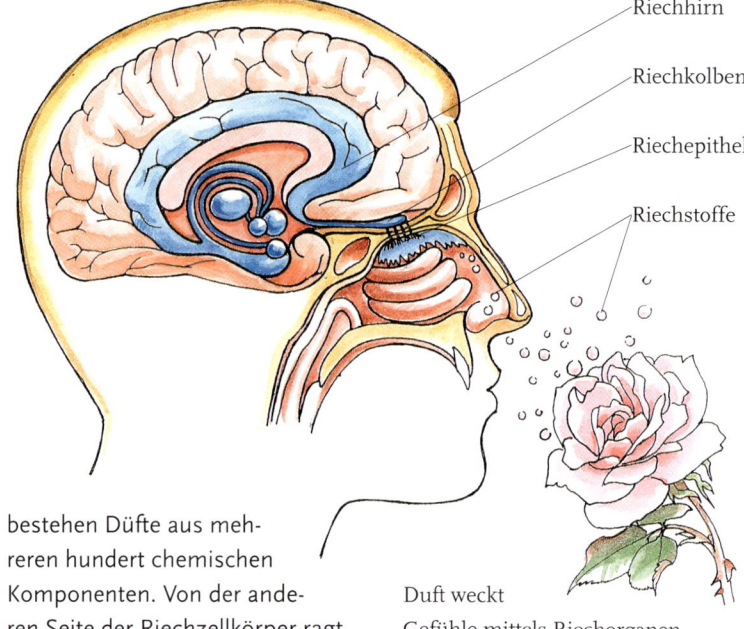

Riechhirn

Riechkolben

Riechepithel

Riechstoffe

Duft weckt
Gefühle mittels Riechorganen.

bestehen Düfte aus mehreren hundert chemischen Komponenten. Von der anderen Seite der Riechzellkörper ragt ein Nervenfortsatz in das so genannte Riechhirn.

Düfte können Gefühlsregungen, Erinnerungen, Hormonsteuerungen oder immunologische Prozesse auslösen. Das Geruchssystem ist nicht nur mit der für die Wahrnehmung zuständigen Gehirnrinde verbunden, sondern auch mit einem Teil des Zwischenhirns und mit dem Limbischen System. Ob wir einen Geruch mögen oder nicht, ist anerzogen und wird von

unserem kulturellen Hintergrund beeinflusst. Vor einiger Zeit wurde als „sechster Sinn" das Vomeronasalorgan (VNO) entdeckt. Vom VNO aufgenommene Botenstoffe (Pheromone) lösen zusammen mit den Duftstoffen im Gehirn Gefühle wie Sympathie, Antipathie oder Appetit aus. Unbewusstes Verhalten und Emotionen, sexuelle Anziehungskraft oder Partnerwahl werden durch die Pheromone gesteuert. Dadurch, dass wir atmen müssen, sind wir über Düfte manipulierbar (Raumdüfte, Parfums). Bei den sehr unterschiedlichen Reaktionen auf bestimmte Gerüche spielen Erinnerungen und frühere Erlebnisse eine entscheidende Rolle.

Ausgelöst werden Geruchsreize durch Ausscheidungsprodukte von Pflanzen, so genannte atherische Öle. Sie sind ein komplexes Stoffgemisch von leicht flüchtigen organischen Verbindungen und befin

QUALITÄTSANGABEN FÜR ÄTHERISCHE ÖLE

▶ 100 % reines ätherisches oder „naturidentisches" Öl
▶ deutscher und *botanischer Name* der Stammpflanze (Rosmarin – *Rosmarinus officinalis*)
▶ Anbau: kontrolliert, biologisch, konventionell, Wildsammlung
▶ Ursprungsland
▶ Gewinnung: Wasserdampfdestillation, Extraktion, Lösungsmittel
▶ evtl. das verwendete Pflanzenteil: Blätter, Rinde, Blüte
▶ Füllmenge – in ml oder g – und Chargennummer
▶ Angabe des Zusatzes in Prozent (z.B. Weingeist, fettes Trägeröl)
▶ Hinweis: Gut verschlossen, vor Licht geschützt aufbewahren

den sich in besonderen „Ölbehältern" in den Blüten, Blättern, Hölzern oder Wurzeln einer Pflanze. Über 30 000 Duftmoleküle sind bisher bekannt. Charakteristische Geruchsrichtungen – wie blumig, kampferartig, moschusartig, pfefferminzartig, ätherisch, stechend, faulig – werden oft von Spurenkomponenten eines Duftkomplexes geprägt. Gewonnen werden die ätherischen Öle durch Wasserdampfdestillation, Extraktion mit Lösungsmitteln oder durch Kaltpressung. Auch Harze und Balsame verströmen angenehmen Duft.

Seit mindestens 5 000 Jahren werden duftende Pflanzen verwendet. Die ersten Dufterlebnisse erschlossen sich die Menschen durch Räucheranwendungen. So stammt das Wort „Parfum" aus dem Lateinischen „per fumum" (durch den Rauch). Salböle und Duftessenzen waren wichtiger Bestandteil der Badekultur der Griechen und Römer. Bereits im 15. Jahrhundert stand die Kunst der Destillation ätherischer Öle in hoher Blüte. Seit etwa dem 19. Jahrhundert ist es möglich, einige dieser Naturstoffe identisch zu synthetisieren.

Ätherische Öle gelangen über die Nase, die Atmungsorgane, die Haut oder durch den Magen in den Organismus. Wir atmen sie in der Natur ein, nehmen sie als Gewürze zu uns, inhalieren sie mit dem Wasserbad oder Zerstäuber. Sie werden auf die Haut getupft, einmassiert, als alkoholische Lösung verabreicht oder dem Badewasser zugesetzt. Viele Lippenblütler, Doldengewächse und auch Korbblütler sind reich an ätherischen Ölen, die entzündungshemmend, schleimlösend, desinfizierend, harntreibend, krampflösend

Die attraktive Indianernessel duftet intensiv nach Bergamotte.

oder verdauungsfördernd wirken. Als Aromapflege oder Aromakultur können ätherische Öle aus der Duftschale und Duftlampe oder durch ein Potpourri in Räumen eine wohlriechende Atmosphäre zaubern. Während duftende Duschen, Parfums, Kosmetika oder Öle der harmonisierenden Aromabehandlung zuzuordnen sind, beansprucht die Aromatherapie für sich, mit ätherischen Ölen körperliche und seelische Beschwerden behandeln zu können. Wissenschaftliche Studien haben bewiesen, dass die Bausteine der ätherischen Öle (Terpene) während eines Vollbades durch die Haut aufgenommen werden und über die Blutbahn auf verschiedene Organe einwirken. Unzählig viele Pflanzen enthalten diese Duftstoffe, nur wenige werden bisher genutzt. In der Vielzahl der Pflanzen mit Duftstoffen steckt noch ein ungeheures Potential für die zukünftige, gesicherte Aromatherapie.

Maiglöckchen duften „klassisch".

Die Kräutergartenpraxis

Fachgerechter Anbau und die richtige
Erntezeit sind der Garant für gesunde
Pflanzen und hohe Wirkstoffgehalte.
Sebastian Kneipp wusste um dies und
wurde nicht zuletzt wegen seiner
guten landwirtschaftlichen Kenntnisse
an das Kloster Wörishofen versetzt.
Ob im Kräuterbeet nach Vorbild der
Klostergärten oder im Topf auf Balkon
und Terrasse: Im folgenden Kapitel
erfahren Sie, mit welchen gärtnerischen Tricks Sie den Ansprüchen der
Heil- und Gewürzpflanzen gerecht
werden können.

Planen & anbauen

Die Tatsache, dass Kräutern in unseren Gärten immer ein ganz besonderes Plätzchen gewährt wird, ist historisch bedingt und hängt mit den besonderen Eigenschaften dieser Pflanzen zusammen. Blickt man in der Geschichte zurück, stellt man fest, dass man in allen Kulturen früher oder später begann, Pflanzen mit „Drogenwirkung" zunächst zu sammeln und später auf Feldern anzubauen. Die

ersten, die sich nachweislich mit der Inkulturnahme von Arzneipflanzen in Gärten beschäftigten, waren die Römer. Benediktinermönche aus dem Kloster Monte Cassino zogen um 500 über die Alpen nach Deutschland und brachten dabei viele Heil- und Gewürzpflanzen aus dem Mittelmeerraum mit. Karl der Große (768 – 814 n.Chr.) hatte Interesse an diesen Pflanzen und veranlasste

die Mönche seines Reiches, Arzneikräuter anzubauen und sich mit der Heilkunde zu beschäftigen. Im Jahre 812 erließ er ein Gesetz, wonach alle Pächter von königlichen Gütern verpflichtet waren, neben Nutzpflanzen auch eine große Anzahl an genau bestimmten Arzneipflanzen in eigens dafür angelegten Gärten anzubauen. Dieses Gesetz war die Geburtsstunde des Kräutergartens, der seinen Siegeszug zunächst in den Klöstern mit ihren streng symmetrisch angelegten Gärten und später in den nutzenorientierten Medizinalgärten der Apotheker antrat.

Der stetig steigende Bedarf an Arzneikräutern führte im Laufe der Jahrhunderte zu einer züchterischen Weiterentwicklung der Arten und einer Verbesserung der Kulturanleitungen.

Allgemeines zum Standort

Kräuteranbau im eigenen Garten ist in vielerlei Hinsicht unproblematisch. Die meisten Arten sind anspruchslos und benötigen für ihr Gedeihen keine speziellen Böden oder Beete. Viele Kräuter sind zudem dekorativ und lassen sich gut in Blumen- oder Gemüsebeete integrieren. Wer sich nicht gerne mit der Anzucht aus Samen (siehe Seite 46/47) aufhalten will, findet in den Gärtnereien gerade im Frühjahr ein reichhaltiges Angebot an vorgezogenen Kräutern.

Ein paar Regeln sollte man aber schon beachten, wenn man als Kräuteranbauer auf Dauer erfolgreich sein will:
▶ Wärme und Sonne sind das A und O des erfolgreichen Kräuteranbaus. Bieten Sie den Pflanzen keine „Abstellecke", sondern den besten Platz im Garten an.

Bereits im 8. Jahrhundert n. Chr. angelegt: der Heilkräutergarten des Klosters Reichenau im Bodensee

Kräuter verdienen immer den besten Platz im Garten. Sonne und Wärme sind die wichtigsten Voraussetzungen für ihr Gedeihen.

▶ Der Boden sollte luft- und wasserdurchlässig sein und auch nach längeren Regenperioden nicht verschlämmen.

▶ Ein hoher Humusgehalt (sichtbar an der dunklen Farbe des Bodens) sorgt für eine dauerhafte Versorgung des Bodens mit Nährstoffen. Dunkle Böden sind zudem leichter erwärmbar, was einer Aussaat im Frühjahr zu Gute kommt.

▶ Wenn Sie von einer Art ein großes Beet anlegen, wechseln Sie – wenn möglich – den Standort des Beetes alle paar Jahre. Bodenbürtige Krankheiten und Pilze haben es so schwerer, Ihre Kräuter zu schwächen.

▶ Gießen und Düngen ist auch im Kräutergarten wichtig. Wenn sich die Pflanzen wohlfühlen, bilden sie wesentlich mehr Aromastoffe aus.

▶ Beachten Sie die Angaben zur Mischkultur und Fruchtfolge (siehe Seite 44/45). So vermeiden Sie das Ausbreiten von Krankheiten und Schädlingen.

▶ Planen Sie ausreichend Standraum ein und informieren Sie sich vor dem Pflanzen über die Größe der ausgewachsenen Pflanzen. Ausläufer treibende Stauden wie Pfefferminze oder Estragon sollten einen gesonderten Platz erhalten.

Anbau spezieller Arten

Jedes Kraut hat seine Eigenheiten und stellt ganz besondere Ansprüche an seinen Standort. In der Regel gedeihen die Pflanzen am besten, wenn man die Wachstumsbedingungen im Garten denen an ihrem natürlichen Standort anpasst. Am wichtigsten ist es, die Temperaturansprüche zu kennen und einzuhalten. Mittelmeerkräuter, wie Rosmarin, Thymian oder Salbei, sind in Steingärten und in den oberen Regionen von Kräuterspiralen am besten aufgehoben. Als nächstes kommt es auf das Erntegut an: Wurzelkräuter und Knoblauch brauchen einen tiefgründigen, humosen und möglichst steinfreien Boden, der sich im Herbst gut umgraben lässt. Samenkräuter wie Kümmel und Anis brauchen einen großen Standraum und viel Sonne, damit ihre Samen ausreifen können. Blattkräuter, wie z.B. Minzen, Zitronenmelisse und Petersilie, sollten, um einen Neuaustrieb anzuregen, regelmäßig beerntet werden. Bei Kamille, Sonnenhut oder Arnika wirken sich niederschlagsreiche Sommer ungünstig auf die Blütenbildung aus. Exotische Kräuter aus tropischen Regionen können unter mitteleuropäischen Klimabedingungen nur auf Balkon und Terrasse (siehe Seite 56 f) gezogen werden.

STANDORTANSPRÜCHE EINIGER KRÄUTER

Deutsche Name	Botanischer Name	Standort
Baldrian	Valeriana officinalis	leichte, humose Böden mit ausreichend Niederschlägen
Fenchel	Foeniculum vulgare	humose, tiefgründige und mittelschwere Böden; warmer Herbst!
Kamille	Matriciana recutita	auf allen Böden; warme und wenig feuchte Lagen
Knoblauch	Allium sativum	tiefgründige, etwas schwerere Böden; mag keine Staunässe
Rosmarin	Rosmarinus officinalis	warme Lehmböden, Südhanglagen; im Winter evtl. ausgraben
Roter Sonnenhut	Echinacea purpurea	tiefgründige, humose Böden und sonniger Standort
Salbei	Salvia officinalis ssp. Salvia triloba	kalkreiche, eher sandige Böden in windgeschützten Lagen
Thymian	Thymus vulgaris	anspruchslos; stets hell und kühl überwintern

Planen & anlegen

Eine frisch angelegte Kräuterspirale

Originell: ein altes Wagenrad als Kräuterbeet

Wie, wo und in welchem Umfang Sie Kräuter im Garten kultivieren, hängt ganz von der Größe des Grundstücks, Ihrem persönlichen Geschmack und nicht zuletzt der geplanten oder benötigten Kräutermenge ab. In jedem Falle sollten Sie bei der Planung und späteren Beetgestaltung die individuellen Bedürfnisse der Kräuter berück-

Tipp

So wird eine Kräuterspirale bepflanzt

▶ **Oberer Bereich:** Anspruchslose Kräuter wie Lavendel, Bergbohnenkraut, Salbei und Rosmarin.
▶ **Mittlere Ebene:** Mittelmeerkräuter wie Basilikum, Oregano, Majoran, aber auch Kamille und Johanniskraut.
▶ **Weiter unten:** Schnittlauch, Zitronenmelisse, Koriander, Fenchel, Dill und Kümmel.
▶ **Ganz unten:** Feuchtzone: Minze-Arten und Huflattich; am Ufer auch Kresse.
▶ **In die Außenmauer:** Thymian oder Oregano.

sichtigen. Im Folgenden finden Sie drei Vorschläge für eine Integration von Kräutern im Garten.

Klassisch – die Kräuterspirale

Die Kräuterspirale gehört mittlerweile zu den Klassikern in der Kräuterbeetgestaltung. Durch ihre Form und Ausrichtung bietet sie einer Vielzahl an Heil-, Duft- und Gewürzkräutern auf engstem Raum optimale Standortbedingungen. Entscheiden Sie sich für die Anlage dieser Beetform, sollten Sie aus zwei Gründen unbedingt über einen großen Garten verfügen. Erstens, weil die Spirale, um ihre Funktion als Lebensraum für möglichst viele Arten zu gewährleisten, einen Durchmesser von mindestens 3 m braucht. Zweitens, weil derart große Gärten in kleinen Beeten unschön wirken und aus gestalterischer Sicht nicht zu empfehlen sind. Nun also zur

Anlage: Heben Sie an einem sonnigen und freien Gartenplatz die humusreiche Schicht eines etwa 3 m × 2 m im Durchmesser betragenden Ovals spatentief ab und befüllen Sie das Loch mit durchlässigem Material wie Splitt oder Kies. Richten Sie das Oval mit den schmalen Seiten nach Süden und Norden aus und sparen Sie beim Befüllen mit Splitt das Südende aus. Anschließend schichten Sie längliche Natur- oder Trockenmauersteine (möglichst aus der Region) ohne Mörtel zu einer Schnecke von bis zu 80 cm Höhe auf. Die „Öffnung" der Schnecke muss im Süden sein, da dort später ein Miniteich angelegt wird. Jetzt wird die Schnecke von innen her mit grobem Stein, dann Schotter, Kies und obenauf mit Sand so befüllt, dass oben – in der Mitte der Schnecke – nur noch wenig, unten am Teich aber viel Raum zum Einfüllen von nährstoffreicher

Gartenerde aus dem Aushub bleibt. Diese Schicht folgt nun als letzte und wird, wie angedeutet, oben sparsam, unten dafür dicker aufgetragen. Zur Bodenverbesserung der Gartenerde kann man gut abgelagerten Kompost und Kalk beimischen. Am Südrand wird zum Schluss der Teich mit einem Stück Teichfolie, die man in das ausgesparte Loch legt, installiert. Welche Pflanzen Sie nun wo in der Spirale einsetzen, haben wir im Tippkasten links zusammengefasst.

Extravagant – der strenge Garten

In stark gestalteten, symmetrischen Gärten empfiehlt sich eine strenge rechteckige oder exakt kreisrunde Beetform mit genau unterteilten Kleinstbeeten für die einzelnen Arten. Trittplatten oder Kieswege als Zugang zwischen den Beeten sorgen für zusätzliche Ordnung. Wenn Sie vorhaben, ein symme-

Trockenmauern speichern viel Wärme.

trisch angelegtes Beet für Ihre Kräuter zu bauen, lohnt in jedem Fall der Besuch eines nahe gelegenen Klosters als Inspirationshilfe.

Einfach – der Küchengarten

Die einfachste, in der Praxis häufigste, weil planerisch auch unaufwendigste Gestaltung, ist die Anlage eines kleinen Küchenkräutergartens in Hausnähe. Die Form passen Sie am besten der Gestaltung des übrigen Gartens an. Wenn ein Stück freie Fläche im Rasen vorhanden ist, können die Kräuter in einem Rondell angeordnet werden. Bei der Auswahl der Pflanzen richten Sie sich nach Ihrem Bedarf und den Standortansprüchen der Kräuter.

Die strenge Symmetrie bei der Gestaltung dieses Kräutergartens bietet für das Auge einen besonderen Reiz.

Gesäte Kräuter werden im Zweiblattstadium in kleinere Töpfe vereinzelt.
Vorsicht: die Jungpflanzen sind sehr druckempfindlich.

Aussaat & Anzucht

Zuzusehen, wie aus einem stecknadelkopfgroßen Samen im Laufe von wenigen Wochen eine stattliche Pflanze wird, macht viel Freude, verlangt aber auch ein bisschen Fingerspitzengefühl und vor allem die genaue Kenntnis der unterschiedlichen Keim- und Auflaufbedingungen. Unter den Heil- und Gewürzpflanzen können die meisten Arten generativ, also aus Samen, herangezogen werden. Über die wenigen Ausnahmen, bei denen dies nicht geht, lesen Sie mehr auf Seite 48/49.

Das Saatgut

Solange Sie die Samen nicht im Vorjahr selber gewonnen haben, verwenden Sie nur hochwertiges Saatgut aus dem Fachhandel. Kaufen Sie nicht auf Vorrat und bewahren Sie übrig gebliebene Samen nie länger als eine weitere Saison auf. Auf der Packungsrückseite der Kräutersamen finden Sie wichtige Informationen zu den Keim- und Temperaturansprüchen der Kräuter. Bei manchen (selbst gewonnenen) Samen kann eine so genannte Keimruhe vorliegen, d.h. das Saatgut keimt erst nach einem längeren Kältereiz. Dieser kann entweder durch eine Aussaat im vorgehenden Herbst oder durch eine künstliche Kältebehandlung (Stratifikation) erreicht werden.

Die Direktsaat

Für eine Direktsaat, also eine Aussaat in das spätere Beet, eignen sich vor allem Arten, die mit den mitteleuropäischen Klimabedingungen uneingeschränkt zurechtkommen. Dazu zählen die Klassiker Schnittlauch und Petersilie, ebenso wie Dill, Koriander, roter Sonnenhut, Johanniskraut und Kamille. Der Aussaatzeitpunkt – generell sind dafür die Monate März und April zu nennen – variiert in Abhängigkeit von der Klimazone, den vorangegangenen Witterungsverhältnissen, der Bodenbeschaffenheit und auch den Temperaturansprüchen der Art. Wer ganz sichergehen will, sät erst mit Beginn der Kirschblüte. Der Boden ist dann ausreichend erwärmt und die Zahl der noch zu erwartenden Nachtfröste gering.

Gesät wird optimalerweise in Horsten, d.h. die Samen werden als kleine Häufchen in der Erde abgelegt. Anschließend werden sie mit Erde bedeckt und leicht angedrückt. Die Saattiefe hängt von der Art ab. Da es aber in der Gruppe der Heil- und Gewürzpflanzen keine ausgesprochenen Licht- oder Dunkelkeimer gibt, ist man mit einer Tiefe von 2 – 3 cm auf der sicheren Seite. Nur bei Feinsämereien, wie Kamille oder Oregano, reichen wenige Millimeter Erde zur Abdeckung. Für alle Aussaaten ist ein guter Kontakt mit der umgebenden Erde wichtig, damit die Samen genug Feuchtigkeit aufnehmen und quellen können. Diesen Bodenschluss erreicht man durch sorgfältiges Angießen mit einer Feinstrahlbrause. Ein Verschlämmen kann man vermeiden, in dem man mit dem Gießen bereits außerhalb beginnt und die Brause erst über das Beet hält, sobald eine gleichmäßig feine Dusche herauskommt. Halten Sie das Beet bis zum Auflaufen der Samen gleich bleibend feucht. Bei drohenden Nachtfrösten hilft vor dem Auflaufen eine Mulchfolie, danach kann man die zarte Saat mit einem Vlies vor dem Erfrieren schützen.

Jungpflanzenanzucht im Warmen

Die Anzucht von Jungpflanzen im Warmen ist für den Hobbygärtner in vielerlei Hinsicht gegenüber der Direktsaat zu bevorzugen. Erstens, weil die Keimbedingungen einer viel größeren Gruppe von Pflanzen entsprechen. Zweitens, weil sich im Warmen die Keimung genauer steuern lässt und die Keimungsrate dadurch steigt. Schließlich, weil man, ein gewisses Equipment vorausgesetzt, bei den meisten Pflanzen mit der Anzucht schon Ende Februar, Anfang März beginnen kann und dadurch einen Vegetationsvorsprung gegenüber den direkt gesäten Kräutern hat. Zu empfehlen ist die Jungpflanzenanzucht vor allem für Kräuter mit erhöhten Temperaturansprüchen, aber auch die weniger empfindlichen Samen keimen im Warmen etwas schneller.

Grundsätzlich haben sich in der Praxis zwei Verfahren durchgesetzt: das breitwürfige Aussäen in Pikierkisten und die Aussaat in Töpfe wie Multitopfplatten und Jiffies (gepresste, quellbare Torftabletten). Die Aussaat in Pikierkisten ist wegen des zusätzlichen Vereinzelns der Keimlinge aufwendiger und wird hier deshalb nicht besprochen. Die Aussaat in Jiffy oder Multitopfplatten ist dagegen unkompliziert und erfolgt – wie im Freiland – als Saat in Horsten. Im Jiffyhaus nach der Saat die Gewächshaushaube schließen und das „Haus" auf ein helles Fensterbrett stellen. Alle zwei bis drei Tage die Feuchtigkeit kontrollieren und eventuell nachgießen. Wenn Sie statt eines Jiffyhauses in einen gewöhnlichen Blumen-

topf säen, so verwenden Sie dafür ein nährstoffarmes Substrat, z.B. TKS 1, aus dem Fachhandel. Die Saat muss nun bis zum Auflaufen in beiden Fällen warm (ca. 20 – 25 °C) und feucht gehalten werden. Bei der Blumentopfsaat erreicht man das mit einer über den Topfrand gespannten, perforierten Frischhaltefolie. Beim späteren Nachgießen sollte man die Oberfläche wegen der Gefahr der Verpilzung trocken halten. Der geringe Lichteinfall ist bis März mit einer Zusatzbeleuchtung auszugleichen. Ist die Saat endlich aufgegangen, sollte man die Raumtemperatur auf 16 – 18 °C senken. Vor dem Auspflanzen, Mitte Mai, die Pflänzchen bis zu zwei Wochen draußen beschattet in Hausnähe abhärten.

Bei der Auswahl des passenden Anzuchtgefäßes hat man heutzutage die Qual der Wahl.

Vegetativ vermehren

Unter vegetativer Vermehrung versteht man wörtlich die Verbreitung und Verjüngung von Pflanzen durch die ungeschlechtlichen Organe einer Pflanze. Zur Anwendung im Kräuteranbau kommt diese Art der Vermehrung wenn die Kräuter, wie etwa die Pfefferminze, nicht sortenecht sind. Weitere Gründe für die vegetative Vermehrung können schlecht keimendes Saatgut sowie die Schnelligkeit und Einfachheit dieser Methoden sein.

Ballen- und Stockteilung

Das Ballen- oder Stockteilen wird bei allen mehrjährigen, Stock oder Horst bildenden Kräutern zur Verjüngung der Mutterpflanzen angewandt. Im Frühjahr oder Spätherbst wird der zugeschnittene Krautstock von Zitronenmelisse,

Arnika, Liebstöckel, Schnittlauch, Oregano, Sauerampfer oder Pimpinelle mit einer Grabegabel vorsichtig aus dem Boden geholt. Kleinere Pflanzen, wie Pimpinelle und Schnittlauch, werden mit den Händen in mehrere Teilstücke gerissen und sofort danach an ihren neuen Bestimmungsort gesetzt. Größere Stöcke, wie die von Zitronenmelisse oder Liebstöckel, können mit einem festen Spatentritt geteilt werden. Die Stockteilung nur im gut durchfeuchteten Boden durchführen. Das empfindliche Wurzelwerk löst sich dann leichter aus dem Boden und wird nicht so stark beschädigt.

Stecklingsvermehrung

Sehr viele mehrjährige Heil- und Gewürzkräuter lassen sich im Som-

Melisse wird im zeitigen Frühjahr oder im Herbst geteilt.

mer sehr einfach aus Kopf- und Seitentrieben vermehren. Man schneidet dazu in der Zeit von Mai bis September mit einem sehr scharfen Messer etwa 5 cm lange unverholzte Triebspitzen ohne Blütenansatz ab. Die Stecklinge werden anschließend von den unteren zwei Blattpaaren befreit und bis zum Beginn des ersten Blattpaares in Töpfe mit einem feuchten Sand-Torf-Gemisch gesteckt. Von da an bis zur Bewurzelung ist es wichtig, dass die Stecklinge stets von hoher Luftfeuchtigkeit umgeben sind. Ein Vlies, das an einem mit Drahtbügeln überspannten Topf befestigt wird, kann dies gewähren. Direkte Sonneneinstrahlung vertragen die empfindlichen Stecklinge ebenfalls nicht. Um die Verdunstung über die Blätter zu minimieren, sollten Sie diese mit einer Schere um etwa $1/3$ einkürzen.

Sonderfall: Knoblauchanbau

Der Knoblauch ist ein echter Sonderfall. Er kann gleich auf zweierlei

Knoblauchzehen werden im September mit 10 – 12 cm Abstand etwa 5 – 8 cm tief gesteckt. Eine Schnur hilft bei der Ausrichtung.

Art vegetativ vermehrt werden. Einmal können für den einjährigen Anbau die Knoblauchzehen im warmen Herbst etwa 10 cm tief gesetzt werden. Die Ernte der reifen Knollen erfolgt im darauf folgenden Herbst. Für den zweijährigen Anbau werden die ebenfalls vegetativen Brutzwiebeln im Herbst gesammelt und im Frühjahr etwa 5 cm tief gesteckt. Von den im Herbst geernteten Knollen werden die Zehen erneut in den selben Boden gesteckt.

KRÄUTER, DIE SIE LEICHT VEGETATIV VERMEHREN KÖNNEN

Deutscher Name	Botanischer Name	Vermehrung durch
Estragon	Artemisia dranunculus	Wurzelrisslinge
Griechischer Oregano	Origanum heracleoticum	Stockteilung, Ausläufer
Knoblauch	Allium sativum	Knoblauchzehen, Brutzwiebeln
Liebstöckel	Levisticum officinale	Stockteilung
Meerrettich	Armoracia radicana	Seitenwurzeln der Vorjahreskultur
Pfefferminze	Mentha x piperita	Ausläufer, Kopfstecklinge
Rosmarin	Rosmarinus officinalis	Kopfstecklinge
Salbei	Salvia officinalis Salvia triloba	Kopfstecklinge
Schnittlauch	Allium schoenoprasum	Stockteilung
Zitronengras	Cymbopogon citratus	Teilung des Grashorstes
Zitronenmelisse	Melissa officinalis	Stockteilung

Kopfstecklinge und Stolonen

Pfefferminze und Estragon sind Paradebeispiele für die vegetative Vermehrung im Kräuteranbau. Beim Estragon ist es die Sorte 'Deutscher aromatischer' (auch als Französischer Estragon bezeichnet), die steril ist und daher nur vegetativ vermehrt werden kann. Der Wurzelkörper wird im Sommer ausgegraben und in Teilstücke mit je mehreren Ausläufern zerschlagen. Die abgerissenen Wurzelausläufer werden alsbald verpflanzt.

Die Pfefferminze kann aufgrund ihrer Genetik ausschließlich vegetativ, aus Kopfstecklingen und Stolonen, vermehrt werden. Für die Ausläufervermehrung werden im Herbst Stolonen mit der Grabegabel aus dem Boden geholt und mit der Hand in 15 – 20 cm lange Stücke mit mindestens drei Knoten gerissen. Die Stolonenstücke werden jetzt waagerecht und einzeln zirka 10 cm tief gesetzt. Um zu vermeiden, dass die Pfefferminze vom Minzenrost (siehe Seite 55) befallen wird, sollte sie alle zwei Jahre umgesetzt werden.

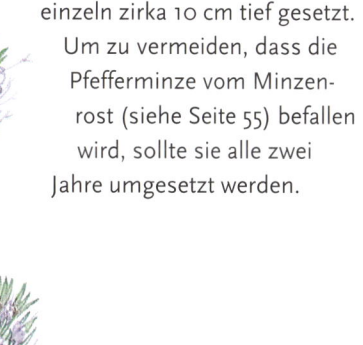

Minze bildet lange Ausläufer (Stolonen), die für die Vermehrung genutzt werden.

Im Haus überwinterten Rosmarin im Frühjahr ins Beet pflanzen.

Die richtige Pflege

Ein gutes Kräuterjahr im Garten beginnt mit dem Herausspitzen der ersten Schnittlauchröhrchen im März und endet meist mit dem Reisigabdecken der Beete Mitte November. Dazwischen gibt es Einiges zu tun. Das regelmäßige Lockern, Gießen und Düngen sichert ein gesundes Wachstum und eine konstante Ernte.

Beet- und Boden-vorbereitung

Los geht es mit der Bodenvorbe-reitung im zeitigen Frühjahr. Die bestehenden Kräuterbeete werden – etwa mit Beginn der Forsythien-blüte – von eventuell bestehenden Reisig- oder Mulchabdeckungen des vergangenen Winters befreit. Alte stehen gebliebene Triebe von Zitronenmelisse, Salbei, Thymian oder Oregano kann man jetzt ab-schneiden und im Kompost ent-sorgen. Lavendel mit seinen holzi-gen Stängeln verträgt einen groß-zügigen Rückschnitt. Dadurch werden neue Verzweigungen an-geregt. Mehrjährige Kräuter, die sich in den vergangenen Jahren zu sehr ausgebreitet haben, können Sie nun teilen (siehe Seite 48) und versetzen. Dem Aufräumen schließt sich nun das oberfläch-liche Lockern bei gleichzeitiger Einarbeitung von gut abgelagertem Kompost, Kalk und Hornspänen zur Bodenverbesserung an.

Etwas später, zur Zeit der Kirschblüte, ist der beste Zeitpunkt für die Bodenvorbereitung einer Neupflanzung. Der (feuchte!) Oberboden wird dazu zuerst mit einer Hacke grob und mit einem Erdrechen anschließend fein aufge-lockert. Für die Pflanzung von Knoblauch ist eine mindestens 5 cm tiefe und gründliche Locke-rung notwendig, damit sich die Zehen später optimal entwickeln können.

Die Pflanzung

Im Warmen vorgezogene (siehe Seite 47) oder gekaufte Topfkräuter können nach Ende der Nachtfrost-gefahr (besser mit Beginn der Apfelblüte) ins Beet gepflanzt werden. Die Pflanzdichte und der Pflanzabstand richten sich nach dem Platzbedarf der Kräuter. Mehr-jährige Kräuter wie Liebstöckel, Lavendel und Pfefferminze benöti-gen einen größeren Standraum als Einjährige wie Kerbel oder Majo-ran. Bei der Pflanzung sind außer-dem mögliche Unverträglichkeiten (siehe Tabelle unten rechts) und positive Wachstumsbeeinflus-sungen einzukalkulieren. Hinweise zur Standortwahl und Gestaltung finden Sie auf der Seite 42/43.

Richtig gießen

Vor allem während der Sommer-monate ist eine regelmäßige Wasserversorgung im Kräuterbeet unerlässlich. Bei längeren Trocken-zeiten ist es am günstigsten, wenn die Beete immer morgens groß-zügig mit gesammeltem Regen-wasser gegossen werden. Das

Topfkräuter (siehe Seite 56) im Sommer regelmäßig wässern.

Gießen am Abend ist zwar weit verbreitet, lockt aber nur unnötig gefräßige Schnecken ins Beet.

Obwohl die Toleranz gegen Austrocknen bei den Mittelmeer-kräutern wesentlich höher ausge-prägt ist als bei den einheimischen Arten, muss man beim Gießen kei-ne größeren Unterschiede machen. Salbei, Rosmarin und Co. fühlen sich in einem feuchten Boden ge-nauso wohl und bilden mit Zusatz-bewässerung sogar mehr Wirk-stoffe als an so manchem karsti-gen Berghang in Italien.

Optimal düngen

Es ist ein weit verbreiteter Irrtum, dass Heilkräuter auf einem mage-ren (ungedüngten) Boden höhere Wirkstoffkonzentrationen ausbil-den als in einem gut mit Nähr-stoffen versorgten Beet. Wahr ist vielmehr die Tatsache, dass bei den meisten Heil- und Gewürz-pflanzen keine gesicherten Erkenntnisse über ihren Nährstoff-bedarf vorliegen. Mit einer maß-vollen Düngung, bei der man sich am Bedarf für mittelstark zehrende Gemüsearten orientiert, wird die Pflanzengesundheit und die Bil-dung von sekundären Pflanzen-stoffen gefördert.

Im Kräutergarten ist das Früh-jahr der beste Zeitpunkt für eine Startdüngung. Geeignete Mineral-stoffversorger sind organische Dünger wie reifer Kompost, Mist, Hornspäne, Blut- und Knochen-mehl. Sie wirken nicht sofort, sondern werden durch die Tätigkeit von Bodenmikroorganismen lang-sam pflanzenverfügbar gemacht. Regelmäßige Gaben von Garten-kalk verbessern die Krümelstruktur und die Nährstoffverfügbarkeit, besonders die von schweren Ton-

Farbenfroher Blütenzauber im Duft- und Heilkräutergarten

böden. Auch mineralische Gemü-sedünger können – niedrig dosiert – zur Düngung eingesetzt werden. Sinnvoll ist die mineralische Dün-gung, wenn Sie Kräuter, wie z.B. die Pfefferminze, mehrmals im Jahr komplett abernten. Mit einer moderaten Düngung kurz nach dem Schnitt wird der Neuaustrieb gefördert. Vorsicht allerdings bei der Dosierung: Mit einem „Zuviel" regt man das Pflanzenwachstum stark zu Ungunsten der Aroma-stoffbildung an.

WICHTIGE KRÄUTER PFLEGEN & DÜNGEN

Deutscher Name	Pflegen & Düngen
Arzneifenchel	hoher Wasserbedarf; organische Düngung ausreichend
Baldrian	Bewässerung bei Trockenheit; evtl. Mineraldüngereinsatz
Brennnessel	verteilte kleine Stickstoffgaben fördern den Blattertrag
Eibisch	durchschnittlicher Nährstoffbedarf
Engelwurz	Zusatzbewässerung; mineralische und organische Düngung
Knoblauch	lockerer Boden wichtig; sehr geringer Nährstoffbedarf
Pfefferminze	höherer Nährstoffbedarf; kleinere Gaben nach dem Schnitt
Thymian-Arten	verträgt Trockenheit; geringerer Nährstoffbedarf
Zitronenmelisse	höherer Nährstoffbedarf mit organischen Düngern

Im Frühling sprießendes Unkraut ist noch leicht zu entfernen.

Der Boden macht's

Der Gartenboden ist eine der am stärksten genutzten und beanspruchten Flächen überhaupt. Auf engstem Raum stehen jahraus, jahrein Gemüse, Stauden, Kräuter, Gräser, Bäume und Sträucher und entziehen dem Boden Nährstoffe und Wasser. Da nicht jeder Boden von Natur aus gleich gute Voraussetzungen für einen erfolgreichen Anbau bietet, sollte man sich vor dem Anbau darüber klar sein, welcher Bodentyp im Garten vorherrscht.

Eine sehr einfache Methode zur Bestimmung des Bodentyps ist die Fingerprobe. Man rollt dazu einfach ein Stück feuchten Boden zwischen den Fingern hin und her. Das Ergebnis bzw. der Bodentyp lässt sich am Roll- und Schmutzverhalten des Bodens feststellen. Toniger und schwerer Boden lässt sich gut formen und hinterlässt zwischen den Fingern eine Schmutzspur. Sandiger Boden hingegen ist schlecht formbar und schmutzt nicht. Dazwischen steht der lehmige Boden, der sich noch gut formen lässt, aber kaum Dreck auf den Fingern hinterlässt. Die besten Anbaueigenschaften hat der Lehmboden. Er speichert das Regenwasser gut und sorgt wegen seiner leicht krümeligen Struktur stets für eine gute Luftzufuhr an die Wurzeln. Tonböden neigen, wenn sie länger nicht gelockert wurden, zur Verkrustung und Verfestigung. Sollten Sie so einen schweren Boden haben, muss er durch Zugabe von Sand und Kalk verbessert und durch regelmäßiges Hacken locker gehalten werden. Ganz anders die leichten Sandböden: Sie speichern kaum Wasser und sind daher anfällig gegen Austrocknen. Hier wirkt sich die Zugabe von Komposterde und eine ständige Bedeckung mit Mulch sehr günstig auf das Kräuterwachstum aus.

Ein wichtiges Indiz für die Qualität Ihres Bodens ist auch seine Farbe. Grundsätzlich gilt: Dunkle Böden enthalten mehr organische Substanz (Humus) als hellere Böden. Der Humusgehalt ist wichtig für ein ausgeglichenes Bodenleben und die Speicherung von Nährstoffen. Humusarme Böden müssen aber nicht zwingend schlecht für den Anbau sein, da

Tipp

Das Bodenleben fördern

▶ **Ein intaktes Bodenleben** ist der Garant für gesunde Kräuter. Durch das regelmäßige Einarbeiten von abgelagertem Kompost und von stickstoffhaltigen organischen Düngern (Hornspäne) wird die Vermehrung der nützlichen Bodenlebewesen, wie Regenwürmer, Pilze und Bakterien, gefördert.

▶ **Durch den steten Abbau** der organischen Substanz stehen der Pflanze immer ausreichende, aber nie zu hohe Mengen an Mineralstoffen zur Verfügung.

Eine Muldecke aus Grasschnitt oder Stroh fördert das Bodenleben, hält die Krume feucht und frei von Unkraut.

viele Nährstoffe auch und gerade vom mineralischen Bodenanteil geliefert werden. Wer es ganz genau wissen will, wie es um seinen Boden bestellt ist, der kann eine Probe davon an eine staatliche oder private Bodenuntersuchungsanstalt schicken. Die Analyse gibt nicht nur Auskunft über Bodentyp und Nährstoffgehalt, sondern weist auch den Boden-pH, ein wichtiges Kriterium für das Pflanzenwachstum, aus.

Hacken & lockern

Gerade bei schweren tonigen Böden ist es zweckmäßig, die Bodenstruktur durch regelmäßiges Hacken und Lockern zu verbessern. Mit dem Aufrauen der obersten Bodenschicht verbessert sich die Sauerstoffzufuhr an den Wurzeln. Durch diese Maßnahme wird außerdem das Bodenleben aktiviert und die Kräuter erhalten aus dem Abbau organischer Substanz neue Nährstoffe.

Unkraut entfernen

Unkraut jäten ist unter den Gärtnern wohl eine der unbeliebtesten Tätigkeiten. Samen von Gräsern und hartnäckigen Wildkräutern werden herangeweht oder kommen über die Zugabe von Kompost in das Beet.

Durch ein regelmäßiges Durchhacken Ihrer Kräuterbeete verhindern Sie, dass sich „Un"-Kräuter im eigenen Garten durch Samenbildung weiter vermehren. Mit Ausnahme der Ausläufer bildenden Quecke kann man alle Unkräuter beim Beetelockern heraushacken und gleich mit Erde überschütten. Aus Unkraut wird so wertvoller Gründünger für die Heilkräuter.

Mulch ausbringen

Mulchen, also das Abdecken des nackten Bodens mit organischen Materialien oder Kunststofffolien, ist bestens bekannt und erprobt im Gemüseanbau. Mit einer Mulchdecke schützt man den Boden nicht nur vor Austrocknung und Verschlämmung, sondern fördert auch über eine ständige Zufuhr an organischer Substanz das Bodenleben im Beet.

Im Kräuteranbau ist neben dem normalen Mulchen während des Sommers auch noch das Ausbringen einer Wintermulchdecke wichtig. Diese wird im Spätherbst als Isolierung gegen den Frost auf dem Boden ausgelegt und im zeitigen Frühjahr, beim Beginn der ersten Beetarbeiten, wieder von den Beeten entfernt.

Als Mulchmaterialien eignen sich Rindenmulch und Rindenhumus ebenso wie gehäckseltes Stroh und roher Kompost. Sobald im Frühjahr dann alle Pflanz- und Pflegearbeiten abgeschlossen sind, gibt man ab Ende April eine etwa 2 – 4 cm starke Schicht an Mulchmaterial auf die Kräuterbeete. Weil sich durch die Tätigkeit von Mikroorganismen die Mulchschicht im Laufe des Sommers mehr oder weniger schnell abbaut, sollte man gegebenenfalls später im Jahr eine weitere Mulchschicht auflagern.

An dieser Stelle muss darauf hingewiesen werden, dass das Mulchen von Kräutern unter Umständen auch weniger günstig sein kann. Nämlich dann, wenn Sie mit dem Mulch auch Pilzsporen einschleppen, die sich wegen der Bodenfeuchtigkeit vermehren und von dort aus die Kräuter befallen können.

Tipp

Eine Bodenprobe entnehmen

▶ **Eine Bodenprobe schafft Klarheit** über den Zustand Ihres Gartenbodens. Entnehmen Sie dazu mit einer kleinen Pflanzschaufel an mehreren Stellen im Garten eine kleine Menge Boden und füllen Sie diesen in einen unbenutzten Gefrierbeutel.

▶ **Das Entnahmedatum der Probe** auf einem Zettel notieren und noch am selben Tag an ein Bodenuntersuchungsinstitut abschicken.

Die Thymianernte erfolgt mit Beginn der Blütezeit.

Pflanzenpflege im Herbst

Am Ende des Kräuterjahres ist es Zeit, abgestorbenes und verwelktes Laub sowie verholzte Stängel von mehrjährigen Kräutern, wie Zitronenmelisse oder Lavendel, zu entfernen. Wenn Sie das Beet für eine Neubepflanzung im Frühjahr vorgesehen haben, sollten Sie jetzt den Boden mit einem Spaten grobschollig umstechen und etwas reifen Kompost mit einer Grabegabel einarbeiten.

Pflanzenschutz

Minzenkäfer können zur Plage werden und im Profianbau ganze Felder kahl fressen.

Kräuter sind äußerst widerstandsfähig und trotzen Trockenheit und schlechtem Boden ebenso wie dem Angriff durch Pilze, Bakterien und Schädlinge. Dennoch kommt es in manchen Jahren vor, dass die Pflanzen kränkeln oder von Schädlingen befallen werden. Im Folgenden finden Sie ein paar Tipps, wie man Gartenkräuter vorbeugend schützen und im „Ernstfall" angemessen eingreifen kann.

Auch Pflanzen haben Stress

Der häufigste Auslöser für einen Krankheits- oder Schädlingsbefall bei der Pflanze ist der Stress. Kräu-

Ein hübscher Nützling: Der Siebenpunkt-Marienkäfer verspeist täglich das mehrfache seines Körpergewichts an Blattläusen.

ter, die nicht standortgerecht stehen oder durch falsche Pflege geschwächt wurden, verwenden einen Großteil ihrer Energie dazu, gegen die schlechten Wachstumsbedingungen anzukämpfen. Dabei entsteht eine Art „Stresssituation", in welcher sich die Pflanzen gegen Bakterien, Pilze und Schädlinge schlechter wehren können. Herrschen zu dieser Zeit zufällig günstige Entwicklungsbedingungen für diese Schaderreger, kommt es zum Befall.

Richtig vorbeugen

Mit der Wahl des richtigen Pflanzenmaterials (es gibt krankheitsresistente Sorten)

und eines artgerechten Standortes (Hinweise dazu im Porträtteil und auf der Seite 44) ist schon viel für die Kräutergesundheit getan. Falls es die Gartengröße zulässt, sollten Sie Kräuter, die schon lange Zeit an einem Fleck wachsen, alle paar Jahre versetzen. Dadurch finden bodenbürtige Erreger keine Gelegenheit, sich stärker zu vermehren.

Ein anderer wichtiger Ausgangspunkt für Infektionen ist auch eine zu gut gemeinte Düngung, vor allem mit stickstoffreichem Dünger, wie Mineraldünger oder Hornspänen. Durch das höhere Wachstum werden die Pflanzenzellen „weicher" und anfälliger für Pilzkrankheiten. Einmal befallene

Stängel- und Blattfleckenkrankheiten, hier *Cercosporidium punctum* an Fenchel, sind typisch für Doldenblütler.

Die orange gefärbten Uredo-Sporen des Schnittlauchrosts erscheinen ab August.

Kräuter müssen ausgeschnitten und sofort mit dem Hausmüll (nicht im Kompost!) entsorgt werden, da sich am abgestorbenen Laub und an Stängeln Sporen halten und im nächsten Jahr wieder infizieren können.

Krankheiten & Schädlinge

Mit die häufigste Krankheitsursache an Kräutern ist der Befall durch Pilze im Spätsommer. Und da fast alle pflanzenschädlichen Pilzsporen Wasser zum Auskeimen benötigen, passiert eine Infektion vornehmlich während längerer Schlechtwetterperioden. Um einen Befall bereits im Keim ersticken zu können, kontrollieren Sie die Blätter regelmäßig auf einen gräulichen Belag, der durch **Mehltaupilze** hervorgerufen wird.

Rostrote Flecken werden im Spätsommer auf den Blättern von Pfefferminze und auf den Röhren von Schnittlauch sichtbar. Hierbei handelt es sich um die Sporenträger von zwei unterschiedlichen **Rostpilzarten**, dem Pfefferminzen- und

dem Schnittlauchrost. Sobald an den untersten Blättern bzw. Röhren die ersten Sporen auftauchen, schneidet man die Pflanze bis zum Boden hin ab. Der Neuaustrieb ist in der Regel dann befallsfrei.

Unter den Schädlingen sind **Schmetterlingsraupen** und **Blattkäfer** die bedeutendsten. Beide fressen, wenn man sie nicht rechtzeitig absammelt, die Blätter nicht selten bis auf die „Gerippe" kahl. Lediglich lästig, aber nicht bekämp-

fenswert, sind **Zikaden**. Sie saugen im Frühsommer gern an den Blättern von Zitronenmelisse und Minze-Arten. Da das Blattgewebe wegen der Saugtätigkeit nicht mehr nachwächst, entstehen dadurch unschön verkrüppelte Blätter.

Mit **Schnecken**fraß ist vor allem bei frisch gesäten und bepflanzten Beeten zu rechnen. Haben Sie Basilikum im Garten, sollten Sie die gefräßigen Allesfresser allabendlich von den Beeten sammeln.

KRANKHEITEN & SCHÄDLINGE ERKENNEN

BO/BU = Blattoberseite/Blattunterseite

Krankheit/Schädling	Symptome
Blattfleckenkrankheiten	mehrere Pilzarten verursachen dunkle Blatt- und Stängelflecken
Blattkäfer	Blattfraß mit großen Löchern
Blattläuse	Saugschäden; Vorsicht: Virusübertragung!
Echter Mehltau	weißlicher Belag auf BO und BU
Falscher Mehltau	rundliche Flecken auf der BO; Pilzmycel auf der BU
Nematoden	schwacher Wuchs und mickeriges Aussehen
Rostpilze	leuchtend rot-orange gefärbte Flecken auf der BU
Schmetterlingsraupen	Blattfraß; die Puppen verspinnen sich im Kraut
Schnecken	Vernichtung von Jungpflanzen und Basilikum
Zikaden und Wanzen	verkrüppelte Blätter; Saugschäden

Kräuter für Balkon & Terrasse

Wem es schon einmal gelungen ist, ein abgeerntetes Topf-Basilikum aus dem Supermarkt erfolgreich über den Winter zu bringen, der weiß nur zu genau, wie schwierig es sein kann, sich einen dauerhaft schönen Kräutergarten auf der Fensterbank oder dem Balkon zu halten.

Denn während sich bereits in einem kleinen Garten für fast jedes Kraut ein guter Standort mit ausreichend Platz für die Entwicklung der Pflanze findet, müssen sich Kräuter in Töpfen und Kübeln mit wenigen Zentimetern Erde und der sorgfältigen Pflege durch ihre Besitzer begnügen.

Mit ein wenig Geschick und vor allem der richtigen Pflanzenauswahl ist es aber auch auf Balkon- und Terrasse kein Problem, zumindest über die Sommermonate ausreichend frisches Grün für die Küche zu ernten.

Das passende Gefäß

Am besten geeignet für die Topfkultur auf der Terrasse sind einfache Blumentöpfe und Kästen aus gebranntem Ton oder Terrakotta. Beide Materialien sind gut wasser- und luftdurchlässig, standfest und besitzen ein großes Abzugsloch im Topfboden. Bei starker Sonnenbestrahlung hat das Tonmaterial gegenüber einem Gefäß aus Kunststoff einen weiteren Vorteil: Durch

Ein nicht ganz vollsonniger Platz ist ideal für Topfkräuter.

die starke Verdunstung am Ton wird der Topf gekühlt und die Wurzeln werden nicht überhitzt.

Bei der Auswahl der Gefäßgröße richten Sie sich nach der Pflanzengröße und dem Platzbedarf der Kräuter an ihrem Naturstandort: Langsam wachsende Mittelmeerkräuter wie Rosmarin, Thymian oder Salbei benötigen weniger Platz als schnell wachsende einheimische wie Pfefferminze oder Zitronenmelisse.

Die Pflanzenauswahl

Wegen der besonderen Wachstumsbedingungen im Pflanzgefäß sind für die Topfkultur besonders die Kräuter geeignet, die bereits in der Natur mit Trockenheit und Hitze gut zurechtkommen. Dazu zählen alle Mittelmeerkräuter ebenso wie Exoten und Gebirgskräuter.

Schwierig wird die Kultur von Ausläufer bildenden, Schatten und Feuchte liebenden Pflanzen und Kräutern mit großem Platzbedarf.

KRÄUTER FÜR DIE TOPFKULTUR

Deutscher Name	Botanischer Name	Besonderheiten / Überwinterung
Ananassalbei	Salvia rutilans	dekorative Topfpflanze; hell und kühl überwintern
Basilikum 'Großes Grünes'	Ocimum basilicum	humusreiche, dunkle Böden; mäßig warm und hell überwintern
Griechischer Oregano	Origanum heracleoticum	robust; hell und kühl überwintern
Lavendel	Lavandula angustifolia	Halbstrauch mit Pfahlwurzel; hell und kühl überwintern
Lorbeer	Laurus nobilis	Kübelpflanze; hell und kühl überwintern
Majoran	Majorana hortensis	Knospen- und Blattmajoran-Sorten; in Mitteleuropa einjährig
Rosmarin	Rosmarinus officinalis	anspruchslos; hell und kühl überwintern
Salbei	Salvia officinalis ssp., Salvia triloba	kalkreiche Böden; hell und kühl überwintern
Schnittlauch	Allium schoenoprasum	kalkreiche humose Böden; sehr frosthart
Schwarzkümmel	Nigella sativa	attraktive Blüten; einjährige Pflanze
Thymian	Thymus vulgaris	anspruchsloser Halbstrauch; hell und kühl überwintern
Zitronengras	Cymbopogon citratus	mehrjährige Kübelpflanze; hell und mäßig warm überwintern
Zitronenmelisse	Melissa officinalis	ideal ist das Weinbauklima; dunkel und kühl überwintern

Gänzlich ungeeignet für Balkon und Terrasse sind Wurzelkräuter, wie Baldrian oder Engelwurz. In der Tabelle ist eine Auswahl geeigneter Arten zusammengestellt.

Der ideale Standort

Während im Garten ein vollsonniger Standort in der Regel die schönsten Pflanzen und die besten Ernteergebnisse zur Folge hat, ist vor allem auf süd-exponierten Terrassen und Balkonen ein schattigeres und nicht ständig von der Sonne beschienenes Plätzchen zu bevorzugen. In der prallen Sonne entziehen die Pflanzen dem Topf schnell so viel Wasser, dass es schon nach kurzer Zeit zum Welken kommt. Häufiges Welken führt bei den Pflanzen zu Stress, der sich

u.a. in einem geringeren Gehalt an ätherischen Ölen und Aromastoffen äußert.

Pflanzen in Töpfen gießen

Im Blumentopf oder auch in einem breiteren Terrakotta-Kübel herrschen ganz eigene Wachstumsbedingungen, die es bei Aufzucht und Kultur von Kräutern zu berücksichtigen gilt. Die Gründe dafür sind in den Eigenschaften der Pflanzerde und dem geringen Wurzelvolumen zu suchen. Das Substrat, welches zum Großteil aus Torf und Komposterde, also natürlichen und verrottbaren Grundstoffen besteht, kann Wasser zwar deutlich besser als der mineralische Gartenboden speichern. Durch das begrenzte Volumen des Topfes bedingt kann

aber kein Wasser mehr nachlaufen, wenn die Kräuter an warmen Tagen viel Feuchtigkeit brauchen. Da es während des Sommerhalbjahres auf Balkon und Terrasse oft sehr heiß werden kann, ist Gießen das A und O einer erfolgreichen Topfkräuterkultur. Am frühen Morgen, wenn die Sonne noch nicht auf die Blätter scheinen kann, ist der beste Zeitpunkt dafür. Wässern Sie den Topf vorzugsweise mit abgestandenem Regenwasser so ausreichend, dass er sich schwer anfühlt und etwas Flüssigkeit unten aus den Abzugslöchern tritt. Am besten ist es, wenn der Ballen nie ganz austrocknet, da das leicht feuchte Substrat Gießwasser viel besser speichern kann als trockenes, aus dem sofort ein Teil des Wassers wieder aus dem Topf läuft.

Terrakotta-Töpfe verbreiten mediterranes Flair und bieten den Kräutern einen optimalen Standort.

Düngen

Für das Gedeihen und die Ausbildung der Aromastoffe ist auch im Topfanbau das Düngen unerlässlich. Mit der Dosierung verhält es sich ähnlich wie beim Gießen: An schönen und warmen Tagen brauchen die Pflanzen mehr Nährstoffe als an bedeckten und kühlen Tagen. Weil es im Handel aber keine speziellen Düngemittel für Kräuter und Gewürze gibt, sollten Sie hier besondere Vorsicht walten lassen. Auch wenn die meisten Kräuter nur in geringen Mengen verzehrt werden, reichern sie besonders im Winter mineralischen Stickstoff an. Sie sollten daher auf jeden Fall die richtige Balance zwischen nützlicher und schädlicher Düngermenge finden. Im Tippkasten auf der Seite 59 finden Sie Regeln für das Düngen von Topfkräutern.

Aussaat vor dem Fenster

Die meisten Kräuter lassen sich im Winter und Frühjahr prima auf der Fensterbank soweit vorziehen, dass

KRÄUTER FÜR ZIMMER UND FENSTERBANK		
Deutscher Name	**Botanischer Name**	**Bemerkungen**
Basilikum 'Genoveser'	Ocimum basilicum	im Winter mäßig gießen
Dill	Anethum graveolens	für Dillspitzenernte laufend nachsäen
Griechischer Oregano	Origanum heracleoticum	die feinen Samen in Jiffypot säen
Grüne Minze	Mentha spicata	Basis für die englische Minzsauce
Kerbel	Anthriscus cerifolium	nur als frisches Kraut verwendbar
Kresse	Lepidium sativum	läuft rasend schnell auf
Petersilie	Petroselinum crispum	wächst im Winter zaghaft
Rosmarin	Rosmarinus officinalis	nur unverholzte junge Pflanzen kaufen
Salbei	Salvia officinalis ssp. Salvia triloba	Überwinterungssalbei laufend ernten

man sie mit Ende der Nachtfrostgefahr Mitte Mai gleich in ihrem Gefäß nach draußen stellen kann. Eine Voraussetzung dafür ist hochwertiges Saatgut. Kaufen Sie Ihre Kräutersamen in einem Fachgeschäft und informieren Sie sich dort über die Keimbedingungen des Krauts. Für die Vorkultur auf der Fensterbank sind alle Arten zu empfehlen, die leicht keimen und mit den Licht- und Temperaturbedingungen auf der Fensterbank gut zurechtkommen. Dazu zählen Zitronenmelisse, Petersilie, Schnittlauch, Oregano und Basilikum. Man kann sie schon ab Februar entweder direkt in den späteren Topf oder – zur Beschleunigung der Keimung – in Horsten zu je zehn Samen auf Presstabletten aus Torf (Jiffy) säen. Alle wichtigen Details zur Aussaat finden Sie im Kapitel „Vermehrung" auf Seite 46 und 47.

Frisches Grün im Winter

Kartoffeln mit Kräuterquark im November, etwas frisches Basilikum auf dem Tomatensalat im Dezember und ein paar Röllchen Schnittlauch aufs Brot im Januar. Wer hätte nicht gerne 365 Tage im Jahr frisches Grün zum Würzen und zum Garnieren? Mit einem

Bestes Aroma und unverfälschten Geschmack bieten nur frische Kräuter.

Kräutergarten auf der Fensterbank ist das fast kein Problem. „Fast" deshalb, weil die Kräuter auch wie wir Menschen merken, dass es Winter und somit die Zeit der Ruhe ist. Das schale Licht, die trockene Heizungsluft, der kalte Zug vom Fenster und die frühe Dunkelheit. All das macht das Leben der zart grünen Würzer nicht gerade einfach. Wenn Sie bei der Kultur auf der Fensterbank ein paar Regeln beachten, werden Sie bis zum Start in die nächste Balkon-, Terrassen- oder Gartensaison viel Freude an Ihren Winterkräutern haben:

▶ Kräuter brauchen viel Licht. Suchen Sie ein sonniges Südfenster als Standort aus. Wenn das nicht geht, können spezielle Pflanzenleuchten den Lichtmangel ausgleichen.

▶ Heizen Sie den Raum stets mit Bedacht und sorgen Sie für ausreichend Luftfeuchte, indem Sie Verdunster an Ihren Heizkörpern anbringen.

▶ Im Winter wachsen Pflanzen allgemein nur langsam. Ernten Sie die Pflanzen daher nicht völlig, sondern kaufen Sie bei hohem Bedarf lieber mehrere Pflanzen einer Art.

▶ Jetzt nur wenig gießen und düngen. Durch das fehlende Sonnenlicht wird Stickstoff in der Pflanze nur schlecht verarbeitet und reichert sich als Nitrat an.

Balkon- und Terrassenkräuter überwintern

Topfkräuter auf Balkon und Terrasse überstehen den Winter draußen auch mit einem fachgerechten Winterschutz in den seltensten Fällen gut. Die Frostempfindlichkeit ist dabei nicht nur auf Exoten und Kräuter aus dem Mittelmeer-raum wie Rosmarin, Lavendel und Salbei beschränkt. Auch frostharte einheimische Pflanzen wie Pfefferminze, Petersilie oder Schnittlauch leiden, sobald ihre sehr empfindlichen Wurzeln durchzufrieren beginnen. Solange Sie nicht kleinere Topfkräuter zwischen November und April im Haus weiter nutzen wollen, empfiehlt es sich, die Pflanzen – je nach ihren Ansprüchen – wäh-

Rosmarin übersteht in Mitteleuropa den Winter nur im Haus.

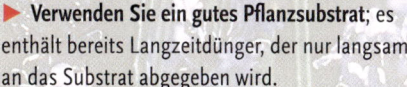

Tipp

So düngen Sie Topfkräuter

▶ **Verwenden Sie ein gutes Pflanzsubstrat**; es enthält bereits Langzeitdünger, der nur langsam an das Substrat abgegeben wird.
▶ **Flüssigdünger** entsprechend der Anweisung für Grünpflanzen dosieren und eher etwas weniger als zu viel verwenden.
▶ **Richten Sie die Dosierung** am Bedarf aus; dieser steigt mit der Pflanzengröße, der Wüchsigkeit und der Temperatur an.

rend des Winters an einem dunklen oder hellen Ort frostfrei aufzustellen. Als Faustregel für das Überwintern gilt: Wärme liebende Kräuter in einem hellen, ungeheizten Raum bei sparsamer Bewässerung abstellen. Stark wachsende und Ausläufer treibende Kräuter im November zurückschneiden und bis März an einem dunklen frostfreien Ort stehen lassen.

Unter einer Schneedecke überstehen viele Kräuter den Frost problemlos.

Die Kräuterernte

Fenchelsamen werden nach der Ernte nachgetrocknet.

In der Ernte stecken die Früchte unserer Arbeit heißt es. Doch während selbst der unerfahrenste Gärtner die Reife von Obst und damit den richtigen Erntezeitpunkt leicht erkennen kann, ist die Erntequalität von Arznei- und Gewürzpflanzen nicht ohne weiteres rein äußerlich feststellbar. Der Grund dafür ist, dass der Wert und die Qualität von Heil- und Gewürzpflanzen nur zu einem kleinen Teil an ihrem Aussehen, zum Großteil aber an ihrem Gehalt an so genannten sekundären Pflanzenstoffen gemessen wird. Zu diesen Stoffen wird eine Vielzahl an chemischen Verbindungen gerechnet, welche zunächst für das Überleben der Pflanze nicht nötig sind. Diese Substanzen, zu denen ätherische Öle, Alkaloide, Flavonoide, Gerbstoffe, Bitter- und Scharfstoffe zählen, werden von der ausgewachsenen Pflanze erst dann vermehrt gebildet, wenn es ihr gut geht. Für den richtigen Erntezeit-

punkt der Kräuter spielt daher das Wetter vor und während der Ernte eine wesentliche Rolle. Darüber hinaus gibt es für jedes Kraut und die von ihm zu erntenden Pflanzenteile einen optimalen Erntezeitpunkt, der wiederum vom Alter der Pflanze, ihrem Entwicklungszustand und der Jahreszeit abhängt. Manche Pflanzensammler und Kräuteranbauer gehen auch davon aus, dass der Gehalt an Inhaltsstoffen, und damit der Erntezeitpunkt, von der Stellung des Mondes beeinflusst wird.

Kraut & Blätter ernten

Bei den meisten Heil- und Gewürzpflanzen besteht das Erntegut aus dem geschnittenen Kraut oder den Blättern. Die Wirkstoffe sind sehr häufig ätherische Öle, die in Öldrüsen auf den Blattoberflächen gebildet werden. Der Gehalt an ätherischem Öl steigt bis kurz vor der Blüte an, variiert aber dennoch

stark in Abhängigkeit von Tageszeit und Wetter. Um eine möglichst große und aromatische Ernte einfahren zu können, empfiehlt sich bei Pfefferminze, Zitronenmelisse, Oreganum, Majoran, Estragon und Salbei ein 2- bis 3-maliger Schnitt des grünen Krautes. Man schneidet, um Verschmutzung und gelbe Blätter zu vermeiden, die Stängel immer etwa 5 cm über dem Boden ab. Das erste Mal wird im Juni geschnitten. Minzen, Zitronenmelisse und Estragon sind zu diesem Zeitpunkt etwa 20 – 25 cm hoch und zeigen noch keine Blütenansätze. Die optimale Erntezeit ist der späte Vormittag. Wählen Sie dafür unbedingt einen trockenen und warmen Tag aus; ideal ist es, wenn auch die Tage zuvor trockenes und sommerliches Wetter herrschte. Ein zweites Mal kann Anfang bis Ende August geerntet werden, und, wenn es die Witterung zulässt, ist Anfang Oktober noch ein dritter Schnitt möglich. Kräuter für den Frischverzehr, wie

Zitronenmelisse kann bis zu 3-mal im Jahr geschnitten werden.

Petersilie, Schnittlauch, Pimpinelle, Borretsch, Dill oder Liebstöckel, können laufend in kleinen Mengen beerntet werden. Wer Rosmarin, Thymian oder Bohnenkraut für den Winter trocknen will, schneidet vom Kraut kurz vor Blüte einige Kopfzweige ab. Die Pflanze wird somit verjüngt und verzweigt sich beim Neuaustrieb besser.

Blüten ernten

Die Blütenköpfe von Kamille, Arnika, echtem Sonnenhut oder Malve werden mit Beginn der Vollblüte von den Stängeln geknipst und zum Trocknen auf Horden (Abb. siehe Seite 62) ausgelegt. Den optimalen Erntezeitpunkt bei Blütenkräutern erkennt man an einem gesteigerten Bienenbesuch. Warten Sie nicht zu lange mit der Ernte. Der Wirkstoffgehalt von Blüten ist am höchsten kurz nachdem sich diese voll entfaltet haben.

DER OPTIMALE ERNTEZEITPUNKT

Deutscher Name	Ernte
Knoblauch	die Knollen im August/September am vertrockneten Kraut aus dem Boden ziehen
Arnika, Baldrian, Engelwurz	die Wurzeln im Spätherbst mit der Grabegabel herausholen
Estragon, Majoran, Oregano, Pfefferminze, Zitronenmelisse	das ganze Kraut wird etwa 5 cm über dem Boden 3-mal im Jahr geschnitten
Bohnenkraut, Rosmarin, Thymian	warme Lehmböden, Südhanglagen; im Winter evtl. ausgraben
Arnika, Kamille, Malve, Roter Sonnenhut	die Blüten zu Beginn der Vollblüte ausknipsen
Anis, Fenchel, Koriander, Kreuzkümmel, Kümmel	die Blütenstände abschneiden, sobald die Früchte der Hauptdolde ausgereift sind
Borretsch, Liebstöckel, Petersilie, Schnittlauch	die frischen Blätter laufend herausschneiden

Samen ernten

Die Ernte von Samenkräutern beginnt, sobald an der Hauptdolde, das ist der mittlere und meist höchste Blütenstand, die ersten Samen vollständig ausreifen. Wie bei Blatt- und Blütenkräutern, wählt man auch für die Samenernte einen trockenen und warmen Tag aus. Mit einer Garten- oder starken Haushaltsschere werden die ganzen Dolden abgeschnitten und kopfüber gebündelt bis zum vollständigen Austrocknen aufgehängt. Legen Sie dabei ein Stück Papier unter, da die Samen beim Trocknen abfallen.

Wurzeln ernten

Die Wurzeln von Baldrian, Angelika oder Eibisch werden erst im Spätherbst, nachdem für mindestens drei Tage trockenes Wetter herrschte, mit einer Grabegabel aus dem Boden geholt. Wenn in einem Jahr der Dauerfrost zu früh einsetzt, kann man die Wurzeln auch noch im darauf folgenden Frühjahr ernten. Der Wirkstoffgehalt von Wurzeln wächst zum Spätherbst hin; zum einen, weil die Wurzeln noch länger als das Kraut wachsen, zum anderen, da erst gegen Ende der Saison alle Stoffe in der Wurzel für den Winter eingelagert werden.

Liebstöckel (*Levisticum officinale*) produziert eine ungeheure Blattmasse und kann 2- bis 3-mal im Jahr geschnitten werden.

Kräuter konservieren & lagern

Wer Heilkräuter und Gewürze trocknet oder über längere Zeit mit Hilfe von Salz, Essig oder Öl haltbar macht, muss sich im Klaren darüber sein, dass es keine Konservierungsmethode gibt, in der sich die komplex zusammengesetzten Aromanoten nicht verändern und auf Dauer in ihrer Intensität abnehmen.

Kräuter trocknen

Zum Trocknen eignen sich mit Ausnahme weniger Arten, wie z.B. Schnittlauch, Petersilie oder Pimpinelle, die meisten Heilkräuter und Gewürze. Das geschnittene Kraut wird nicht gewaschen, sondern trocken abgeschüttelt und von gelben oder verschmutzten Blättern befreit. Anschließend kann

man entweder einzelne Stängel zu lockeren Bündeln zusammenschnüren und kopfüber aufhängen, oder man streift vorsichtig das Blattmaterial auf einen mit weißem Papier oder Karton belegten Tisch. Als Trocknungsort wählt man einen nicht unmittelbar dem Sonnenlicht ausgesetzten, gut belüfteten Raum, wie z.B. einen Dachboden. Wichtig ist, dass die Kräuter rasch, vollständig und bei Temperaturen von nicht mehr als 40 °C getrocknet werden. Höhere Temperaturen haben einen großen Verlust an ätherischen Ölen zur Folge. Bei der Trocknung der Pfefferminze gehen bei 45 °C etwa 5 % und bei 60 °C etwa 37 % des wertvollen Öls verloren. In Dörrapparaten kann die Temperatur genau eingestellt wer-

den und die Kräuter werden in mehreren Lagen schonend getrocknet.

Kräuter einfrieren

Hinsichtlich der Optik und der Erhaltung des Aromas ist das Einfrieren gerade für die Konservierung von Küchenkräutern die bessere Alternative. Die erntefrischen Kräuter dazu trocken abschütteln und verlesen, kurz mit kaltem Wasser überbrausen und vorsichtig mit einem Geschirrtuch trocken tupfen. Die Pflanzen nun von allen groben Stängeln befreien und entweder mit einem sehr scharfen Messer oder mit der entsprechenden Vorrichtung in der Küchenmaschine grob zerhacken; dabei darauf achten, dass die Kräuter nicht gequetscht werden.

Für das Einfrieren werden normale Gefrierkunststoffbehälter verwendet und bis unter den Verschlussrand mit Aluminiumfolie ausgekleidet. Die Folie verhindert, dass flüchtige Aromastoffe, die wegen ihrer chemischen Eigenschaften normalerweise vom Plastikbehälter aufgenommen werden, während der Lagerzeit verloren gehen. Jetzt die Kräuter locker einfüllen, mit einem Stück Alufolie oben abdecken und mit dem Deckel verschließen. Sofort einfrieren und bei Bedarf kleine Portionen entnehmen. Gefrorene Kräuter sollten innerhalb eines Jahres verbraucht werden, da bei einer längeren Lagerung durch die Frosteinwirkung Aussehen und Geschmack leiden. Aus demselben Grund sind Borretsch, Zitronenmelisse, Minze-Arten, Majoran und Oreganum nur eingeschränkt für das Einfrieren geeignet.

Einen qualitativ hochwertigen Tee erhält man, wenn die Blättern locker ausgebreitet auf so genannten Horden trocknen können.

Knoblauch wird zum Trocknen gebündelt und an einem warmen, sonnigen Ort aufgehängt.

Haltbarmachen mit Salz, Essig oder Öl

Von vielen Lebensmitteln wie Gemüse, Fleisch, Fisch oder Käse ist bekannt, dass sie sich hervorragend mit Salz, Essig oder Öl konservieren und so für längere Zeit aufbewahren lassen. Das Prinzip dieser Konservierungsmethode beruht darauf, dass Bakterien und Pilze in sehr salzigen, sauren oder fettigen Umgebungen nicht oder nur kaum leben können. Bei sehr vielen Kräutern, wie z.B. Knoblauch, Basilikum, Oreganum, Rosmarin, Salbei, Johanniskraut und Ringelblume, hat man daher schon sehr früh Rezepte für Kräuteröle, -salben und -essige entwickelt. Die Klassiker, darunter Kräutersalz, Estragonessig, Kräuteröl und Pesto à la Genovese, lassen sich leicht selbst herstellen.

Für Kräutersalz wird eine Mischung frischer Kräuter trocken gesäubert, verlesen und die Blätter werden ohne Stängel mit einem scharfen Messer sehr klein geschnitten. Sie werden lagenweise zusammen mit Salz in ein Einmachglas gegeben. Das Glas fest verschließen und kühl lagern. Für 1 kg Kräuter benötigen Sie etwa 200 g Kochsalz.

Kräuter optimal lagern

Von allen konservierten Kräutern werden getrocknete Teekräuter in der Regel am längsten aufbewahrt. Damit sich die wertvollen Inhaltsstoffe der Kräuter mit medizinischer Wirkung über eine gewisse Zeit halten und nicht stärker verflüchtigen können, sollten Sie ein paar Tipps zur Lagerung beachten:
▶ Ätherische Öle lösen sich in Kunststoffen. Verwenden Sie für die Aufbewahrung daher am besten Metalldosen oder Papiersäckchen.
▶ Bei kühlen Temperaturen gehen weniger Inhaltsstoffe verloren. Lagern Sie getrocknete Kräuter daher in Räumen unter 20 °C.
▶ Getrocknete Kräuter können aus der Luft wieder Feuchtigkeit aufnehmen und dadurch schneller altern. Die Luftfeuchte sollte optimalerweise zwischen 50 und 60 % liegen.

In einem Dörrapparat können mehrere Lagen von Kräutern schnell und schonend getrocknet werden.

Die Kraft der Heilkräuter

Nutzen Sie die Kraft bewährter und anerkannter Heilkräuter:

 Das „Buch" informiert Sie über Geschichte, Symbolik und traditionelle Verwendung der Kräuter.

 Das „Blütensymbol" steht für den botanischen Steckbrief der Pflanze mit Tipps für Anbau, Ernte, Aufbereitung und Aufbewahrung.

 Der „Mörser" hilft Ihnen, die richtigen Pflanzenteile mit ihren Inhaltsstoffen optimal für Ihre Gesundheit zu nutzen.

Schafgarbe
Achilllea millefolium

Tausend Blättchen – „millefolium" – bedingen das filigrane Aussehen der Schafgarbe. Der als unverwundbar geltende griechische Held Achilles soll die Wunden seiner Freunde mit Schafgarbe geheilt haben, daher der Name „*Achillea*". Woher aber kommt der deutsche Name? Es ist umstritten, ob das Kraut für

Tipp

Dies hilft bei Frauenkrankheiten

▶ **Bei Unterleibsbeschwerden:** Heusack, temperaturansteigende (Sitz-)Bäder mit Schafgarbe, Kamille, Melisse, Zinnkraut. Warme Leibwickel, autogenes Training. Bindegewebsmassagen. Kalte Waschungen im Brustbereich, Brustguss.
▶ **Bei Regelbeschwerden:** Silbertraubenkerze, Mönchspfeffer.
▶ **In den Wechseljahren:** Salbeitee, Johanniskraut, Kaltreize. Beckenbodengymnastik.

Schafe auf der Weide wirklich ein würziger Leckerbissen ist. Wie Kamille, Löwenzahn oder Gänseblümchen gehört die Schafgarbe zur Familie der Korbblütler (*Asteraceae*). Erwähnt wird dieses Wundkraut erstmals im 1. Jahrhundert n. Chr. vom griechischen Arzt Dioscurides, der ihre heilende Kraft bei Kriegsverletzungen preist. Volkstümliche Bezeichnungen, wie „Achilles", „Blutstillkraut", „Feldgarbe" oder „Soldatenkraut", weisen darauf hin, dass das zartgefiederte Pflänzchen als Symbol des Krieges galt. Als beliebtes Heilkraut durfte Schafgarbe früher in keinem Kräutergarten fehlen. Als „Frauenkraut" oder „Bauchwehkraut" wurde sie bei Unpässlichkeiten und in den Wechseljahren angewendet, „wenn etwas nicht stimmte". Nicht nur Kindern sollte Schafgarbentee oder Auflegen von Schafgarbenkraut Entspannung, leichtes Einschlafen und schöne Träume schenken. Diesem Kraut werden viele spirituelle Kräfte zugeschrieben. Als Amulett sollte es den Teufel vertreiben und dunkle

Mächte abhalten. Als Mittel für den Liebeszauber war es dem Planeten Venus zugeordnet. Auch in der heutigen medizinischen Verwendung spiegelt sich die religiöse, mythologische und volksmedizinische Tradition wieder.

Schafgarbe ist leicht an der rispigen Scheindolde mit den weißen oder rötlichen Korbblüten und an den fein geteilten Blättern zu erkennen. In Europa, Nordasien und Nordamerika beheimatet, bevorzugt sie als Standorte Wege, Wiesen- und Feldränder. Die heute verwendete Droge stammt vorwiegend aus dem Anbau in den Ostblockländern.

Da die Anzucht von Schafgarbe aus Samen schwierig ist, sollte man im Frühjahr einige Pflanzen an einem sonnigen, trocknen Ort in Abständen von etwa 20 cm in normale Gartenerde setzen. Die

Schafgarbe heilt Gärtnerhände und gilt als Bauchwehkraut.

Pflanze ist anspruchslos, schlägt jährlich neu aus und lässt sich im Herbst zur Vermehrung teilen. Das blühende Kraut wird ohne die holzigen Teile handbreit über dem Boden abgeschnitten. In Büschen hängt man es zum Trocknen an der Luft auf. Vor Verlust an ätherischem Öl schützt man es am besten in einer gut schließenden Blechdose.

 Eigentlich wären die Blütenstände der Schafgarbe (*Flores Millefolii*) die beste Droge. Aus wirtschaftlichen Gründen lässt aber das Arzneibuch auch Schafgarbenkraut (*Millefolii herba*) mit einem niedrigen Stängelanteil zu. Eine gute Drogenqualität sollte 0,3 – 1,4 % ätheri-

Hilft Schafgarbe „verzauberten" Schafen wieder zu Milchfluss?

sches Öl enthalten. Der Chamazulengehalt des Destillationsöles kann mit 25 % deutlich über dem von Kamillenblüten liegen. Daher eignen sich alkoholische Zubereitungen von Schafgarbe verdünnt auch zur Wundbehandlung oder als lindernde Sitzbäder bei Hämorrhoiden.

Als aromatisches Bittermittel muss 1 g Schafgarbenkraut mit 3 l Wasser verdünnt noch bitter schmecken (d.h. Bitterwert 3 000). Das ätherische Öl (mit Chamazulen) und die Bitterstoffe sind gallentreibend und verdauungsfördernd. Schon Sebastian Kneipp hat daher Schafgarbentee bei Appetitlosigkeit, Magen- und Darmkrämpfen und bei Leberschwellung verordnet. Die Monographie empfiehlt Schafgarbenkraut in Form von Tee (Tagesdosis: ca. 4,5 g Kraut) oder als Pflanzenpresssaft innerlich bei

Appetitlosigkeit, Entzündungen, Durchfällen oder Völlegefühl. Bis zu fünf Tassen Tee können pro Tag schluckweise eine halbe Stunde vor dem Essen getrunken werden.

Sitzbäder (100 g Schafgarbenkraut auf 20 l Wasser) lindern funktionelle Unterbauchbeschwerden der Frau. Da diese Beschwerden oft mit schmerzhaften Krämpfen im kleinen Becken einhergehen und oft auch psycho-vegetativ bedingt sind, wirken das krampflösende, beruhigende ätherische Öl und die adstringierenden Gerbstoffe lindernd und wohltuend. Auch im Zeitalter moderner wissenschaftlicher Erkenntnisse, klinischer Versuche und statistischer Ergebnisse beeindruckt die markante Sprache der Volksmedizin, die die lindernde Wirkung bei Frauenbeschwerden beschreibt: „Schafgarbe im Leib, tut wohl jedem Weib."

Knoblauch

Allium sativum

Ist nicht eine duftende Fischsuppe mit einer knoblauchhaltigen Aioli-Sauce ein Genuss, der uns sofort in Urlaubsstimmung versetzt?

saugenden Vampiren und bösem Zauber durch das Tragen von Knoblauchzehen gehört in das Reich der Sagen. Seit alters wird aber Knoblauch als stimulierender und Energie spendender Jungbrunnen und als Aphrodisiakum angesehen. Im alten Griechenland „dopten" sich die Athleten mit der Knolle und Straßenhändler boten das heilsame Gewürz mit dem Loblied an: „Knoblauch hat die Tugend, er gibt dem Menschen Jugend."
Der deutsche Name
der ursprüng-
lich

Knoblauch liebt ähnliche Bedingungen wie die verwandte Küchenzwiebel. Im Frühjahr steckt man die Knoblauchzehen an einem sonnigen Standort etwa 5 cm tief in den Boden. Dieser sollte humos und nährstoffreich sein. Die Pflanze erblüht in Form des typischen Noten-

Knoblauch putzt die Adern frei und hält das Blut in Fluss.

schlüssels. Nach dem Welken der Blätter graben Sie die Zwiebeln aus und hängen sie zum Trocknen an einen luftigen, vor direkter Sonne geschützten Platz.

Doch leider gilt außerhalb der Mittelmeerländer die Erkenntnis, die uns diese Würzgenüsse trübt und einschränkt: „Mit Knoblauch wird man alt, aber einsam!" Dieser Satz beinhaltet sowohl die vorzügliche Wirkung zur Vorbeugung altersbedingter Gefäßverengungen, als auch die Erkenntnis, dass diese Altersvorsorge mit einem unangenehmen, verpönten Geruch verbunden ist.

Knoblauch zählt zu den Liliengewächsen. Ungewiss ist, ob nun die Welt wirklich den Bau der ägyptischen Pyramiden der stärkenden und antiseptischen Wirkung des Jahrtausende alten Heilmittels verdankt. Auch der Schutz vor blut-

aus Zentralasien stammenden Pflanze leitet sich vom althochdeutschen „clofalauch" ab. Dies bedeutet „gespaltener Lauch" und beschreibt somit treffend die aus Haupt- und Tochterwurzeln bestehenden Knoblauchzehen. In früheren Jahren wurde Knoblauch als „Theriak der Bauern", d.h. als Allheilmittel, bezeichnet. Durch die antibakterielle, antimykotische, ja fast antibiotische Wirkung der Inhaltsstoffe wurde Knoblauch auch bei Wundbrand und eiternden Wunden eingesetzt. Der englische Name „garlic" setzt sich aus dem altenglischen Wort „gar" (Speer) und „lac" (Pflanze) zusammen. Er beschreibt sowohl die Form der Blätter, könnte aber auch darauf hinweisen, dass Knoblauch kriegerische Eigenschaften verlieh.

Knoblauchzwiebeln bestehen aus den frischen oder schon getrockneten Sprosszwiebeln von *Allium sativum*, die sich aus einer Hauptzwiebel und mehreren Nebenzwiebeln zusammensetzen. Neben ätherischem Öl enthalten diese vor allem Alliin und dessen Abbauprodukte. Bei regelmäßiger Einnahme der zerkleinerten Droge oder ihrer Zubereitungen wirken Knoblauchzehen nicht nur antibiotisch und antibakteriell, sondern sie senken auch erhöhte Blutfettwerte. Der Arteriosklerose beugen sie vor, indem sie die Zusammenballung von Blutplättchen und deren Ablagerung an den Wänden der Gefäße verhindern. Die Gerinnungszeit des Blutes wird verlängert und seine Fließfähigkeit verbessert. So kann

Knoblauch schon als Gewürz diätetische Maßnahmen bei ernährungsbedingten Fettstoffwechselstörungen unterstützen. Empfohlen wird eine Tagesdosis von 4 g frischen Knoblauchzwiebeln oder entsprechenden Zubereitungen. Diese können Sie in Form der getrockneten, gepulverten Droge zu sich nehmen. Zur genaueren Dosierung wird das Pulver zu einer Kräutertablette gepresst, die oft noch zur Geruchsminderung mit einer Pfefferminz-Drageeschicht umhüllt wird.

Oft werden auch ölige Auszüge oder Destillate der Knoblauchzehen als Tabletten verarbeitet oder in Kapseln gefüllt. Leider teilen sich vor allem die schwefel-haltigen Inhaltsstoffe über Haut und Atemluft oft unangenehm duftend der Umwelt mit. Knoblauch wird als Gewürz entweder fanatisch geliebt oder abgrundtief verabscheut. Der Hauptwirkstoff der Zwiebel ist die wasserlösliche Aminosäure Alliin (0,1 – 1,5 %). Beim Zerkleinern der Zwiebel, bzw. bei der Extraktion mit Wasser oder Alkohol, entsteht in einem Fermentierungsprozess über das Enzym Alliinase unter anderem wasserunlösliches Allicin. Die Wissenschaft nimmt heute an, dass diese enzymatische Umwandlung Voraussetzung für eine optimale therapeutische Wirksamkeit ist. Deshalb sollten Präparate noch intakte Alliinase enthalten. Eine Anwendung bei dyspeptischen Beschwerden ist umstritten, da bei empfindlichen Patienten durch den Genuss von Knoblauch oft erst Magen-Darm-Beschwerden hervorgerufen werden können.

Und warum ist heute die so genannte „Mittelmeer-Diät" so beliebt? Sicher liegt das daran, dass unsere Nachbarn aus frischen, naturbelassenen Nahrungsmittel mit viel Fantasie und wunderbaren Gewürzen Gerichte zaubern, die uns immer wieder verführen und begeistern. Und trotz der langen, späten Mahlzeiten haben die Bewohner südlicher Länder weniger Probleme mit Fettstoffwechselstörungen. Dies liegt sicher an der reichlichen Verwendung von Pflanzenölen, dem Genuss von viel frischem Obst, Gemüse und Fisch. Fleisch wird zurückhaltend als „Beilage" serviert. Ein Gläschen Rotwein, in Maßen genossen hat sich glücklicherweise als gesundheitsförderlich erwiesen. Man nimmt sich Zeit zum Essen und genießt entspannt zusammen mit Familie und Freunden. Eines der Geheimnisse ist aber sicher auch die hemmungslose Verwendung von Knoblauch. Schon als Kind ist man an den Geruch und den Geschmack von Knoblauch gewöhnt. Man ist toleranter, alle riechen so, das verbindet im Genuss, und offenbar auch in der Gesundheit. Deshalb möchte ich einen Apell an Sie alle richten, einen Aufruf zu mehr Knoblauchtoleranz. Bei uns gibt es zwar ein fränkisches Knoblauchland; dessen Landwirte haben aber bisher wohl mehr Erfolg mit Zwiebeln und Meerrettich als mit der duftenden Wunderknolle. Dies sollte sich ändern. Wegen seiner vorbeugenden und gesundheitsfördernden Wirkung sollten wir alle so oft Knoblauch genießen, wie es Anstand und „Umweltschutz" zulassen. Der kulinarische Einsatz des Knoblauchs liegt geradezu im Interesse der Volksgesundheit.

Mit Knoblauch wird man alt, aber einsam. Nicht ganz „umweltfeundlich" wirken die Zehen antibakteriell und senken die Blutfettwerte.

Eibisch

Althaea officinalis

Als „hübsche, sanfte Heilwurz" ziert der Echte Eibisch den Garten. Das dekorative Malvengewächs (*Malvaceae*) heißt im Volksmund auch „Adewurz", „Alter Thee", „Weiße Malve" oder „Schleimwurzel". Das Wort Malve stammt aus dem Griechischen „malakos" und heißt weich und beruhigend. Es bezieht sich auf die reizmildernden, schützenden Eigenschaften der Pflanze. Malven sind als Symbol der Weichheit, der Mäßigung und der Süße bekannt. Im Englischen heißt Echter Eibisch namensgleich mit der Süßigkeit „marshmallow". Die Griechen nutzten Malven sowohl als Nahrungsmittel für Arme, als auch als Heilkraut. *Althaea* kommt von griechisch „althane" (heilen).

Ursprünglich stammt die Pflanze aus den Ländern um das Kaspische und Schwarze Meer und aus China. Dort galt sie als Fruchtbarkeitssymbol. Bei uns findet man Eibisch nur noch selten in der Natur, etwa auf feuchten Wiesen an der Ostseeküste. Die Pflanze liebt salzhaltigen Boden. Unsere Heildrogen Eibischwurzel und Eibischblätter stammen von Anbauware in östlichen Ländern.

Eibisch kann bis zu 1,5 m hoch wachsen. Die gestielten Blätter sind spiralig um den Stiel angeordnet, drei- bis fünflappig und behaart. Die gestielten, weiß-rötlichen Blüten entwickeln sich in den Blattachseln und erblühen in den Monaten Juni bis August. Da es mühsam ist, Eibisch aus Samen

zu ziehen, pflanzt man am besten im Frühsommer Jungpflanzen an einem sonnigen Platz in humusreiche, feuchte Erde. Die nicht so häufig verwendeten Blätter erntet man noch von jungen Pflanzen und trocknet sie rasch an einem luftigen, schattigen Ort.

Mehr Sorgfalt und Eile verlangt die meist als Heildroge eingesetzte Wurzel. Diese wird rechtzeitig vor der winterlichen Hustensaison im frühen Herbst geerntet. Der Trocknungsvorgang sollte möglichst rasch bei 35 °C erfolgen, da sich auf der feuchten Droge leicht Pilze ansiedeln und die Droge durch Zersetzung fleckig und muffig werden lassen. Alle Pflanzenteile sind sowohl frisch als auch getrocknet anfällig für Insekten- und Pflanzenschäd-

Mit natürlichem Schleim deckt die „hübsche, sanfte Heilwurz" Atemwege ab und besänftigt gereizte Verdauungsorgane.

lingsbefall. Im Handel befinden sich zudem unzulässige Wurzeldrogen, die durch Behandlung mit Kalk oder durch Bleichen mit Sulfitlauge geschönt wurden. Eibischwurzel sollten stets in einem luftdichten Gefäß, möglichst mit einem Trocknungsmittel aufbewahrt werden. Sowohl im Garten, als auch im Blumenkübel muss Eibisch wöchentlich mit dem Gießwasser gedüngt werden, da er zum Wachsen viel Stickstoff benötigt.

 Die Arzneibuchdroge besteht aus den getrockneten, zerkleinerten, geschälten oder unge- schälten Wurzeln von *Althaea officinalis*. Daneben werden seltener die getrockneten Laubblätter dieser Stammpflanze verwendet. Eibischwurzeln enthalten bis zu 15 % Membranschleim, ca. 35 % Stärke, Pektine und Mineralstoffe. Blätter und Blüten enthalten nur 5 – 9 % Schleim. Da diese Schleimstoffe im Magen verdaut werden, wirken sie nicht abführend. Als reizlindernde Schleimdroge beruhigt Eibisch Atemwege und Verdauungsorgane. Die Monographie der „Kommission E" empfiehlt Eibischwurzel innerlich zur Linderung bei leichten Entzündungen der Magenschleimhaut. Ob der beruhigenden Wirkung auf den Vagus im Magen wird reflektorisch der Hustenreiz bei trockenem Husten und Katarrhen der Atemwege gemildert. Zur Linderung von Reizhusten bei Kindern eignet sich in erster Linie Eibischsirup (Einzeldosis maximal 10 g). Lokal behandelt man mit Eibischtee Schleimhautentzündungen im Mund- und Rachenraum.

Eibischwurzeltee mildert und beruhigt die unangenehmen Symptome des trockenen Reizhustens. Zur Teezubereitung werden 2 g Wurzel mit ca. 150 ml kaltem Wasser angesetzt und mindestens 90 Minuten unter häufigem Umrühren stehen gelassen. Nach dem Absieben kann man den kalten Ansatz kurz aufkochen. Man trinkt mehrmals täglich eine Tasse leicht erwärmt, eventuell mit Honig gesüßt. Als Tagesdosis sollen 6 g Droge angewendet werden. Auf Grund dieser speziellen Zubereitung als Kaltmazerat eignet sich Eibischwurzel nicht als Bestandteil von Hustenteemischungen, die durch Aufbrühen mit heißem Wasser (Infus) hergestellt werden. Ähnlich verhält es sich mit weiteren schleimhaltigen Drogen wie den Blüten der Königskerze (Wollblumen) oder Malvenblüten. Zu beachten ist auch, dass die Wirkstoffaufnahme anderer Arzneimittel durch die Einnahme von Eibischwurzel oder Eibischblätter verzögert werden kann. Schleime stellen Gemische

aus Zuckerbausteinen dar. Sie besitzen eine einhüllende und die Oberfläche abdichtende Wirkung. Bei Benetzen des Rachens oder Schlundes durch Gurgeln oder Spülen mit schleimhaltigen Drogenzubereitungen können so „Löcher" in den Schleimhäuten geschlossen werden. Unterstützend wirken bei Bronchitis neben der Schleimlösung auswurffördernde kühle Waschungen und Brustwickel. Wertvoll sind auch Atemübungen, bei denen wirksames Abhusten erlernt wird.

Sebastian Kneipp traute dem Eibischtee nicht allzu viel zu. Er schrieb: „Eibischtee wird sehr viel gebraucht bei Erkältungen, Husten und Heiserkeit. Ich bin für denselben nicht sehr eingenommen, da er meinen Erwartungen zu wenig oder nicht entsprochen hat. In der Mischung Eibischwurzel, Süßholz, Veilchenwurzel, Huflattichblätter wirkt Eibischwurzel lösend auf die anderen Wirkstoffe, angewandt bei Bronchialkatarrhen."

Eibisch-Sirup

2 Teile grob geschnittene Eibischwurzel
1 Teil Weingeist (70 %)
45 Teile Wasser
63 Teile Zucker

▶ **Die Eibischwurzel** wird kurz mit kaltem Wasser abgespült, mit dem Wasser und dem Weingeist übergossen und unter häufigem Umrühren 2 Stunden lang bei Zimmertemperatur stehen gelassen. Danach wird die Eibischwurzel abgesiebt und der Rückstand leicht ausgepresst. 37 Teile dieses Kaltwasserauszugs werden mit 63 Teilen Zucker versetzt.

▶ **Die Mischung wird** auf etwa 50 °C erwärmt und so lange gerührt, bis sich der Zucker gelöst hat. Der Sirup wird kurz aufgekocht, heiß durch ein Tuch filtriert, sofort in gereinigte, trockene, dem Verbrauch angemessene Gefäße gefüllt und luftdicht verschlossen. Die gelbliche, Fäden ziehende Flüssigkeit riecht schwach fruchtig, lindert zähen Reizhusten und rauen Hals; sie eignet sich vor allem zur Behandlung von Kinderhusten.

▶ **Nicht konserviert** sollte der Sirup möglichst frisch zubereitet werden. Als Dosierung sollten Sie 3-mal täglich 2 Teelöffel einnehmen.

Engelwurz

Angelica archangelica

Kann es größere Kontraste geben, als die bescheiden am Boden kriechende Blutwurz, die ihre inneren Werte unter der Erde versteckt, und die mächtig zum Himmel aufstrebende Engelwurz? Die Botaniker zählen sie zur Familie der Doldengewächse (*Apiaceae*), zu der sowohl so bekannte Heilpflanzen, wie Kümmel, Anis oder Fenchel, als auch Giftpflanzen, wie der Gefleckte Schierling, gehören. Diese Pflanzen sind für Ungeübte schwer zu bestimmen und sollten wegen der Verwechslungsgefahr nicht selbst gesammelt werden.

Wie alle Kräuter, die sowohl Bitterstoffe, als auch ätherisches Öl enthalten, zählt die Wissenschaft Engelwurz zu den aromatischen Bittermitteln. Sie ist vor allem in Skandinavien, auf Grönland und Island an der Küste verbreitet und wurde in diesen Ländern vorchristlichen Göttern gewidmet. In der christlichen Pflanzensymbolik verband man Engelwurz mit dem Erzengel Michael, da sie um dessen Namenstag herum erblüht. Daneben galt sie als „Wurzel des Heiligen Geistes" und als Symbol göttlicher Eingebung. Heutzutage finden die aromatischen, fleischigen, hohlen Stängel eher als kandierte Naschereien Verwendung. Dieser Brauch stammt aus dem späten Mittelalter. Zu dieser Zeit machte man heilkräftige Pflanzen mit Zucker haltbar. Engelwurz findet in der Küche und in der Volksmedizin Verwendung. Ältere Menschen schätzen in Honig eingelegte Angelikawurzel als Kräftigungsmittel. Die Samen aromatisieren Liköre und Gin. Die herb-säuerlich schmeckenden Blätter kocht man mit Rhabarber und Stachelbeeren zu Marmelade. Sie mindern deren herbes Aroma und sparen Zucker.

Engelwurz findet man bevorzugt in Nordeuropa und Nordasien auf Wiesen, in Flachmooren oder am Sandstrand. In Deutschland ist sie vor allem im Mittelgebirge, in Gebirgsschluchten und vereinzelt noch wild wachsend an der Nord- und Ostseeküste verbreitet. Sie bevorzugt die dort vorkommenden Klima- und Bodenverhältnisse. Der Anbau der zwei- bis höchstens vierjährigen, winterharten Staude ist nicht einfach. Als stattlicher Doldenblütler kann sie bis zu 2 m hoch wachsen. Die schwefelgelben bis grünweißen Blüten der zusammengesetzten Dolden sitzen an ungleichen Strahlen. Während die großen Dolden keine Hüllblätter besitzen, tragen die kleineren, halbkugeligen Döldchen zahlreiche Hüllblätter. Engelwurz blüht in den beiden Hochsommermonaten Juli und August.

Der runde, hohle Stängel ist oft im oberen Bereich rot gefärbt. Die Blätter sind mit großen, bauchigen Scheiden versehen, ein- bis zweifach fiederteilig, kahl und an der Unterseite blaugrün gefärbt. Die Vermehrung erfolgt über Aussaat im Spätsommer oder Frühherbst in feuchten, nährstoffreichen Boden. Im folgenden Jahr verpflanzt man dann die Setzlinge in einem Abstand von etwa 75 cm. Die zarten Blattstiele werden im Spätfrühling geerntet. Die Blätter kann man laufend ernten, die Blüten nach ihrem Erscheinen. Durch ihre prächtige, eindrucksvolle Gestalt eignet sich Engelwurz gut als Solitärpflanze im Kräutergarten.

Engelwurz gehört eher zu den Heilkräutern der Volksmedizin, die bei leichten, krampfartigen Magen-Darm-Beschwerden gebraucht werden. Wegen der Verwechslungsgefahr mit der giftigen Wurzel des Wasserschierlings (*Conium maculatum*) sollten Sie die Droge in der

---

Angelikawurzel-Likör

50 g getrocknete Angelikawurzel
1 Zimtstange
5 g Gewürznelken
250 g Zucker
^{1}/$_2$ l Wasser
1 ^{1}/$_2$ l Korn

▶ **Die geschnittene, gewaschene** und abgetrocknete Angelikawurzel zusammen mit der Zimtrinde, den Gewürznel-ken und dem Alkohol in eine Flasche geben. Den Ansatz unter gelegentlichem Umschütteln 4 Wochen an einem warmen Ort ziehen lassen.

▶ **Den Zucker im Wasser auflösen** und die Lösung zu dem Ansatz geben. Den Likör filtrieren und auf ausgekochte, getrocknete Flaschen ziehen. Noch 4 Wochen bis zum Genuss ruhen lassen.

Engelwurz blüht um den Namenstag des Erzengel Michael. Als „Amarum aromaticum" enthält sie Bitterstoffe und ätherisches Öl (oben). Engelwurz aromatisiert Aperitifs oder Digestifs (unten rechts).

Bundesgesundheitsamt empfiehlt Angelikawurzel als Tee, Fluid-extrakt oder Tinktur bei Appetit-losigkeit, Völlegefühl, Blähungen und bei Verdauungsbeschwerden durch mangelnde Magensaft-bildung. Die Droge wirkt krampf-lösend an der glatten Muskulatur des Magen-Darm-Traktes. Sie fördert die Magensaftsekretion und wirkt gallentreibend. Sebastian Kneipp bedauerte, dass die hei-lende Wirkung der Angelika zu wenig bekannt ist: „Hat jemand ungesunde oder halbgiftige Spei-sen bekommen, so ist ein Thee, von ihren Wurzeln, Samen und Blättern gesotten, ein vor-zügliches Mittel, diese schlechten Stoffe wie-der zu entfernen."

Bei Magen- oder Darmgeschwü-ren sowie in der Schwangerschaft darf Engelwurz nicht verwendet werden. Überdosierungen sind zu vermeiden. Bei längeren Sonnen-bädern oder bei Solarienbestrah-lung ist zu beachten, dass die Furocumarine der Engelwurz licht-empfindlicher machen. Auch sind Hautentzündungen im Zusam-menhang mit UV-Strahlung mög-lich. Die empfohlene Tagesdosis beträgt 4,5 g Droge, d.h. man trinkt ein- bis zweimal täglich eine Tasse eine halbe Stunde vor der Mahl-zeit. Wie bei allen Wurzeldrogen sollte der Tee (1 Teelöffel auf 150 ml Wasser) etwas länger (ca. 10 Minuten) ziehen.

Apotheke kaufen. Sebastian Kneipp beschreibt noch die Waldengel-wurz (Angelica sylvestris), die ver-streut in Auwäldern und auf feuch-ten Wiesen vorkommt. Sie unter-scheidet sich von der Engelwurz des Arzneibuchs durch den rinni-gen Blattstiel und die Blattfiedern, die am Rand rau und an der Unter-seite behaart sind.

Angelika wird vor allem in den östlichen Bundesländern, in Polen und Tschechien angebaut. Große Mengen werden für die Herstel-lung verdauungsfördernder Aperi-tifs und Digestifs gebraucht. An-geblich soll das Kauen der Wurzel die unangenehmen Folgen über-mäßigen Alkoholgenusses lindern helfen. Die Droge enthält vor allem ätherisches Öl, Bitterstoffe, Cumarinderivate, Harze, Wachs, Stärke, Pektin und Zucker. Das

„Arnika ist nicht mit Gold zu bezahlen", lobte Sebastian Kneipp. Arnikapräparate sollten daher in keinem Reisegepäck fehlen.

Arnika

Arnica montana,
Arnica chamissonis

„Arnika ist nicht mit Gold zu bezahlen." Mit diesem Lobspruch drückte Sebastian Kneipp seine Wertschätzung für eine Pflanze aus, deren Heilkraft auch in volkstümlichen Namen, wie „Bergwohlverleih", „Wundkraut",

Tipp

Arnika hilft auf die Sprünge

▶ **Insektenstiche und** so genannte „schwere Beine" lassen sich ausgezeichnet durch kühlendes Arnikagel oder kalte Umschläge mit Arnikatinktur (3- bis 10fach verdünnt) lindern.
▶ **Auf langen Bus- und Flugreisen** empfiehlt sich Arnika-Spray, der sogar auf den Strumpf gesprüht erfrischt und entlastet.

„Fallkraut" oder „Kraftwurz", zum Ausdruck kommt. Arnikazubereitungen sollten als bewährte Mittel in keinem Rucksack oder Boardcase fehlen. Die erste Abbildung der wunderschönen, gelb blühenden Pflanze finden wir im „New Kreuterbuch" des mittelalterlichen Gelehrten Matthiolus aus dem Jahr 1626. Die behaarte, drüsige Pflanze gehört zur Familie der *Asteraceae* (Korbblütengewächse). Bis zu 60 cm hoch wachsend erfreut sie den Wanderer von Mai bis August mit ihrem unregelmäßigen, leuchtenden Blütenkranz und aromatischem Duft. Der lateinische Name „*Arnica montana*" weist auf ihre bevorzugten Standorte, wie magere Bergwiesen, Matten, Heiden oder lichte Wälder, hin. Unter dem Mikroskop kann man die Arnikablüten an den drei Zähnchen ihrer Randblüten von Verfälschungen, wie den Korbblüten von Ferkelkraut oder Österreichischer Gämswurz,

unterscheiden. Von ähnlich gelb blühenden Wiesenblumen unterscheidet sie sich meist durch zwei zusätzliche Blütenanlagen in den Achseln des oberen Blattpaares.

Heute besteht für die seltene, unter Naturschutz stehende Pflanze strenges Sammelverbot. Auch die noch hohen Bestände in südlichen Ländern sind gefährdet.

Glücklicherweise ist es jetzt möglich, den großen Bedarf an Arnikablüten durch Anbau einer Neuzüchtung zu sichern. Aus diesem Grund haben die Arzneibücher neben der Bergarnika auch die leichter anbaubare Wiesenarnika als offizinelle Heilpflanze zugelassen. Diese ist in Inhaltsstoffen und Wirkung der Bergarnika sehr ähnlich und besitzt sogar ein niedrigeres Allergiepotential.

Das Arzneibuch beschreibt für Arnikablüten (*Arnicae flos*) die ganzen Blütenkörbchen oder die ausgezupften Einzelblüten. Bei minderwertiger Ware findet man im Blütenboden die schwarzen Larven der Bohrfliege. Die Blüten werden geerntet, wenn sie sich voll entfaltet haben. Nach schonender Trocknung bei ca. 50 °C sollten sie kühl und vor Feuchtigkeit geschützt aufbewahrt werden.

Da sich die Hauptwirkstoffe vor allem in den Blüten befinden, werden die getrockneten, zerfallenen Blütenstände entweder mit Alkohol zu Arnikatinktur oder mit Pflanzenöl zu Arnikaöl extrahiert. Die Wirkung der Arnikablüten schreibt man vor allem den Sesquiterpenlactonen (Helenalin und 11,13-Dihydrohelenalin) und den Flavonoiden zu. Aufgüsse, Extrakte und Tinkturen werden direkt oder ein-

gearbeitet in Salben, Sprays oder Gels äußerlich angewendet.

 Arnikazubereitungen lindern Verletzungs- und Unfallfolgen, wie Blutergüsse, Ödeme, Distorsionen, Prellungen oder Quetschungen. Neue Forschungsergebnisse haben die entzündungshemmende, antiseptische, durchblutungsfördernde und schmerzstillende Wirkung bestätigt. Auch Muskel- und Gelenkbeschwerden sprechen auf Arnikatinktur (3- bis 10fach verdünnt) gut an. Entzündungen im Mund- und Schleimhautbereich klingen mit der Tinktur (10fach verdünnt) rasch ab. Ein Arnikaaufguss zur äußerlichen Anwendung wird aus 2 Teelöffeln zerkleinerter Droge mit

Tipp

So hilft Kneipp bei venösen Beschwerden

▶ **Arnika hilft äußerlich** als Salbe, Gel oder Tinktur. Von innen hilft ein Extrakt von Rosskastanien oder Rotem Weinlaub.
▶ **Begleitende Anwendungen:** Knie- oder Schenkelgüsse. Wassertreten, kalte Lehm- oder Quarkwickel, nasse Strümpfe. Fußgymnastik, Schwimmen, Gehen, entstauende Beinlagerung, Lymphdrainage. Flaches Schuhwerk, langes Stehen oder Sitzen vermeiden.

10 l Wasser hergestellt; die Tinktur aus 1 Teil Blüten mit 10 Teilen Ethanol (70 %).

Arnikaöl aus 1 Teil Droge und 5 Teilen fettem Pflanzenöl wird bis zu 15 % in Salben eingearbeitet. Die Wirkung von Arnikasalbe oder Arnikagel kann durch Heparin oder Kamille verstärkt werden. Mit kühlendem Arnikagel lassen sich entzündete Insektenstiche gut lindern. Innerlich dürfen Arnikazubereitungen wegen der Gefahr von Kollaps, starken Schleimhautreizungen, Schwindel, Herzklopfen, Herzrhythmusstörungen oder Durchfall nicht mehr angewendet werden. Allergische Reaktionen sind möglich.

Die bewährte Anwendung von Arnikasalbe oder -gel bei Venenbeschwerden und schweren Beinen kann wirkungsvoll durch Kneippsche Anwendungen, wie Kniguss oder Wassertreten, unterstützt werden. Bedenkt man die breite Anwendung, so ist zu verstehen, dass Sebastian Kneipp die Arnika für die Arzneipflanze schlechthin hielt: „Arnika besitzt in der ganzen Welt den Ruf einer vorzüglichen Heilpflanze. Bei Quetschungen, Kontusionen ist die Wirkung oft zauberhaft."

Arnika macht Ihren schweren Beinen Beine und gibt neuen Schwung.

Wermut

Artemisia absinthium

Die Artemisia-Arten Beifuß, Eberraute und Wermut sind nach Artemis, der griechischen Göttin des Mondes benannt, welche jede Nacht die Pflanzen mit ihrem erfrischenden Tau erquickte. Da ihr Zwillingsbruder Apollo tagsüber die Sonnenstrahlen entsandte, war das Wachstum dieser Gewürz- und Heilpflanzen gesichert. Während Beifuß (*Artemisia vulgaris*) in der Küche vor allem hilft, fette Speisen wie Gänsebraten, Enten oder Bratkartoffeln gut zu verdauen, ist der bitteraromatische Strauch des Wermuts eine wichtige Geschmackskomponente von Aperitifs und Digestifs. Um die Jahrhundertwende war Absinth ein beliebtes, aber persönlichkeitszerstörendes Getränk, wie die Bilder einiger französischer Maler beweisen. Volkstümliche Bezeichnungen, wie „Wurmkraut", „Wurmtod" und „Heilbitter", sind ein Hinweis auf die sehr unterschiedlichen, heute veralteten Anwendungsgebiete, wie Wurmbefall, Blutarmut oder Wechselfieber.

Ursprünglich in den Steppengebieten Osteuropas und Zentralasiens beheimatet, kam der Wermut über die warmen Mittelmeerländer in unsere Gärten. Wermut gehört zu den bittersten Pflanzen der Heilkunde. Ein Teeaufguss schmeckt noch 1 : 15 000 verdünnt bitter. Der griechische Name „absinthion" (Missvergnügen) weist darauf hin, dass das Kraut zwar aromatisch riecht, aber unangenehm schmeckt. Wermut wird seit 3 500 Jahren als Heilkraut verwendet und befindet sich bereits unter den 700 Medikamenten des berühmten „Papyrus Ebers". Zu Zeiten von Hippokrates, Plinius und Dioscurides galten Pflanzen, die nach Artemis benannt sind, noch als ausgezeichnete Frauenmittel. Dagegen erwähnen der Reichenauer Abt Walahfrid Strabo (9. Jahrhundert) und Hildegard von Bingen (12. Jahrhundert) bereits die heutige medizinische Verwendung als Bittermittel bei Magen-, Leber- und Gallenbeschwerden.

Wermut gehört in die Familie der Korbblütler (*Compositae* bzw. *Asteraceae*). Als ausdauernde Staude kann er bis zu 1 m hoch wachsen. Von seinem „Bruder" Beifuß unterscheidet er sich dadurch, dass sowohl der verzweigte Stängel, als auch die Blätter silbergrau behaart sind. Dadurch erhält die Pflanze einen Grauschimmer, von dem sich die zahlreichen nickenden, hellgelben, an verzweigten Rispen sitzenden Blütenköpfchen stark absetzen.

Wermut findet man gelegentlich an sonnigen Wegrändern oder Flussufern. Sie können ihn als fertige Staude am Gartenzaun oder im Kübel auf dem Balkon ziehen. Er legt Wert auf kalkhaltigen, nährstoffreichen Boden. Geerntet werden während der Blütezeit die oberen zarten Triebe, die man als dekorative Bündel an der Luft

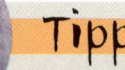

Tipp

Kneippsche Hilfe bei Appetitmangel

▶ **Heilkräuter:** Bitterstoffhaltige Tees, Säfte, Tinkturen (Wermut, Tausendgüldenkraut, Enzian) eine halbe Stunde vor dem Essen ungesüßt.

▶ **Leichte Kneipp-Anwendungen:** Armbäder, Leibwaschung.

▶ **Für Harmonie & Ordnung:** Vollwertige Kost gut gekaut in Ruhe essen. Gerichte appetitlich herrichten, Gewürze. Bindegewebsmassage, frische Luft, Rauchen einstellen, Entspannungsübungen.

Der bitteraromatische Wermut ist Geschmacksgrundlage vieler appetitanregender Spirituosen.

trocknet und dann lichtgeschützt aufbewahrt. Die Öldrüsen mit dem ätherischen Öl sind in die Stängel eingesenkt und verbreiten auf leichten Druck hin den typisch aromatischen Duft.

 Als „bittere Medizin" enthält Wermutkraut ätherisches Öl, Bitterstoffe, Flavone, Vitamin C und Gerbstoffe. Die Bitterstoffe befinden sich im ätherischen Öl. Die Hauptwirkstoffe Absinthin und Artabsin kommen bis zu 0,3 % in den Blättern, dagegen nur bis zu 0,15 % in den Blüten vor. Daher sollen nach dem Arzneibuch nur die oberen Sprossteile und die Laubblätter als Droge verwendet werden.

Neben Bitterstoffen enthält das ätherische Öl bis zu 10 % Thujon. Da Thujon gesundheitsschädlich ist, sind thujonarme Arzneizubereitungen – wie ein wässriger Teeaufguss – bei der Anwendung vorzuziehen. Da die geschilderten Degenerationserscheinungen am Zentralnervensystem auf den Genuss thujonreicher, alkoholischer Wermutauszüge zurückzuführen sind, ist inzwischen in den meisten Ländern der Vertrieb von Wermutbranntwein und -likör verboten.

Als Tee ist Wermut ein ausgezeichnetes Mittel bei Befindlichkeitsstörungen im Magen-Darm- und im Gallebereich. Die Bitterstoffe erregen die Bitterrezeptoren in den Geschmacksknospen des Zungengrundes und lösen so eine Steigerung der Magensaftsekretion mit erhöhter Magensäurekonzentration aus. Wermuttee hilft ausgezeichnet, „wenn einem das Essen wie ein Stein im Magen liegt". Zweimal täglich sollte man eine halbe Stunde vor dem Essen eine

Tasse Wermuttee (1,5 g auf 150 ml Wasser – 10 Minuten) ungesüßt schluckweise trinken. Als Tagesdosis wird 2 – 3 g Droge empfohlen. Eine Kombination mit geschmacksverbessernder, krampflösender Pfefferminze könnte bei Gallensteinträgern manchmal einer Kolik vorbeugen. Einfacher sind bei Diätfehlern 20 Tropfen

Wermuttinktur in etwas Wasser vor oder nach dem Essen anzuwenden. Bei Magen- und Zwölffingerdarm-Geschwüren und in der Schwangerschaft dürfen Wermutzubereitungen nicht eingenommen werden.

Im Gegensatz zu den Tropfen kann man die beliebten Wermutweine bedenkenlos genießen. Entweder enthalten sie thujonfreie wässrige Extrakte oder der schädigende Stoff wurde durch spezielle Extraktion entfernt. Sebastian Kneipp hat in seinen Schriften Wermut siebzehnmal erwähnt. So empfahl er: „Reisende, die viel von Magenbeschwerden und Übelkeit geplagt werden, sollen ihr Fläschchen mit Wermuttinktur als treuen Begleiter nie vergessen."

Wermut hilft, wenn einem das Essen „wie ein Stein im Magen liegt".

Birken verzaubern mit frischem Grün und weiß-grauer Rinde jede Landschaft.

Birke

Betula pendula,
Betula verrucosa

Wenn uns nach einem langen Winter die Sehnsucht nach wärmender Sonne packt, dann ist es das zarte Grün der Birke, das uns neben Märzen-

Tipp

Entschlackender Frühlingstee

▶ **Sie benötigen:** 20 Teile Birkenblätter, 20 Teile Brennnesselkraut, 20 Teile, Hagebuttenfrüchte, 10 Teile Hibiskusblüten, 20 Teile Löwenzahnwurzel mit Kraut, 10 Teile Melissenblätter.

▶ **Zubereitung:** Alle Zutaten gut mischen. 2 gehäufte Teelöffel Kräutertee mit ¼ l siedendem Wasser übergießen, etwa 5 Minuten lang ziehen lassen, 4 Wochen lang täglich 3 bis 4 Tassen schluckweise trinken.

becher, Schlüsselblume, Krokus, Sumpfdotterblume und Gänseblümchen verkündet, dass der Frühling naht. Kein Baum ist bekannter als die anspruchslose, feuchtigkeitsliebende Birke. Mit ihrer typischen weiß-grau gefleckten Rinde und dem frischen Blattgrün verzaubert eine Birkenallee jede Landschaft. Birken sind geradezu typisch für bestimmte Heide- und Moorlandschaften. Der betörende, balsamische Duft der Moorbirke (*Betula pubescens*) verleiht der Luft einen Hauch von Frühling. So ist es auch kein Wunder, dass Birkenblätter Hauptbestandteil vieler Frühlingskuren zur milden Entschlackung sind. Nach dem langen Winter mit wenig Bewegung, zu viel und zu gutem Essen und wenig frischer Luft, plagt uns ein schlechtes Gewissen in Bezug auf unsere Gesundheit. So passt die Fastenzeit mit der inneren und äußeren Reinigung gut in den Jahreslauf. Wir möchten uns rege-

nenieren, Ballast abwerfen, den Stoffwechsel aktivieren und uns einfach frischer fühlen. Dies gelingt neben bewusster, ausgewogener Ernährung mit viel Obst, Gemüse und Salat vor allem mit Heilkräutertees und Pflanzensäften aus Birkenblättern, Brennnesselkraut, Hagebuttenfrüchten und Goldrutenkraut.

Diese Teemischungen, die früher bildhaft als „Blutreinigungskuren" bezeichnet wurden, entwässern, entschlacken und regen den Stoffwechsel an. Auf diese Weise härten sie ab und stärken die Selbstheilungskräfte. Allerdings sollten sie frei sein von Abführdrogen, die „richtig durchputzen", uns aber unbewusst an ein schädliches Abführmittel gewöhnen. Junge, frisch gepflückte Birkenblätter würzen Frühlingssalate, Suppen oder Quarkzubereitungen. Sie werden kurz vor dem Servieren auf die Speisen gestreut. Im Brauchtum spielten Birken eine besondere

Rolle. Noch heute werden in vielen Gegenden die Straßen an Fronleichnam mit jungen Birken geschmückt. Als Zauberpflanze sollten in der Walpurgisnacht die Hexen auf Birkenreisigbesen zum Blocksberg reiten. Um dies zu verhindern, ließ man sich am frühen Ostersonntag mit Birkenreisern auspeitschen. Glücklicherweise können wir diesen Festtag heute entspannter beginnen.

Birken sind Pionierpflanzen und Kosmopoliten. Anspruchslos gedeihen sie in der Ebene oder im Gebirge, auf trockenen Sandböden oder im feuchten Moor. Selbst geringe Mauerritzen genügen als Keimplatz. Im Gegensatz zur hochwachsenden Hängebirke sind Moorbirken eher gedrungen. Ihre Äste stehen aufrecht. Die jungen Zweige sind flaumig behaart und die Rinde ist glatter und heller. Birken sind einhäusige Pflanzen. Die männlichen Blütenkätzchen sitzen am Ende der Zweige und entwickeln sich bis zum Herbst. Die weiblichen Blüten sind im Winter in Knospenschuppen eingehüllt. Bestäubung und Verbreitung der mit zwei Flügeln ausgestatteten Nüsschen übernimmt der Wind. Schon nach wenigen Jahren entwickelt sich aus einem kleinen Bäumchen eine stattliche Birke. Diese ist wegen ihres gerbstoffreichen Laubes zwar nicht pflegeleicht, doch Schönheit und Nutzen entschädigen für Laub rechen und Dachrinnen reinigen.

Vor allem die Hängebirke stellt keine Ansprüche an den Boden. Sie sollte am besten im Herbst an einen sonnigen Platz gepflanzt werden. Die Blätter werden im Frühjahr geerntet und dann luftig und schonend getrocknet. Wegen des hohen Verbrauchs kommen Birkenblätter als Anbauware aus den Balkanländern, aus Russland und aus China.

Junge Birkenzweige tragen Harzdrüsen voll so genanntem Birkenkampfer. Aus diesem wird in Russland durch Destillation Juchtenöl zur Ledergerbung und -aromatisierung gewonnen. Das Anbohren der Stämme im Frühjahr bedingte das Ausfließen von Birkensaft, der für Haarwasser verwendet wurde. Da viele Birken durch unsachgemäßes

Birkenblätter sind ein sanfter Frühjahrsputz für den Organismus.

Anzapfen regelrecht verblutet sind, ist diese Gewinnung heute in vielen Ländern verboten.

Nicht nur in nordischen Ländern ist Birkendestillat, kombiniert mit Eucalyptusöl und Kampfer ein beliebter Saunaaufguss. Die Verwendung von Birkenteer als Heilmittel bei Abszessen und Hauterkrankungen geht schon auf Hildegard von Bingen zurück. Die offizinellen Birkenblätter (*Folia Betulae*) enthalten mindestens 1,5 % Flavonoide, Saponine, Gerbstoffe und ätherisches Öl. Die zerkleinerte Droge wird in Form von Frischpflanzensaft, als Tee oder als Pflanzendragees angewendet. Birkenblätter besitzen in Kombination mit einer Wasserbelastung eine leichte harntreibende Wirkung. Das Bundesgesundheitsamt empfiehlt Birkenblätter als Durchspülungstherapie bei Harnwegsinfekten und Nierengrieß (Tagesdosis etwa 6 – 10 g Droge). Unterstützend kann dies

auch bei bakteriellen Entzündungen der ableitenden Harnwege und bei rheumatischen Beschwerden geschehen. Allerdings müssen dabei dem Körper pro Tag mindestens 2 l Flüssigkeit zugeführt werden. Als Gegenanzeige werden Ödeme infolge eingeschränkter Nierentätigkeit genannt. Da Birkenblätter im Gegensatz zu manch anderen wassertreibenden Drogen nicht über eine Nierenreizung wirken, eignen sie sich besonders gut zu entschlackenden Frühjahrskuren, Gicht- und Rheumatees.

Ringelblume

Calendula officinalis

Traditionell sind in Bauerngärten und Vorgärten die leuchtend gelb-orangen Blüten der Ringelblume ein vertrauter Anblick. Viele Gartenbesitzer wissen oft nicht, dass bei ihnen mit diesem dekorativen Korbblütler (*Asteraceae*) eine der ältesten Heilpflanzen beheimatet ist.

Schon immer wird diese Blume mit dem Lauf der Sonne in Verbindung gebracht, da sich die Blüte bei Sonnenaufgang öffnet und den Untergang der Sonne betrauert, indem sie sich schließt. Als magische Blume sollte sie vor bösen Einflüssen und Krankheiten, ja sogar vor der Pest schützen. Hildegard von Bingen erwähnte die Ringelblume in ihren Schriften „Physica" und „Causae et Curae". Die dort beschriebene innerliche Anwendung gegen Verdauungsbeschwerden und als Antidot ist heute überholt. Interessant ist dagegen die Empfehlung, Ringelblumen auf Speck gegen Kopfgrind aufzulegen. Auch heute noch werden getrocknete, pulverisierte Ringelblumenblüten in Schweineschmalz zu Wund- und Heilsalben eingearbeitet.

Ringelblumensalbe – eine unentbehrliche Hautsalbe in der Hausapotheke

Obwohl die Ringelblume als Symbol für Kummer und Schmerz galt, wurde sie zugleich auch als Trost für Herz und Gemüt angesehen. Eine Mischung von Ringelblumen und Rosen symbolisierte die süßen Leiden der Liebe. Obgleich Ringelblumen im Mittelmeerraum fast über das ganze Jahr hinweg blühen, spricht ihr lateinischer Name von „calendae" (vom ersten Tag jedes Monats). Die deutsche Bezeichnung bezieht sich auf die fast ringförmig angelegten Einzelfrüchte. Im Volksmund wird die meist einjährige Pflanze auch „Butterblume", „Goldblume", „Ringelrose", „Sonnwendblume" oder „Totenblume" genannt. Die volksmedizinische Anwendung als krampflösendes, entwässerndes Mittel konnte wissenschaftlich nicht bewiesen werden.

Ringelblume ist eine einjährige, winterharte Pflanze mit behaartem, aufrechten Stängel und behaarten, hellgrünen Blättern. Die großen, orange-gelben Strahlenblüten leuchten in ihrer langen Blütezeit von Mai bis November. Der Samen wird im April im Abstand von etwa 30 cm in vorbereitete Beete mit etwas lehmiger Gartenerde gelegt. An sonnigen Standorten erscheinen bei fleißigem Gießen bereits nach 2 – 3 Wochen die ersten Pflänzchen. Vermehrt wird im Frühjahr oder Herbst durch Samen. Die Blüten können während des ganzen Jahres gepflückt werden. Zum Trocknen sind Hochsommerblüten vorzuziehen.

Ringelblumenblüten (*Flores Calendulae*) bestehen aus den getrockneten Blütenköpfchen oder Zungenblüten. Sie enthalten Triterpenglykoside, Carotinoide, ätherisches Öl und Bitterstoffe. Selten werden Ringelblumenblüten Teemischungen zur Linderung von Magenbeschwerden zugesetzt, meist verschönen sie Tees als Schmuckdroge. Aufgüsse, Tinkturen, Öl oder Salbe werden äußerlich angewendet. Sie wirken entzündungshemmend und granulationsfördernd. Dadurch eignen sie sich ausgezeichnet bei Wundheilungsstörungen,

Ringelblumen sind eine Zierde der Bauerngärten und eine Wohltat für die Haut.

offenem Bein, Entzündungen sowohl an der Mundschleimhaut als auch im Rachenraum und zur Wundreinigung. Für Umschläge werden Leinentücher mit einem Aufguss – 2 Teelöffel Blüten auf eine Tasse Wasser – benetzt und dann auf die Wunde aufgelegt. Eine Tinktur wird aus 10 Teilen Droge und 90 Teilen Alkohol zubereitet. Zum Gurgeln verwendet man 2 Teelöffel auf $\frac{1}{4}$ l Wasser. Salben enthalten 2 – 5 % Droge.

Vielfach werden Ringelblumenextrakte und -zubereitungen auch mit anderen entzündungshemmenden und pflegenden Pflanzenwirkstoffen, wie Kamille, Arnika oder Hamamelis, in Hautpflegeoder Schönheitscremes kombiniert. Sehr beliebt ist in der Volksmedizin die so genannte Ringelblumenbutter, eine Mischung aus gleichen Teilen zerquetschter Blüten und Ziegenbutter. Diese Mischung lindert neben den obengenannten Beschwerden auch Bauchweh, Gelenk- und Muskelschmerzen.

Ringelblumen erfreuen also nicht nur wegen ihrer strahlenden Farben jeden Gartenliebhaber, sondern sind segensreiche, unkomplizierte Heilpflanzen, die frei von Nebenwirkungen sind. Versuchen Sie einmal eine heilende Salbe als einfaches galenisches Arzneimittel selbst herzustellen. Gerade Kinder können so spielend an die Pflanzenheilkunde herangeführt werden. Allerdings sollten Sie bei der Verwendung von Schweineschmalz oder Hammeltalg beachten, dass diese traditionellen Salbengrundlagen schnell ranzig werden, und somit Ihr Eigenpräparat nur eine kurze Haltbarkeit besitzt.

Bunter Frühlingssalat „Calendula"

**Blattsalate der Saison
einige Blättchen Sauerampfer,
Löwenzahn, Liebstöckel, Borretsch**

▶ **Die Salate und die Kräuter** werden von den Stielen befreit, gewaschen, trocken geschleudert und zusammen mit einem Bund gehackter Lauchzwiebeln in einer Salatschüssel, die zuvor mit einer Knoblauchzehe ausgerieben wurde, locker gemischt.

▶ **Die Mischung wird** mit einem Dressing aus Olivenöl, hellem Balsamico

Essig, etwas Wasser, einer Prise Zucker, Pfeffer und Salz angemacht.

▶ **Kurz vor dem Servieren** werden einige geröstete Pinienkerne und zur Dekoration ein paar feingezupfte, abgebrauste, trockengeschüttelte Ringelblumenblüten über den Salat gestreut. In die Mitte setzen Sie die Blüte einer Kapuzinerkresse. Die Blüten signalisieren Ihren Gästen sonnige Zeiten.

▶ **Diesen Frühlingssalat können Sie** natürlich je nach Jahreszeit mit anderen grünen Blattsalaten variieren.

Tausendgüldenkraut

Centaureum erythraea

 Mit Enziangewächsen (*Gentianaceae*) verbindet sich die Vorstellung des blauen Enzian, der selten in der Natur, dafür umso häufiger auf Likör- und Schnapsflaschen zu finden ist. Schon dieser Zusammenhang ist falsch, denn Enzianspirituosen werden ausschließlich aus den fingerdicken Wurzeln großer Enzian-Arten gewonnen.

lich Bitterstoffe. Die Namen „Gallkraut", „Magenkraut" oder „Fieberkraut" weisen auf diese Inhaltsstoffe und die Anwendung hin. Sebastian Kneipp fand schon: „Welch merkwürdige Namen unsere Voreltern manchem Kräutlein beilegten. Sie kannten eben noch deren Wert. Unser Kraut muss bei ihnen in hohem Geltung und Schätzung gestanden sein."

nannt. Ihr lateinischer Name geht auf den heilkundigen Centaur Chiron zurück, ein Fabelwesen aus der griechischen Mythologie – halb Mensch und halb Pferd. Dieser Bezug zu einem Halbgott zeigt an, dass Tausendgüldenkraut in der Medizin der Antike in hohem Ansehen stand. Erst als dieser Ursprung in Vergessenheit geriet, leitete man den deutschen Namen vom lateinischen „centum" (hundert) und „aureus" (golden/gülden) ab. Wegen der roten Blütenfarbe fürchtete man es als blitzanziehend. Wiederentdeckt wurde das Kraut von Sebastian Kneipp, der es wegen seines bitteren Geschmacks als Tee zur Ausleitung der Magenwinde, zur Verbesserung der Magensäfte und gegen „Magensod", dem Sodbrennen, empfohlen hat. Bei unseren Vorfahren war „bitter" gleichbedeutend mit „wirksam". In der Antike wurde das Kraut wegen dieses bitteren Geschmacks auch als „fel terrae" (Erdgalle) bezeichnet. Tausendgüldenkraut ist wirksamer Bestandteil von bitteren Aperitifen, Likören oder Schwedenbitter. Nicht nur die Römer glaubten, es könne Schlangen vertreiben. Die Gallier verwendeten es als Gegengift bei Schlangenbissen. Überhaupt sollte das Kraut als „Allerweltsmittel" den Körper von Infektionen, Giften und Psychosen befreien.

Als bittere Medizin stärkt Tausendgüldenkraut-Tee den Magen und kräftigt den Leib.

Dieser dominiert manche Gebirgswiese. Nur wenige kennen aber ein unscheinbar am Wegesrand blühendes Enziangewächs, das Tausendgüldenkraut. Dies ist auch gut so, denn das hübsche, versteckt wachsende Pflänzchen steht, wie wohl alle Enziane, unter Naturschutz. Doch eines haben die medizinisch genutzten Enziangewächse gemeinsam: Sie enthalten reich-

Erst bezeichnete man es als „Hundertguldenkraut"; im Mittelalter stieg dann sein Wert auf 1 000 Gulden. Es galt als Geld vermehrend. Deshalb trug man ein an Johanni während des Mittagsläutens gepflücktes Tausendgüldenkraut im Geldtäschchen.

Die uralte Heilpflanze wurde bereits bei Plinius, Dioscurides und anderen antiken Ärzten ge-

 Tausendgüldenkraut wächst in der Natur auf Sandböden, im Moor, auf Kahlschlägen, an Wegesrändern oder in lichten Wäldern. Es kommt hauptsächlich in Europa, Asien und Nord-

Tausendgüldenkraut blüht als unscheinbares Enziangewächs am Wegrand.

afrika vor. Da es nicht gesammelt werden darf, bezieht man das getrocknete Kraut aus Marokko, Bulgarien, Jugoslawien oder aus kontrolliertem Anbau in Deutschland.

Die ein- bis zweijährige Pflanze blüht von Juli bis September. Ihre Blüten öffnen sich nur bei strahlend hellem Sonnenschein. Der vierkantige Stängel bildet sich aus einer Pfahlwurzel. Oft ist die grundständige Blattrosette zur Blütezeit schon verwelkt. Typisch für die Enziangewächse ist die kreuzgegenständige Stellung der lanzettlich bis eiförmigen Stängelblätter. Die Blüten sind in Dolden angeordnet. Die weiße Kronröhre ist von einem fünfzipfeligen Kelch umgeben und endet in fünf roten, sternförmigen Blütenzipfeln. Der vierkantige

Auch Ruhe und Harmonie beruhigen den nervösen Magen.

Stängel wird bis zu 50 cm hoch. Er wächst aus einer gegenständigen Rosette. Die fünfzähligen, rosa, sternförmigen Blüten sind in Doldenrispen angeordnet.

Die als Droge verwendeten, oberirdischen Pflanzenteile werden selten mit anderen *Centaurium*-Arten, häufiger dagegen mit Schmalblättrigem Weidenröschen (*Epilobium angustifolium*) verfälscht. Als minderwertig gilt eine Ware, die auf Grund des zu hohen Stängelanteils den vom Arzneibuch geforderten Bitterwert nicht erreicht. Obwohl Tausendgüldenkraut heute anbaubar ist, ist es für den Selbstanbau im Garten ungeeignet.

 Tausendgüldenkraut ist eine reine Bitterstoffpflanze (Swertiamarin, Gentiopikrin, Amarogentin). Unbedeutend ist sein Gehalt an Fettsäuren, Flavonoiden und ätherischem Öl. Das arzneilich verwendete Kraut (*Herba Centaurii*) hat einen Bitterwert von 2 000. Dies besagt, dass es noch in einer Verdünnung von 1 : 2 000 bitter schmeckt. Auf Grund dieses eher geringen Bitterwertes empfiehlt sich eine Kombination mit Enzianwurzel oder Wermut. Die zerkleinerte Droge wird entweder als Teeaufguss oder als Tinktur in Bittertropfengemischen angewendet. Als Bitterstoffdroge bewirkt es eine reflektorisch gesteigerte Magensaftsekretion, d.h. es eignet sich gut als Tonikum bei Verdauungsschwäche, Appetitlosigkeit und dyspeptischen Beschwerden. Indirekt wirken diese

Bittermittel kräftigend und aufbauend. Als Tagesdosis werden 6 g Droge empfohlen.

Tausendgüldenkraut wird seit erdenklichen Zeiten als Amarum angewendet. Tausendgüldenkraut-Tee bereitet man aus 1 – 2 Teelöffeln Droge auf $1/4$ l Wasser entweder als Aufguss (5 – 10 Minuten ziehen lassen) oder als Kaltansatz über 8 – 10 Stunden. Der Tee sollte ungesüßt vor dem Essen getrunken werden. Trotz seines Namens erhalten wir die Hilfe des Heilkrautes durchaus kostengünstig, wie es schon Sebastian Kneipp zu schätzen wusste: „Der Name lautet auf hohe Summe, die Hilfe spendet das Kräutlein einem jeden umsonst."

Weißdorn

Crataegus leavigata,
Crataegus monogyna

Wenn eine so wunderschön blühende Heilpflanze wie der Weißdorn zu den „Stinkern" gerechnet wird, dann muss sie unsere Nasen schon sehr beleidigen. Nach der Schlehenblüte erfreuen uns im Frühjahr an sonnigen Hängen, Wegrändern oder Rainen unzählige Weißdornhecken mit ihrer üppigen Blütenpracht. Diese zieren nicht nur die Landschaft mit den weiß leuchtenden Blüten und den auffallend roten, herbstlichen Scheinfrüchten, sondern sie bieten auch zahllosen Vögeln Unterschlupf und Nahrung.

Als „Herzfreund" hilft Ihnen Weißdorn, damit Sie auch bei langen Treppen nicht außer Puste geraten.

An den Beeren, über die die Vögel auch für die Verbreitung der Sträucher sorgen, lässt sich am besten erkennen, dass es sich um ein Rosengewächs handelt.

Weißdorn ist schon sehr lange als schützende, heilende und heilige Pflanze bekannt. So sollten Weißdornzweige an der Wiege Babys vor Krankheiten und Unheil schützen. Weißdorn sollte Melancholie vertreiben und die Stimmung heben. Auf keinen Fall durfte er aber ins Haus kommen, da sich angeblich die Geister unter Weißdornbüschen trafen. Obwohl Weißdorn schon in mittelalterlichen Kräuterbüchern genannt und seit der Antike mit Fruchtbarkeit und Herzensangelegenheiten verbunden wurde, spielt er erst seit Ende des 19. Jahrhunderts eine Rolle als Stärkungsmittel für das geschwächte Herz.

Der spitzen Dornen wegen wird Weißdorn im Volksmund auch als Hagedorn, Heckendorn oder Zaundorn benannt. Die griechische Bezeichnung „krataios" (fest) weist auf das sehr harte Holz hin. Drechsler und Schnitzer schätzen dieses als Werkstoff für haltbare Kunstwerke.

Weißdornbüsche gedeihen sehr gut auf lockerem, leicht lehmhaltigen Boden. Die Sträucher, die Sie aus der Baumschule holen, lieben Sonne, nehmen aber auch ein schattiges Plätzchen nicht übel. Unter günstigen Umständen können die robusten Weißdornsträucher bis zu 10 m hoch und bis zu 500 Jahre alt werden. Wenn Sie das Gehölz durch Zurückschneiden strauchig halten, ist es ein vielbesuchtes und sehr wichtiges Vogelschutz- und Vogelnährgehölz.

Die weißen Blüten stehen in aufrechten Doldenrispen. Pharmazeutisch werden die Blüten, Blätter und Beeren des Eingriffeligen Weißdorns (*Crataegus monogyna*) und des Zweigriffeligen Weißdorns (*Crataegus leavigata, früher: Crataegus oxyacantha*) verwendet. Beide Arten kommen ursprünglich aus Tal- und Gebirgslagen Russlands, Bulgariens und Polens sowie aus nordeuropäischen Ländern. Während die Blätter des Eingriffeligen Weißdorns meist siebenlappig mit drei tiefen Einschnitten sind, haben die Blätter des Zweigriffeligen Weißdorns 3 – 5 nicht ganz so tiefe Lappen und einen gesägten Rand. Medizinisch gesehen gelten beide als gleichwertig.

Die nussartig schmeckenden Blätter werden im Frühjahr kurz nach der Entfaltung geerntet, die modrig riechenden Blüten von Mai bis Juni. Der günstigste Erntemonat für die leuchtend roten, säuerlich-zusammenziehenden Früchte ist der September. Junge Blätter und Blütenknospen verfeinern Salate. Die Früchte eignen sich als Komponente für Gelees.

 Weißdorn zählt zu den wichtigen und deshalb auch am besten untersuchten Heilpflanzen der neueren Zeit. Weißdornpräparate helfen Senioren mit überanstrengtem „Altersherz" und gestressten Menschen mit nachlassender Leistungsfähigkeit. Bei Patienten mit Beklemmungsgefühlen in der Herzgegend oder mit leichten Rhythmusstörungen können sie lindernd wirken. Allerdings sollten die genauen Ursachen dieser Beschwerden un-

Weißdornblüten, -blätter und -früchte erhalten dem „Altersherz" die Schlagkraft.

bedingt von einem Arzt abgeklärt werden. Auf keinen Fall dürfen Sie verordnete Medikamente durch vermeintlich leichtere Naturheilmittel eigenmächtig ersetzen.

Aus Weißdornblättern, -blüten und -früchten werden Frischpflanzensäfte, Pflanzendragees und Tropfen hergestellt. Für die herzstärkende Wirkung sind Flavonoide und Procyanidine verantwortlich. Keiner Wirkstoffgruppe kann man die alleinige Wirkung zusprechen. Die Monographie des Bundesgesundheitsamtes empfiehlt 1 g Blätter mit Blüten für eine Tasse extraktreichen Teeaufguss. Mindestens sechs Wochen lang sollten Sie davon 3- bis 4-mal täglich eine Tasse trinken.

Aus wissenschaftlichen Erkenntnissen ergeben sich folgende Hauptanwendungsgebiete für Weißdornpräparate: leichte funktionelle Herzbeschwerden, nicht Digitalis bedürftiges Altersherz und leichte Herzrhythmusstörungen mit einer langsamen Schlagfolge des Herzens. Auch als ergänzende Maßnahme zum Ausdauertraining im Alter ist Weißdorn sehr geeignet. Dies sind alles Fälle, bei

denen die ärztliche Untersuchung keinen krankhaften Herzbefund ergeben hat, trotzdem aber die Leistungsfähigkeit des Herzens vermindert ist. Sebastian Kneipp wusste noch nicht um die herzstärkende Wirkung des stacheligen Busches. Sicher hätte er sonst diesen „Herzfreund" dann empfohlen, wenn man schon beim Treppensteigen oder bei leichter körperlicher Arbeit „außer Puste" gerät.

Tipp

So lindert Kneipp Herzbeschwerden

▶ **Zuerst den Schweregrad** der Herzinsuffizienz vom Arzt klären lassen.
▶ **Heilkräuter:** Weißdorn als Tee, Saft, Dragees. Herzsalbe mit Rosmarin und Kampfer. Knoblauch.
▶ **Begleitende Anwendungen:** Temperaturansteigende Armbäder, kleine Teilgüsse und Waschungen. Atem- und Kreislaufgymnastik. Mineralstoffreiche, nicht blähende Kost. Gewichtsreduktion, kontrolliertes Training. Bürstenmassage, Kneippkur.

Kürbis

Cucurbita pepo

Kennen Sie die dickste Beere, die die Natur geschaffen hat? Vielleicht kommen Ihnen hier doch die derben Riesenfrüchte in den Sinn, die im Herbst auf Märkten als unterschiedlich geformtes und gefärbtes Trendgemüse angeboten werden. Richtig, der Kürbis hat den rasanten Aufstieg von der süß-sauren Konserve in den Himmel der Sterne-Küche geschafft. Und jetzt greift er auch noch medizinisch nach den Sternen. Unzählige Sorten und Unterarten des Rankgemüses kommen als wiederentdeckte ältere Sorten oder Neuzüchtungen auf den Markt. Der Gattungsname *Cucurbitaceae* (Kürbisgewächse) leitet sich ab von „cucumis" (Gurke) und „orbis" (Erdkreis). Er weist darauf hin, dass sich die essbaren Samen schnell um die Erde verbreitet haben. Dabei gehört der Kürbis zu den ältesten Kulturpflanzen der Menschheit. Walahfrid Strabo schildert in seinem „Hortulus" mit höchstem dichterischem Schwung das dramatische Winden der Kürbisranken: „Siehe da wächst der Kürbis. Aus winzigem Samen zur Höhe reckt er sich, streut mit den

Schildern der Blätter riesige Schatten und entsendet mit üppigen Zweigen haltende Ranken." Allerdings hat es sich hierbei sicher nur um den in der alten Welt heimischen Flaschenkürbis (*Cucurbita langenaria*) gehandelt. Unser gewöhnlicher Kürbis (*Cucurbita pepo*) stammt nämlich sehr wahrscheinlich aus Amerika.

Beeindruckt war Strabo auch vom gewaltigen Körper der Frucht: „Alles ist Bauch, und alles ist Wanst." Die riesigen Früchte mit der reichen Samenernte ließen die Pflanze zum beliebten Begleiter von Jägern und Sammlern werden. Unsere Vorfahren sahen den Kürbis als Ur-Einheit, als Weltenei, Gebärmutter, als Symbol für Fruchtbarkeit. Der Kürbis war wohl die erste universell genutzte Pflanze des Menschen: Die reifen Früchte konnte man aufessen, die Samen zur Vorratshaltung trocknen und die getrocknete Fruchthülle als Vorratsgefäß, ja sogar als Arzneibehälter verwenden. Vor allem in China war der Kürbis hochge-

schätzt und wurde zum Emblem für Ärzte und Apotheker. Noch heute gilt der Kürbis als Symbol für langes Leben und magische Kräfte. Im Christentum steht er für Heil und Gottes Segen, aber auch für leere, getäuschte Hoffnung, denn das Fruchtfleisch hat keinen hohen Nährwert. Es lassen sich daraus aber köstliche Suppen und – eingelegt und pikant gewürzt – erfrischende, süß-saure Beilagen zu Fleischgerichten zubereiten. Volksmedizinisch wird das ausgepresste, fette, nussartig schmeckende Öl verwendet. Das in der steirischen Küche verwendete, sehr dunkle Kürbisöl ist von höchster Qualität.

Ein besonderes Brauchtum entwickelte sich im Heimatland der Kürbisse, in Amerika. Am 31. Oktober werden dort Kürbisse ausgehöhlt, dekorativ zu Gesichtern geschnitzt und dann von innen mit Kerzen beleuchtet. Die Kürbisfratze sollte böse Geister vertreiben. Dieses geheimnisvolle Herbstfest Halloween – „hallow evening", der Abend der Heiligen bzw. der Vor-

Kürbissuppe „Halloween"

1 kg Kürbis geschält und gewürfelt
1 gehackte Zwiebel
4 Esslöffel Butter
6 Esslöffel trockener Sherry
600 ml gewürzte Gemüsebrühe
200 ml Crème fraîche
4 Teelöffel hellen Balsamico-Essig
Pfeffer, Salz & Tabasco
etwas geschlagene Sahne
steirisches Kürbiskernöl

▶ **In einem großen Topf die Zwiebel** in der Butter glasig dünsten, die Kürbis-

würfel zugeben und das Ganze weitere 5 Minuten dünsten. Mit Sherry ablöschen. Dann mit der Gemüsebrühe aufgießen und mit geschlossenem Deckel so lange kochen, bis das Kürbisfleisch weich ist. Danach die Suppe pürieren, Crème fraîche einrühren und mit Essig, Salz, Pfeffer und Tabasco abschmecken.

▶ **Vor dem Servieren die Suppe** noch einmal erwärmen und im Teller mit der Schlagsahne und dem dunklen Kürbiskernöl garnieren.

Die mächtigen Früchte des Kürbis gelten als Symbol für Fruchtbarkeit. Ihre zahlreichen Samen schenken uns Speiseöl und ungestörte Nächte.

abend zum Allerheiligentag – leitet nach altem, keltischen Brauch die dunkle, kalte Jahreszeit ein. Heute hat dieser Brauch schon fast karnevalsähnliche Dimensionen angenommen und findet auch bei uns zunehmend Verbreitung.

 Als Emporkömmling wächst der Kürbis rasch auf nährstoffreichem Boden. Er klettert an Mauern und Zäunen empor, schreckt auch nicht vor einem Misthaufen zurück und trägt gelassen seine schweren Früchte. *Cucurbita pepo* ist einjährig, einhäusig und sehr formenreich. Dies nutzt man zur Zucht sehr dekorativer Zierkürbisse. Er bevorzugt sonnige Standorte. Wenn die Pflan-

ze reiche Früchte tragen soll, muss ihr Wachstum durch gekonntes Schneiden gesteuert werden. Kürbisse werden vor allem in Mittel- und Nordamerika, Russland, Österreich, Ungarn und in der Türkei angebaut.

 Es ist nicht allein erstrebenswert, älter zu werden, sondern wir möchten gerne alle gesund und beschwerdefrei älter werden. Oft plagen Männer schon ab dem fünfzigsten Lebensjahr Beschwerden durch eine vergrößerte Vorsteherdrüse (Prostata). Frauen leiden eher unter einer Reizblase. Bei ärztlich abgeklärter, gutartiger Vergrößerung lassen sich diese Beschwerden mit Prä-

paraten aus Brennnesselwurzeln, Sägepalmenfrüchten und vor allem durch kurmäßige Einnahme von Kürbissamen wirkungsvoll lindern. Die reifen, getrockneten Kürbissamen enthalten Cucurbitin, Phytosterine, Vitamin E, mehrfach ungesättigte Fettsäuren, Mineralstoffe (z.B. Magnesium) und Spurenelemente (z.B. Selen). Heutige Züchtungen lassen sich mit ihrer weichen Schale ungeschält mit Fruchtsaft oder Joghurt einnehmen (Tagesdosis 10 g). Wirksam und bequem sind Zubereitungen aus Kürbiskernöl in Kapselform. Die Droge eignet sich auch gut zur Langzeitbehandlung und sollte ein fester Bestandteil Ihres Morgenmüslis werden.

Auch wenn das Hauptindikationsgebiet „Zur unterstützenden Behandlung von Funktionsstörungen der Blase und Beschwerden beim Wasserlassen" lautet, wird in unserer heutigen Zeit dem Kürbiskernöl immer mehr Beachtung geschenkt. Es ist reich an Antioxidantien und ungesättigten Fettsäuren und könnte so eine cholesterinsenkende Wirkung besitzen. Vielleicht macht Kürbis oder „Kerwes", wie er volkstümlich genannt wird, noch eine zweite Karriere als gesundheitsvorbeugendes Nahrungsmittel.

Artischocke

Cynara scolymus, Cynara cardunculus

Die delikaten, nussig bitteren Blütenknospen der Artischocke gehören zu den feinsten Gemüsesorten, die aus Italien oder Spanien auf unseren Speisezettel gelandet sind. Dabei handelt es sich um einen relativ teuren vegetarischen Genuss, denn nur etwa ein Viertel der Distelart ist genießbar. Zubereitung und Verzehr der optisch reizvoll verpackten Gemüsezapfen verlangen etwas Übung. Allerdings hat die Artischocke in den letzten Jahren dazu beigetragen, den Ruf der gesunden, schmackhaften „Mittelmeer-Diät" zu stärken. Extrakte der Artischockenblätter sind mit ihren Bitterstoffen magenfreundlich, appetitanregend und verbessern die Blutfettwerte. Der botanische Name *Cynara scolymus* leitet sich vom griechischen Wort „skolymos" (Distel) ab. Er bezieht sich auf die Stacheln, die sich an der Außenseite der Deckblätter befinden und den Blütenkopf umschließen.

Artischocken schmecken köstlich als frisches Gemüse. Man dippt die fleischigen Verdickungen der Hüllblätter in eine Vinaigrette oder „Sauce hollandaise" und zutzelt sie dann aus. In Essig und Öl eingelegt oder mariniert eignen sich kleinere Exemplare oder die vom Heu befreiten Blütenböden als appetitanregende Antipasti. Das halbstündige Garkochen frischer Artischocken darf nicht in einem Aluminiumtopf geschehen, da sich das Gemüse sonst schwarz färbt. Bräunliches Verfärben kann man auch vermeiden, indem man fertig geputzte Artischocken in Zitronenwasser (im Verhältnis 1 : 30) legt. Um bitteren Geschmack zu vermeiden, darf der Topf nicht zugedeckt werden.

Leider besitzt das delikate Artischockengemüse kaum arzneilich wirksame Inhaltsstoffe. Die offizinelle Artischocke soll aus der Wildartischocke (*Cynara cardunculus*) hervorgegangen sein. Bereits im 4. Jahrhundert v. Chr. war sie als Heilmittel bekannt. Der Aristoteles-Schüler Theophrast (371 bis 287 v. Chr.) hat sie ausführlich beschrieben. Dioscurides hat seine Angaben präzisiert, und im 15. Jahrhundert wurde die Pflanze dann kultiviert. Im 17. Jahrhundert kam die Artischocke nach Europa.

Gemüse, Obst und Salat sind ein „Geheimnis" der gesunden Mittelmeerküche.

Heute existieren zahlreiche Zuchtarten der Artischocke, die vor allem in Italien, Spanien, Frankreich, Rumänien und Florida kultiviert werden. Nachdem sie in den letzten Jahren auch als Arzneipflanze zunehmend Anerkennung fand, wird die Artischocke inzwischen auch schon erfolgreich in Deutschland angebaut.

Das distelähnliche Gewächs aus der Familie der Korbblütler wird bis zu 2 m hoch. Aus einer grundständigen Rosette heraus bildet sie einen senkrecht stehenden, fleischig-robusten Stängel. Die stacheligen, violetten Blütenköpfe wachsen zu fleischigen Hüllblättern aus. Als Gemüse werden die unteren Teile der Blütenhüllblätter und der Blütenboden genossen. Der günstigste Zeitpunkt zur Ernte der arzneilich verwendeten Stängelblätter ist kurz vor der Blüte oder der Zeitpunkt der Fruchtreife. Diese Blätter werden frisch gepresst als Pflanzensaft oder nach dem Trocknen als Tee bzw. Extrakt angewendet. Noch im Verhältnis 1 : 11 500 verdünnt schmecken sie bitter.

Griechischer Artischockensalat

12 Artischockenböden (frisch gekocht oder aus dem Glas)
frischer Zitronensaft
1 Glas trockener Weißwein
schwarze Oliven
Pfeffer & Salz
Rucola & Kerbel

▶ **Die Artischockenböden** nach dem Abtropfen in Olivenöl leicht anbraten.

Kurz mit etwas Zitronensaft und 1 Glas trockenem Weißwein andünsten.

▶ **Nach dem Abkühlen** mit Salz, Pfeffer, Öl und Zitronensaft als Salat anmachen. Mit wenig Rucola, Kerbel und schwarzen Oliven garniert zu einem Glas Wein und Weißbrot servieren.

▶ **Der Artischockensalat** eignet sich optimal als Grundlage für einen Meeresfrüchtesalat.

Die grünen Laubblätter und die Wurzeln der Artischocke enthalten bis zu 6 % Bitterstoffe (Cynaropikrin) und Flavonoide. Der vermutlich therapeutisch wichtigste Inhaltsstoff Cynarin liegt nicht genuin in der Pflanze vor, sondern entsteht erst bei der Verarbeitung. Die Steigerung der Gallenabsonderung beruht wohl auf dem Gehalt an Bitterstoffen und an Cynarin. Dieses stimuliert zusätzlich die entgiftenden Fähigkeiten der Leber.

Als Anwendungsgebiet gibt die Kommission E „dyspeptische Beschwerden" an. Dies kann die kundige Hausfrau nutzen, indem sie Gemüsegerichte oder Suppen mit Frischpflanzensaft verfeinert und bekömmlicher macht. Als mittlere Tagesdosis werden 6 g Droge oder entsprechende Zubereitungen empfohlen. Artischockenblätterextrakt wirkt gallentreibend, magenstärkend, adstringierend und harntreibend. Sind im Verdauungssystem zu wenig Gallensäuren gebildet worden, so werden bis zu 25 % des mit der Nahrung aufgenommenen Fetts unverdaut ausgeschieden. Diese verminderte Fettaufnahme führt zu Völlegefühl, Blähungen, Übelkeit und Erbrechen. Neue wissenschaftliche Arbeiten haben nachgewiesen, dass Artischockenblätterextrakt den Cholesterin- und Triglyceridspiegel im Blut senkt. Als pflanzlicher Lipidsenker ist somit aus einer wohlschmeckenden Gemüsepflanze eine wichtige Heilpflanze geworden, die dazu beiträgt, einen ernährungsbedingten Risikofaktor günstig zu beeinflussen.

Mit der stacheligen Artischocke kriegen Sie Ihr Fett weg.

Echinacea schirmt unseren Organismus gegen schädliche Umwelteinflüsse ab.

te und gesund wurde. Dieses Schlüsselerlebnis prägte sein weiteres Leben und war die Basis für seine Gesundheitslehre. In unserer heutigen Zeit des Immunstresses wird die Immunstimulation zunehmend eine Domäne der Pflanzenheilkunde. Die Wissenschaft konnte beweisen, dass neben Bitterstoffen vor allem der Presssaft verschiedener Sonnenhut-Arten die Abwehrkräfte des Organismus steigert. Bereits zwischen 1895 und 1930 bewiesen amerikanische Mediziner die lindernde Wirkung von *Echinacea angustifolia* bei einem breiten Spektrum von Leiden.

Roter Sonnenhut, Schmalblättriger Sonnenhut und Blasser Sonnenhut sind wunderschön blühende Korbblütler (*Asteraceae*) mit rosaroten bis lila Blüten. Ihr botanischer Name kommt vom griechischen Wort „echinos" (Igel). Dieser bezieht sich auf die konischen, schwarzen, stacheligen Blütenköpfchen, die nach Abfallen der Blütenblätter wie ein kleiner Igel aussehen und so den Samen freigeben. Aus diesem Grund wird die Blume auch „Igelblume", „Stachelkopf" oder „Igelkopf" genannt. Ursprünglich in Nordamerika beheimatet, ziert die dekorative, unkomplizierte Blume auch unter den Namen „Amerikanischer Sonnenhut", „Kegelblume" oder „Kleine Sonnenblume" viele Vorgärten.

Sonnenhut hat eine tiefe, senkrechte Pfahlwurzel und einen langen, dünnen Stängel. Dieser ist wie die lanzettlichen Blätter mit Borstenhaaren besetzt. Sonnenhut-Arten blühen ausdauernd über den ganzen Sommer. Da es bei uns keine Wildbestände gibt, wird für

Roter Sonnenhut

Echinacea purpurea, Echinacea angustifolia

Sind Sie zwei- bis dreimal jährlich „verschnupft"? Kämpfen Sie oft mit einer Erkältung und fliegt Sie leicht ein Infekt an? Dann sollten Sie Ihrem Immunsystem einen Hut als Schutz überstülpen: den Roten Sonnenhut. Gerade in der kalten Jahreszeit bedroht ein Heer von Bakterien und Viren unseren Körper. Dieser schützt sich gegen den Großangriff durch ein kompliziertes Abwehrsystem. So genannte Fresszellen und Killerzellen aus der Thymusdrüse entdecken und vernichten diese Eindringlinge teilweise. Allerdings wird unser Abwehrsystem durch verschiedene Faktoren und Lebensumstände immer stärker belastet und somit geschwächt. Übermäßiger Stress, starke UV-Strahlung, Stoffwechselerkrankungen, chronische Entzün-

dungen, Langzeittherapie mit Antibiotika, aber auch Chemikalien in Nahrung, Luft, Boden oder Wasser belasten unser Immunsystem. So kann es oft mit den Erregern nicht mehr fertig werden. Dies ist der Zeitpunkt, „dem Körper an die Hand zu gehen", wie Sebastian Kneipp es ausdrückte. Hilfe zur Selbsthilfe, wie er es als unbewusster Begründer der modernen Selbstmedikation bezeichnete. Hierzu eignen sich besonders gut wohldosierte, auf unsere Konstitution abgestimmte Wasseranwendungen, die stimulierend, kräftigend und abhärtend wirken. Sebastian Kneipp hat ja selbst am eigenen Leib den Beweis erbracht. Durch Tauchbäder in der winterlich kalten Donau stimulierte er die Abwehrkräfte seines Körpers so kräftig, dass er die damals unheilbare Lungentuberkulose besieg-

medizinische Zwecke Anbauware verwendet. Von *Echinacea purpurea* wird das Kraut kurz nach dem Aufblühen verwendet. Von den anderen Arten bevorzugt das Arzneibuch die Wurzeln.

Die medizinische Wirkung der Pflanze haben zuerst die Indianer Nordamerikas entdeckt. Dort ist sie als „Schmerzmittel der Pawnee-Indianer" oder als „Erkältungsmittel der Crow-Indianer" bekannt. Andere Indianerstämme nutzten sie in Form von Waschungen zur Behandlung von Brandwunden. Pharmazeutisch wird vor allem der Presssaft der frisch geernteten oberirdischen Teile eingesetzt. Diese enthalten je nach Art Alkimide, Cichoriensäure, Echinacosid, ätherisches Öl, Harz und Bitterstoffe. Seit 1950 wissen wir, dass Sonnenhut-Präparate gegen Bakterien wirksam sind. Diese Wirksamkeit wird verstärkt durch Wirkstoffe, die als unspezifische Reizkörper unsere Abwehrkräfte steigern.

Als Anwendungsgebiete kennt die Monographie für das blühende Kraut von *Echinacea purpurea* die „unterstützende Behandlung von wiederkehrenden Infekten der Atemwege und der ableitenden Harnwege". Äußerlich empfiehlt sie die Anwendung bei oberflächlichen Wunden mit schlechter Heilungstendenz. Innerlich muss die Einnahme bei leichten Infektionen und zur Vorbeugung sofort bei den ersten Anzeichen mit hoher Initialdosis erfolgen. Dies geschieht am Besten in Form der Anwendung von 50 bis 80 Tropfen des alkoholischen Extraktes auf die Zunge. Vorbeugend sollte man ca. zwei Wochen lang 3 × 20 Tropfen einnehmen und danach 2 – 3 Wochen pausieren. Äußerlich hat sich die Anwendung in Form von Salbe mit mindestens 15 % Presssaft bei Wunden oder Lippenbläschen bewährt.

Sebastian Kneipp wusste noch nichts über die heilende Wirkung des Sonnenhuts, denn dieser war in unseren Breiten nur als Zierpflanze bekannt. Zierpflanzen wurden aber von der Volksmedizin nicht zu Heilzwecken eingesetzt.

Tipp

Die Selbstheilungskräfte stärken

▶ **Abhärtung (Immunstimulation)** durch mehrwöchige, sich steigernde Wasseranwendungen, kurze Kaltreize (z.B. Knieguss nach dem Duschen), Wechselanwendungen als Kreislauftraining, Saunagänge.

▶ **Für warme Füße,** und damit für gut durchblutete Schleimhäute sorgen.

▶ **Kurmäßig pflanzliche Immunstimulantien:** Sonnenhut, Ginseng, Bitterdrogen.

▶ **Vorbeugende Pflege** der Atemwege: Hustentee, Hustensaft, Thymianbäder, Inhalationen.

▶ **Leichte, vitaminhaltige Kost,** für gute Luftfeuchtigkeit sorgen, ausreichende Nachtruhe.

Sonnenhut-Arten stärken die Abwehrkräfte und unterstützen die Selbstheilungskräfte.

Schachtelhalm

Equisetum arvense

Das Lungenleiden, an dem Sebastian Kneipp in seiner Jugend litt, äußerte sich neben anderen Symptomen im Erbrechen von Blut. Aus eigener Erfahrung schrieb er also dem Schachtelhalm lindernde Wirkung zu: „Bei Blutungen und Bluterbrechen zählt der Zinnkraut-Thee mit zu den ersten und besten. Wer Blut bricht nehme ihn schleunigst. Ich kenne Fälle, in denen nach vier Minuten schon völliger Stillstand eingetreten ist."

Heute stellt man sich diese volksmedizinische Anwendung des Schachtelhalms folgendermaßen vor: Die Kieselsäure hat als Hauptwirkstoff entweder direkt oder über eine Zunahme der Leukozyten die Abkapselung von Tuberkuloseherden beschleunigt. Daneben stärkten die physikalischen Temperaturreize der Tauchbäder in der eiskalten Donau bei Sebastian Kneipp noch zusätzlich die körpereigenen Abwehrkräfte. Wir finden hier also ein vorbildliches Beispiel für den synergetischen Effekt von Phyto- und Hydrotherapie. Diese Anwendung bei Tuberkulose ist heute veraltet. Durch Reihenuntersuchungen, verbesserte Lebensbedingungen und moderne chemische Arzneimittel hat man die Krankheit heute weitgehend unter Kontrolle. Auch die Anwendung von Schachtelhalmzubereitungen als blutstillende Mittel bei Nasen- oder Regelblutungen oder gegen Entzündungen der Mund- und Rachenschleimhaut ist nicht mehr zeitgemäß. Wie wichtig der zu den „Notkräutern" zählende Schachtelhalm zu Kneipps Zeiten war, bezeugt dessen Empfehlung: „Man sollte es immer in genügender Menge vorrätig haben, damit man im Falle der Not, die oft plötzlich hereinbricht, es sofort zur Hand habe." Wie viel leichter haben wir es heute mit einem Schächtelchen blutstillender Watte in der Tasche.

Schachtelhalmgewächse gehören entwicklungsgeschichtlich zur uralten Abteilung der Farne. Der römische Gelehrte Plinius der Ältere (23 – 79 n. Chr.) führte Ackerschachtelhalm schon als stark

Schachtelhalm reinigt mit Kieselsäure Zinn und auch die Nieren.

blutstillendes Heilkraut in seiner „Naturalis Historia" auf. Dioskurides (50 n. Chr.) nannte die Pflanze wegen des Aussehens der unfruchtbaren Triebe „Hippuris" (Pferdeschwanz). Auch der Volksmund bezeichnet sie als Pferde-, Fuchs- oder Katzenschwanz. Die Kieselsäurekristalle verleihen beim Scheuern mit Schachtelhalmbüscheln Zinn einen feinen Glanz. Deshalb wird die Pflanze auch Zinnkraut, Fegekraut oder Scheuergras genannt. Gerade bei kostbarem alten Zinn ist dieses altmodische Reinigungsmittel modernen chemischen Mitteln zur Reinigung vorzuziehen.

In unseren Breiten erwähnen erstmals Albertus Magnus (1193 bis 1280) und Paracelsus (1493 – 1541) die Pflanze als blutstillendes Mittel. Im „New Kreüterbuch" von Leonhart Fuchs (1501 – 1566) ist eine hervorragende Zeichnung des Ackerschachtelhalms zu finden. Auch der dann lange vergessene Schachtelhalm wurde von Sebastian Kneipp wiederentdeckt: „Die vielseitige und vorzügliche Wirkung dieses Heilkrautes kann man nicht genügend hervorheben. Es reinigt nicht nur die Geschirre, weshalb es bei den Hausfrauen als treffliches Putzmittel gilt, es reinigt und heilt auch innere und äußere Gebrechen des menschlichen Körpers." Neben der eingangs erwähnten blutstillenden Wirkung empfahl er die Heilpflanze auch bei Nieren- und Blasenleiden und als harntreibenden Tee bei Rheuma und Gicht, Indikationen, die den heutigen Angaben sehr nahe kommen.

Auch wenn Zinnkrautabkochungen nach heutigen Erkenntnissen nicht bei „alten Schäden, faulenden Wunden, krebsartigen Geschwüren und Beinfraß" helfen, so

Mit Zinnkraut geputzt erstrahlt altes Zinn in neuem Glanz.

bewähren sie sich doch bei Sitz- und Teilbädern als unterstützende Therapie bei Hämorrhoiden, Frauenleiden und Entzündungen der Schleimhäute. Als Bestandteil von Nieren- und Blasentees gehört Schachtelhalm zu den am häufigsten gebrauchten entwässernden Aquaretika.

 Sie sollten den Schachtelhalm nur durch einen Blumentopf eingeengt in Ihren Garten aufnehmen, denn er breitet sich gerne unkontrolliert aus. Mit seinem bis zu 6 m tiefen Wurzelstock gehört er zu den stark wuchernden Unkräutern. Sie können eine Pflanzenstaude einfach am Wegesrand ausgraben und an einem sonnigen Standort in lehmigen Boden setzen. Alles andere macht er von alleine. Im Frühjahr

schieben die Sporentriebe als unverzweigte Sprosse mit typischen Sporophyllständen aus dem Boden. Ihren Vorrat an grünem, sterilen Schachtelhalmkraut sammeln Sie in den Sommermonaten. Doch Vorsicht! Die Gattung „Schachtelhalm" umfasst 32 Arten, von denen 10 bei uns heimisch sind. Nur Pflanzenkundige sollten das Heilkraut sammeln, da zum Beispiel der Sumpfschachtelhalm (Equisetum palustre) giftige Alkaloide enthält.

Die fertilen, bräunlichen Fruchtsprosse des arzneilich verwendeten Ackerschachtelhalms werden im Frühjahr bis zu 30 cm hoch, der quirlig verzweigte, grüne, unfruchtbare Hauptspross bis zu einem halben Meter. Typisch sind für diesen die Blattknoten an den Haupt- und Seitenachsen. Die fast geruch- und geschmacklosen Sommertriebe knirschen beim Kauen.

 Schachtelhalmkraut enthält bis zu 10 % Kieselsäure, Kaliumsalze und Flavonoide. Saponine (Equisetonin) sollten nicht vorkommen. 10 % der Silikate sind wasserlöslich. Die zerkleinerte Droge wird innerlich angewandt: als Teeaufguss, Abkochung oder Frischpflanzensaft zur Ausschwemmung von Ödemen, als harntreibendes Mittel bei rheumatischen Beschwerden, zur Festigung von Fingernägeln und Haaren, bei rauer Haut und gegen fest sitzenden Husten. Äußerlich hilft eine Abkochung in Form von Bädern oder Umschlägen zur unterstützenden Behandlung schlecht heilender Wunden. Die wassertreibende Wirkung des Schachtelhalms schreibt man den Flavonoiden zu, die blutstillende, bindegewebsfestigende der Kieselsäure.

Mädesüß

Filipendula ulmaria

Die alten Germanen mochten anscheinend noch keinen trocknen Wein. Deshalb süßten sie ihren Met mit Mädesüß. Auch das englische „meadow-sweet" rührt vom Süßen von Met, Wein oder Bier. Heute aromatisiert man mit Mädesüß Bowle oder verfeinert mit den Blüten Gemüse. Seit Urzeiten gilt sie als magische Pflanze und gehörte zu den heiligen Kräutern der Druiden. Sensible Menschen sollen ihre Ausstrahlung mit geschlossenen Augen spüren und das nicht nur am starken Honig- oder Bittermandelduft.

Dieses Rosengewächs (*Rosaceae*) macht seinem Namen als Wiesenkönigin alle Ehre. „Immenkraut" heißt es, da mancherorts mit der Pflanze die Bienenstöcke ausgerieben werden. Bei sommerlichen Wanderungen an Bachrändern oder über feuchte Wiesen weist der starke Duft auf die der Zuckerwatte ähnlichen Blütendolden des Echten Mädesüß hin.

Der Name Mädesüß besagt, dass in früheren Zeiten mit den Blüten Met, Wein und Bier aromatisiert und gesüßt wurden.

In der Johannisnacht gepflücktes Mädesüß sollte Diebe preisgeben, ein Strauß im Gebälk das Haus vor Ungemach schützen.

Auch wenn die Pflanze den Botanikern des Mittelalters bereits bekannt war, wurde sie erst in der Renaissance als Heilpflanze eingesetzt. Heute findet sie vor allem in Italien, Spanien oder Belgien in Form von Tee gegen starkes Schwitzen bei fiebrigen Erkrankungen Verwendung. Mädesüß dient gelegentlich auch als Nahrungsmittel. In Sibirien bereitet man aus den braunen, schuppigen Pfahlwurzeln eine Grütze. An diesen Wurzeln hängen kleine Knöllchen wie an Fäden. Darauf bezieht sich die wissenschaftliche Bezeichnung „filium" (Faden) und „pendulus" (herabhängend). „Ulmaria" beschreibt die den Ulmen ähnelnde Blattform.

Die bis zu 2 m hohe, strauchartige Pflanze liebt feuchte bis nasse Wiesen und ist häufig auf Mooren verbreitet. An einem kantigen, oben verästelten Stängel sitzen wechselständig unterbrochen gefiederte Blätter. Diese sind unten weiß behaart. Die gelblich-weißen Blüten haben 5 – 6 Blütenblättchen und stehen an einer rispenförmigen Trugdolde. Die Blätter werden von April bis Juni, die Wurzeln im Frühjahr gesammelt. Nach der vollen Entfaltung der Blüten im Juli schneidet man die oberen Teile der Pflanze ab und hängt diese dann zum Trocknen bei Temperaturen von höchstens 40 °C auf. Pharmazeutisch werden die dabei abfallenden Blüten verwendet, die man am einfachsten mit einem untergelegten Tuch auffängt.

Vor allem die Blüten enthalten als Hauptwirkstoffe Verbindungen der Salicylsäure, Flavonoide, ätherisches Öl, Gerbstoffe und Schleim. Beim Zerreiben wird der charakteristische, kaugummiähnliche Geruch nach Methylsalicylat freigesetzt. Salicylsäure ist ein Ausgangsstoff für die Synthese von Acetylsalicylsäure, besser bekannt als Aspirin. Steckt im Namen dieses bewährten Schmerz- und Blutverdünnungsmittels wohl der alte lateinische Name „Spirea" von Spirea ulmaria?

Aufgrund des Gehaltes an Flavonoiden und Salicylaten wirkt die Droge als Tee entzündungshemmend, abschwellend und adstringierend. Die Monographie des Bundesgesundheitsamtes empfiehlt als Tagesdosis 2,5 – 3,5 g Mädesüßblüten bzw. 4 – 5 g Mädesüßkraut zur unterstützenden Behandlung von Erkältungskrankheiten. Zur Zubereitung wird ein Esslöffel geschnittene Droge mit einer Tasse kochendem Wasser übergossen und nach 10 – 20 Minuten abgeseiht. Neben- und Wechselwirkungen sind bisher nicht bekannt. Die volkstümliche Anwendung des Tees bei rheumatischen Beschwerden und Gicht sowie die leicht harntreibende Wirkung der Droge sind umstritten. Dagegen nutzt man auf dem Land heute noch gelegentlich Umschläge mit einem Absud von Mäde-süßblüten oder die zerquetschten Blätter als Auflage bei Entzündungen, Schnittwunden oder Hautrei-zungen. Salicylate und zusammen-ziehende Gerbsäure fördern die Wundheilung und lindern Gelenk- und Weichteilschmerzen. Mädesüß ist als „pflanzliches Aspirin" ein gutes

Beispiel dafür, wie die Natur Vorbild und Ausgangsstoff für wichtige synthetische Arzneimittel sein kann.

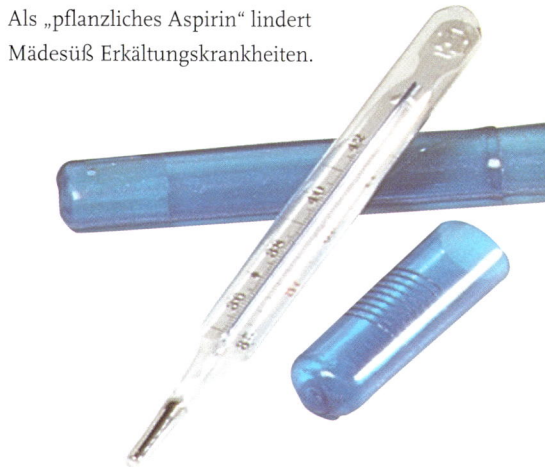

Als „pflanzliches Aspirin" lindert Mädesüß Erkältungskrankheiten.

Fenchel

Foeniculum vulgare

Dieses Heilkraut schätzen wir unbewusst von Geburt an. Unser untrainiertes Verdauungssystem musste erst mit der neuen, ungewohnten Nahrung vertraut werden. Solange äußert sich dieser Entwicklungsprozess im Babyalter mit Bauchgrimmen, Blähungen und Schreien. Zur Beruhigung versorgten uns unsere Mütter nicht nur mit Zuneigung und Bauchstreicheln, sondern auch mit großen Mengen Fencheltee.

Fenchelfrüchte schenken mir als Apotheker manches Erfolgserlebnis. Nach dem Blick auf die Waage und angesichts mancher Laborwerte neigen immer mehr Gesundheitsbewusste dazu, ihre Ernährung gründlich umzustellen. Sie beschließen, all das nachzuholen, was an gesunder Lebensweise versäumt oder verdrängt wurde: Der Körper braucht Ballaststoffe! Also löffeln sie beim Frühstück ein Vollkorn-Müsli. Mittags beschränken sie sich auf einen knackig frischen Salatteller und überhaupt wird ab jetzt vollwertige Kost bevorzugt. Das Enzymsystem ist diesem plötzlichen Sinneswandel nicht gewachsen und reagiert überrascht mit Blähungen, Völlegefühl oder Beklemmungen und Schmerzen in der linken Brustseite. Man fühlt sich wie aufgeblasen. Dieses Luftballongefühl lässt sich wirkungsvoll mit Doldenblütler-Früchten in Form von Tee, Tinkturen, Tabletten oder als Gewürz beheben. Der altbewährte Fencheltee oder, noch erfolgreicher, Magentee mit Anis, Fenchel und Kümmel schaffen schnell Abhilfe und wohltuenden Erfolg.

Fenchel ist eine der ältesten Heilpflanzen. Walahfrid Strabo besingt in seinem Hortulus treffend Aussehen und Wirkung: „Auch die Ehre des Fenchels sei hier nicht verschwiegen: er hebt sich kräftig im Spross, und er strecket zur Seite die Arme der Zweige. Ziemlich süß von Geschmack und süßem Geruch desgleichen. Nützen soll er den Augen, wenn Schatten sie trübend befallen. Und sein Same, mit Milch einer Mutterziege getrunken, lockre, so sagt man, die Blähungen des Magens und fördere lösend alsbald den zaudernden Gang der lange verstopften Verdauung. Ferner vertreibt die Wurzel des Fenchels, vermischt mit dem Weine, Trank des Laeneus, und so genossen, den keuchenden Husten."

Das altägyptische Papyros Ebers nennt bereits 1500 v. Chr. Fenchel als blähungstreibend. Plinius (23 – 79 n. Chr.) beschreibt seine verdauungsfördernde Wirkung. Im Mittelalter lobte man Fenchelfrüchte als ausgezeichnetes Mittel bei festsitzendem Husten.

Fenchel gehört, wie Anis und Kümmel, zu den dekorativen Doldenblütlern.

Fencheltee lindert Husten und
entlüftet den Blähbauch.

tropfen bei Augen-
erkrankungen, vor
allem aber als Car-
minativum. Diese
Wirkungen wur-
den schon von Hil-
degard von Bingen
und Albertus Magnus
angegeben und durch die
moderne Wissenschaft bestätigt. So nennt die Kommission E
als Anwendungsgebiete für die
Früchte und für das ätherische Öl:
dyspeptische Beschwerden und
leichte krampfartige Magen-Darm-
Beschwerden, Völlegefühl, Blähungen und Katarrhe der oberen Luftwege. Die schleimlösende Wirkung
wird durch einen antiseptischen
und entkrampfenden Effekt ergänzt. Zur Teezubereitung (Tagesdosis: 5 – 7 g) sollten Sie immer
zerquetschten Fenchel verwenden.
Sebastian Kneipp lobte die Haupt-
wirkung dieser Heilpflanze: „Der
Fenchel wirkt gegen Krämpfe und
kräftigt den Magen."

Als Geburtsgeschenk sollte Fenchel die Fliegen vom Baby abhalten
und die Produktion der Mutter-
milch anregen.

Wie viele andere Kräuter kam
Fenchel durch die Benediktiner aus
dem Mittelmeerraum zu uns und
wurde als Heilkraut in das „Capitulare de villis" Karls des Großen aufgenommen. Heute befinden sich
wichtige Anbaugebiete in Osteuropa, China, Ägypten und Süd-
amerika. Es gibt zwei Unterarten
von *Foeniculum vulgare*: scharf
schmeckenden Pfefferfenchel
(*Foeniculum vulgare* ssp. *piperitum*)
und *Foeniculum vulgare* ssp. *capi-
laceum*. Dieser gliedert sich wieder
in drei Varietäten: Wilder Fenchel,
Gewürzfenchel und Gemüsefen-
chel. Erschwerend kommt hinzu:
Die Früchte reifen weder zur gleichen Zeit, noch auf demselben Feld.

 Fenchel ist eine win-
terharte, mehrjährige
Pflanze, die bis zu
2 m hoch wachsen
kann. Er bevorzugt einen lockeren,
durchlässigen Boden und zum
Ausreifen der Samen einen sonnigen Standort. Man kann ihn als
fertige Pflanze kaufen oder von
April bis Mai als Samen im Freiland auf einem Extrabeet aussäen.

Die Pflanzen sollten einen Abstand
von mindestens 40 cm haben, damit der „Kopf frei bleibt".

Vor dem Winter schneiden Sie
die Pflanzen handhoch über dem
Boden ab und decken sie mit Fich-
tenreisig ab. Im zweiten Jahr können Sie dann im Spätsommer die
halbmondförmigen Früchte ernten.
In den Sommermonaten entfaltet
Fenchel große Dolden aus gelben
Einzelblüten. Da es bei Doldenblütlern auch sehr giftige Arten
gibt, sollten nur Geübte die Früchte wild sammeln.

In der Küche passt Fenchel als
Gewürzkraut vorzüglich zu Fisch
und Sommergemüse. Mit angestoßenen Fenchelfrüchten würzt
die erfahrene Köchin blähungstrei-
bendes Brot, Kraut, Gebäck oder
auch Käse.

 Bei der Ernte werden
zunächst die ganzen
Dolden abgeschnit-
ten, getrocknet, und
dann die reifen Früchte der Arznei-
ware abgerebelt. Hauptinhalts-
stoffe sind 2 – 5 % ätherisches Öl,
fettes Öl und Eiweiß. Die Volksmedizin empfiehlt Fenchelfrüchte
zur Anregung der Milchsekretion,
als harntreibendes Mittel, gegen
Husten, in Form steriler Augen-

Tipp

Mit Kneipp gegen Magenbeschwerden

▶ **Heilkräuter:** Anfangs Kamillentee (evtl. als
Rollkur), Anis, Fenchel, Kümmeltee. Bei Krämpfen
zusätzlich Pfefferminztee. Bei nervösem Magen
Melissentee.
▶ **Leichte Nahrung.** Süße Speisen und Kaffee
meiden.
▶ **Begleitende Anwendungen:** Entspannungsübungen. Heusack als Leibauflage. Wechsel-
warme, temperaturansteigende Fußbäder. Bäder
mit Melisse, Lavendel, Heublumen. Liegepausen.

Ginkgo

Ginkgo biloba

Während wir bei Heilkräutern sonst gerne die Heilkundigen des Altertums oder des Mittelalters anführen, möchte ich den Ginkgobaum von unserem berühmtesten Dichter vorstellen lassen:

*„Dieses Baumes Blatt, der von Osten
meinem Garten anvertraut,
gibt geheimen Sinn zu kosten
wie's den Wissenden erbaut.
Ist es ein lebendig Wesen,
das sich in sich selbst getrennt?
Sind es zwei, die sich erlesen,
dass man sie als eines kennt?
Solche Fragen zu erwidern,
fand ich wohl den rechten Sinn.
Fühlst Du nicht an meinen Liedern,
dass ich eins und doppelt bin."*

Goethe wollte den Doppelsinn des Ginkgoblattes ausdrücken, bei dem sich ein langer Stängel teilt und mit zwei kräftigen Adern die

parallel laufenden Nerven umschließt. Es ist die ungewöhnliche Fächerform des Blattes, die fasziniert und begeistert.

Ginkgo gilt als Symbol der Zuneigung, Freundschaft, Hoffnung, Unbesiegbarkeit und steht für langes Leben. Der Glaube an diese Kraft wurde dadurch bestärkt, dass er der einzige Baum war, der nach dem verheerenden Atomangriff auf Hiroshima wieder ergrünte. Vor etwa 250 Jahren brachten holländische Händler Ginkgosamen mit nach Europa. Heute nimmt sich zunehmend die Wissenschaft dieser mehr als 300 Millionen Jahre alten Baumart an, um zu beweisen, dass seine Inhaltsstoffe uns lebenswert älter werden lassen. Versteinerungen beweisen, dass es schon vor der Zeit der Dinosaurier Ginkgogewächse (*Ginkgoaceae*) gab.

Ginkgo ist zweihäusig. Erst nach 30 Jahren wird er geschlechtsreif und besitzt eine in der Pflanzenwelt einmalige Art der Vermehrung. Im Herbst wirft die „Ginkgofrau" mirabellenartige „Eier" auf die Erde. Diese werden vom Pollen des „Ginkgomannes" bestäubt. Der befruchtete Embryo schlägt Wurzeln und wird zu einem neuen Baum.

Ginkgo verlangt Geduld über Generationen hinweg. Am besten besorgen Sie sich aus der Baumschule ein Exemplar dieses Großvater-Enkel-Baums, wie er in China bezeichnet wird. Möglichst ein männliches, denn die Früchte des weiblichen Baumes verbreiten einen unangenehmen Geruch nach Buttersäure. Der Baum ist anspruchslos und widerstandsfähig. Im Herbst färben sich die Blätter goldgelb, bevor sie abgeworfen werden.

Die wirksamen Terpenlaktone befinden sich in den getrockneten Ginkgoblättern. Nach der Stammpflanze werden sie Ginkgolide und Bilobalide genannt. Extrakte verbessern die Sauerstoffversorgung des Hirngewebes und werden zur symptomatischen Behandlung von Gedächtnisstörungen, Vergesslichkeit, Konzentrationsschwäche, Schwindel oder Tinnitus eingesetzt. Wichtig: Vorher muss vom Arzt die spezifisch zu behandelnde Grunderkrankung abgeklärt werden!

Dadurch, dass Ginkgopräparate Altersbeschwerden lindern können, die durch eine Änderung der Altersstruktur zunehmend unsere Gesellschaft belasten, ergeben sich für diese Heilpflanze aus dem Osten wichtige Perspektiven. Auch wenn Sebastian Kneipp noch nichts vom Mythos des Ginkgo wusste, so gehört dieser heute als wichtige Heilpflanze in seinen Kräutergarten, denn er veranschaulicht einprägsam die Weiterentwicklung der Pflanzenheilkunde.

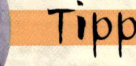

Tipp

Mit Kneipp Altersbeschwerden vorbeugen

▶ **Zuerst den Arzt befragen,** welche Beschwerden vorliegen.
▶ **„Altersherz":** Weißdorntee, -saft oder Dragees.
▶ **Vergesslichkeit, Schwerhörigkeit, Schwindel:** Ginkgo.
▶ **Prostatabeschwerden:** Kürbis, Brennnessel, Zwergpalme.
▶ **Verdauungsbeschwerden:** Bittermittel, Gewürze, Fenchel, Leinsamen.
▶ **Rheuma:** Innerlich: Brennnessel, Teufelskralle und Weidenrinde. Äußerlich: Wacholderbäder, Heusack.
▶ **Schlafstörungen:** Baldrian, Hopfen, Johanniskraut.

Ginkgo belebt als natürliche Gedächtnisstütze die grauen Zellen.

Hopfen schenkt uns Bierruhe.

Hopfen

Humulus lupulus

Eng umschlungen stehen im „Nerven- und-Schlaf-Beet" des Kräutergartens: Hopfen und Baldrian. Als typisch bayerische Pflanze verleiht Hopfen nicht nur dem Bier Würze, Haltbarkeit und Schaum, sondern passt botanisch rechtsdrehend auch gut in die politische Landschaft des Freistaates. Das Hanfgewächs ist im 8. Jahrhundert aus dem Osten zu uns gekommen.

Als zweihäusige, ausdauernde Schlingpflanze kann Hopfen bis zu 6 m hoch wachsen. Die Hauptblütezeit der weiblichen Anbaupflanzen ist Juni bis September. Die Blütenzapfen (*Strobuli lupuli*) stehen dichtblütig zwischen den langgestielten, rauhaarigen, 3- bis 5lappigen Blättern.

Hopfen kommt zwar auch wild wachsend vor, doch die arzneilich oder zum Bierbrauen verwendete Droge stammt ausschließlich aus Anbau. Im Fränkischen werden junge Hopfensprossen als „Hopfenspargel" ähnlich wie der echte Spargel zubereitet. Die dachziegelartig angeordneten Fruchtschuppen, die Deckblättchen der Blüten und die Achsen der Zapfen sind dicht mit Hopfendrüsen (*Glandulae lupuli*) besetzt. Diese enthalten 15 – 30 % Harz mit den instabilen Hopfenbitterstoffen Humulon und Lupulon. Das ätherische Öl ist Träger der Aromastoffe und wirkt antibakteriell. Die Bitterstoffe machen Hopfen zu einem wirkungsvollen Mittel bei Appetitlosigkeit, Magenschwäche und nervösem Magen. Die wassertreibende Wirkung ist jedem Biertrinker geläufig. Die Wirksamkeit einer Kombination von Hopfenblüten und Baldrianwurzel als Einschlaf- und Durchschlafmittel wurde in Schlafkammerversuchen wissenschaftlich belegt.

Hopfen wird in Form von Tee, Dragees, Tropfen oder als Extrakt angewendet. Die Flüchtigkeit der Inhaltsstoffe erklärt, warum Hopfen zusammen mit Lavendelblüten und Melissenblättern so beliebt ist, z.B. als Kräutermischung zum Befüllen von schlaffördernden Kräuterkissen. Gesichert ist die beruhigende Wirkung als Badezusatz. Hopfentee als Schlummertrunk bereiten Sie aus 2 Teelöffeln Hopfenblüten und lassen den Aufguss 15 Minuten lang ziehen. An heißen Tagen kann dieser aber auch durchaus durch gut gekühlten „Hopfentee mit Schaum", eingenommen unter einem schattigen Kastanienbaum, ersetzt werden.

Hopfen, Baldrian und Melisse sind ideale Stresskiller.

Johanniskraut

Hypericum perforatum

Als nervenstärkende, stimmungsaufhellende Heilpflanze gehört Johanniskraut heute zu den „Top-Herbs" in der Welt. Der moderne Mensch wird schaftlich belegt. Schon Paracelsus berichtete im 16. Jahrhundert, dass man das Kraut gegen Ängste und Träume gebrauche. Seinen deutschen Namen verdankt Johanniskraut seiner Hauptblütezeit um

bestrichener Gewehrlauf als „Jageteufel" unbedingt treffsicher sei. Da sich die gelben Blüten blutrot färben, wenn man sie zwischen den Fingern verreibt, wurde die Pflanze als Blutkraut oder Johanniswundenkraut Symbol für das Blut Johannes des Täufers. Johanniskrautöl, auch Rotöl genannt, können Sie selbst durch Ansetzen von frisch gepflückten, zerquetschten Blüten mit Olivenöl gewinnen (Verhältnis 1 : 4). Zur Gärung geben Sie diesen Ansatz in einen klaren Glasballon und lassen ihn unter wiederholtem Umschütteln 6 Wochen lang an einem warmen Ort stehen. Bereits Sebastian Kneipp kannte dieses hervorragende Wundheilungs- und Hautpflegemittel als „heimliches Balsam gegen Anschwellung, Hexenschuss, Gichtverrenkungen". Die Monographie empfiehlt es zur Behandlung von scharfen und stumpfen Verletzungen, Myalgien und Verbrennungen ersten Grades.

Die stimmungsaufhellende, nervenstärkende Wirkung des Johanniskrauts konnte wissenschaftlich bewiesen werden.

immer mehr in seiner Arbeitswelt gefordert, neue Medien setzen ständig neue Reize, familiäre Probleme nehmen zu und eine Freizeitgesellschaft macht die Erholung zur Anstrengung. „Time is money", und trotzdem sollen wir „immer gut drauf sein". Doch statt den eigenen Lebensstil zu überdenken und zu ändern greifen viele Menschen heute gerne zur Pille. Wenn es dann auch noch eine pflanzliche Alternative gibt, um so besser!

Die Wirksamkeit von Johanniskrautzubereitungen bei nervöser Unruhe, im Klimakterium, bei leichten Depressionen oder hysterischen Zuständen ist wissen-

den Johannistag (24. Juni). Der botanische Name leitet sich wohl von den griechischen Wörtern „hyper" (über) und „eikon"(Bild) ab. Das Kraut soll demnach gegen bedrückende Bilder in Form von Spuk und Geistern wirken.

Der griechische Arzt Dioscurides unterscheidet bereits 77 n. Chr. vier Johanniskraut-Arten. Leonhart Fuchs übernahm die Pflanze in sein Kräuterbuch. Der volkstümliche Name „Teufelsflucht" deutet an, dass man mit Johanniskraut den Teufel vertreiben kann. Zum Glück für das Wild hat sich der Aberglaube nicht bewahrheitet, dass ein mit dem Saft der Pflanze

Musische Hobbies helfen uns aus einem Stimmungstief.

Johanniskraut entspannt genauso wie ein Spaziergang im Wald.

 Die Familie der Johanniskrautgewächse (*Hypericaceae*) umfasst weltweit über 370 Arten. Echtes Johanniskraut ist leicht an den mit Öldrüsen „durchbohrten" Blättern zu erkennen („Tüpfelhartheu", „Tausendlochkraut"). Es ist eine ausdauernde, bis zu 1 m hoch wachsende, aufrechte Pflanze mit einem typischen zweikantigen Stiel. Gegen das Licht gehalten sind deutlich die mit ätherischem Öl und Harz gefüllten „Löcher" zu erkennen.

Johanniskraut ist in großer Menge in Waldlichtungen, auf Wiesen oder am Wegrand zu finden. Es gedeiht mit Vorliebe an sonnigen Standorten mit magerem, trockenem Boden und braucht wenig Pflege. Am einfachsten ist es, eine Staude bei einer Wanderung in den Garten zu holen. Naturschonender lässt es sich aus dem Samen wild wachsender Pflanzen ziehen. Diese können Sie leicht aus der reifen Kapsel ausschütteln und zu Hause trocknen. Drei Jahre lang bleiben sie keimfähig, um im Frühjahr gesät zu werden. Den höchsten Wirkstoffgehalt hat das Kraut kurz vor oder während der Blütezeit (Juni bis August).

 Zum Wissen um die entspannende Wirkung dieses pflanzlichen Tranquilizers kam es erst in unserem Jahrhundert nach Aufklärung der Inhaltsstoffe. Hyperforin wirkt antibakteriell. Den Hypericinen schreibt man neben einer durchblutungsfördernden vor allem die antidepressive Wirkung zu. Die eiweißfällenden, zusammenziehenden Gerbstoffe sind für die gute Wundheilung verantwortlich. Allerdings scheint gerade das Johanniskraut ein gutes Beispiel für die Erkenntnis zu sein, dass die Heilwirkung einer Pflanze nicht einzelnen Wirkstoffen zuzuordnen ist, sondern dem Zusammenspiel mehrerer Inhaltsstoffe. Johanniskraut sollte mindestens 4 Wochen lang angewendet werden. Der Wirkungseintritt erfolgt in der Regel nach 2 Wochen. Es ist angezeigt bei leichten bis mittelschweren Depressionen, Angstgefühlen und Schlaflosigkeit. Nicht geeignet ist es zur Behandlung schwerer Depressionen. Besonders hellhäutige Personen sollten sich während der Einnahme vor starker Sonneneinstrahlung schützen, da Johanniskraut lichtempfindlicher macht. In letzter Zeit werden auch Wechselwirkungen mit anderen Medikamenten diskutiert. Daher gilt auch vor der Anwendung dieses pflanzlichen Heilmittels der vielzitierte Satz: „Zu Risiken und Nebenwirkungen lesen Sie die Packungsbeilage oder fragen Sie Ihren Arzt oder Apotheker."

Wacholder

Juniperus communis

Wie Zypressen die Toscana, so prägen spitze Wacholdersträucher die Landschaften der Lüneburger Heide oder der Schwäbischen Alb. Obwohl ein Wacholder als zweihäusige Pflanze auf Gesellschaft angewiesen ist, wächst er zerstreut als niederliegender Strauch oder als hoher Baum in lichten Nadelwäldern, auf Heiden, Magerwiesen oder im Moor. Nachlassende Schafhaltung hat auch sein Vorkommen zurückgedrängt. Sein Name stammt wohl von „wach" (lebendig) und „hold" (Holz) und weist dieses Zypressengewächs als immergrünen Lebensbaum aus, Symbol für physische Stärke und Fruchtbarkeit. Rund 60 Wacholder-Arten sind heute um den Erdball beheimatet. Naturgeschützt dürfen nur die Beeren gesammelt werden.

Mit seinen kurzen, spitzen Nadeln sollte er Hexen, Dämonen und Waldteufel abwehren. Wegen der schmerzhaften Erntebedingungen werden die Beeren nicht mehr gepflückt, sondern nach der Reife in ein Tuch abgeschüttelt und dann aussortiert. Als magenstärkendes Heilmittel und Gewürz eignen sich Wacholderbeeren vor allem zum Würzen schwerverdaulicher Speisen. Sebastian Kneipp hat schon richtig erkannt: „Um den Magen noch mehr zu stärken, waren die Wacholderbeeren das beste Mittel." Für hochwertige Spirituosen wie Gin, Genever oder Steinhäger werden die zuckerhaltigen Beeren erst vergoren und dann die Maische destilliert. Äußerlich durchblutungsfördernder Wacholderspiritus besteht aus Wacholderöl und Spiritus (Verhältnis 1 : 3).

Die unscheinbaren Blüten des zweihäusigen, immergrünen Gehölzes zeigen sich bereits im Herbst im Ansatz. Die eigentliche Blütezeit ist dann April bis Mai. Die männlichen, blattständigen, gelben Blüten sind aus zahlreichen Staubgefäßen zusammengesetzt. Die grünlichen, weiblichen Blüten bestehen aus drei nebeneinander stehenden, aufrechten Samenknospen. Nach dem Blütenjahr erfolgt das Befruchtungsjahr mit Ausbildung der Embryoanlagen. Im dritten Jahr reifen die Früchte.

Durch diese Wachstumsgemeinschaft von drei Nachwuchsgenerationen trägt ein Wacholderstrauch stets grüne und reife Früchte. Eine dreistrahlige Spalte der kugeligen Früchte zeigt an, dass es sich botanisch eigentlich um Beerenzapfen handelt, die sich aus den Fruchtblättern der weiblichen Blüte gebildet haben. Wacholdersträucher eignen sich gut als Nadelholz für den Ziergarten oder als Hecken- und Kübelpflanze. Um Beeren ernten zu können, müssen Sie einen männlichen und einen weiblichen Strauch pflanzen. Das winterharte Gehölz liebt eine sonnige Lage und einen mageren, gut durchlässigen Boden.

Tipp

Teemischung zur Linderung rheumatischer Beschwerden

▶ **Zutaten:** 20 g zerstoßene Wacholderbeeren, 40 g Brennnesselblätter, 20 g Birkenblätter, 10 g Mädesüßblüten, 10 g Weidenrinde.

▶ **Zubereitung:** 2 gehäufte Teelöffel mit ¼ l kaltem Wasser übergießen, langsam zum Sieden erhitzen, etwa 5 Minuten lang ziehen lassen, danach abseihen.

▶ **4 Wochen lang** täglich 2 – 3 Tassen trinken. Bei Magen- und Darmstörungen die Teekur sofort abbrechen.

Reichlich Trinken schwemmt Schlacken aus unserem Körper.

 Die reifen, getrockneten Beerenzapfen des Wacholderstrauches enthalten ca. 30 % Invertzucker, und bis zu 2 % harntreibendes ätherisches Öl. Während das Monoterpen Terpinen-4-ol das Nierengewebe nicht reizt, sind α- und β-Pinen zugleich gewebe- und hautreizend. Sie sind für die durchblutungsfördernde Wirkung äußerlich angewandter Wacholderbäder, -salben und -linimente verantwortlich. Verstärkt wird die muskellockernde Wirkung dieser Rheuma- und Entmüdungsbäder durch ein Destillat aus Wacholderholz und Wintergrünöl.

Die traditionelle wassertreibende Anwendung von Wacholderbeeren hat Sebastian Kneipp in seinem Buch „Meine Wasserkur" beschrieben: „Den ersten Tag sollen Sie mit vier Beeren beginnen, den zweiten Tag mit fünf Beeren fortführen, den dritten Tag sollen Sie dann sechs, den vierten sieben Beeren kauen und so mit Tagen und Beeren bis auf zwölf (Tage) und fünfzehn Beeren auf- und dann wieder auf fünf Beeren heruntersteigen, beim Absteigen jeden Tag eine Beere auslassend." Mit dieser ein- und ausschleichenden Einnahmevorschrift hat er damals schon berücksichtigt, dass eine zu lange Anwendung und Überdosierung die Nieren schädigen kann. Diese früher übliche „Blutreinigungskur" darf nicht bei entzündlichen Nierenerkrankungen und in der Schwangerschaft durchgeführt werden. Die Monographie beurteilt die wassertreibende Wirkung zurückhaltend. Sie empfiehlt die Behandlung mit Beeren, Pflanzensaft oder Tee zur Anwendung bei Verdauungsbeschwerden wie Aufstoßen, Sodbrennen, Blähungen

Innerlich genommen stachelt Wacholder die Nieren an, als Bad lockert er die verspannten Muskeln und lindert die schmerzenden Gelenke.

und Völlegefühl ganz im Sinne Kneipps: „Viele kenne ich, deren gasgefüllter und in Folge geschwächter Magen durch diese einfache Beerenkur gelüftet und gestärkt wurde."

Doch nicht nur die Beeren waren beliebt. Auch das langsam wachsende, ätherisches Öl enthaltende Holz wurde als Räuchermittel zur Abwehr der Pest und anderer Krankheiten verwendet. Noch heute räuchert man gerne Schinken und Forellen mit Wacholderholz. Beim Genuss loben wir mit Sebastian Kneipp: „Welch herrliches Hausmittel sind doch die Wacholderbeeren." Allerdings sollten Sie Menge und Anwendungsdauer beschränken.

Lavendel

Lavandula angustifolia

Kaum eine Pflanze verkörpert so den Zauber des Südens wie der Lavendel. Faszinierendes Blauviolett und betörender Duft versetzen uns in Urlaubsstimmung und wecken Fernweh. Selbst das bewährte Lavendel-Mottensäckchen versprüht in der Wäsche noch den nostalgischen Charme aus Großmutters Zeit. Mit morgendliches, anregendes, aber auch als abendliches Bad empfehlen, bei dem man den Tag vergisst und der Stress von einem abfällt. Wenige empfinden allerdings den Duft auch als „uralt".

Auf Frankreichs Feldern wächst oft nicht der Echte Lavendel des Arzneibuchs, dem die Botaniker eine gleichnamige Unterart zuordnen: Speik oder englisch „Spike". Für Sebastian Kneipp durfte Spicköl in keiner Hausapotheke fehlen. Der im Süden vorherrschende Bastard *Lavandula latifolia* ist leichter

Gartenkultur. Ein Lavendelhügel ist ein attraktiver, viel beschnüffelter Mittelpunkt des Aroma- und Duftgartens in Bad Wörishofen.

Der Name leitet sich ab vom lateinischen „lavare" (waschen). Schon die Römer verfeinerten ihr Badewasser mit Lavendelessenz. Nach Lavendel duftende Wäsche strömt Frische aus. Auch in der Aromabehandlung verschafft Lavendelduft der Nase die Illusion der Reinheit. Der Duft sollte nicht nur Motten, sondern auch Hexen und den Teufel vertreiben. Lavendel lockt Bienen an und ergibt einen sehr aromatischen Honig.

Als mediterrane Pflanze liebt Lavendel sonnige Standorte, Steinbeete, Trockenmauern oder Berghänge mit leichtem, kalkhaltigem Boden. Anspruchslos gedeiht er auch in Kübeln. Der Echte Lavendel ist winterhart, erreicht aber als Zierpflanze in unserem Klima nicht den ätherischen Ölgehalt, den das Arzneibuch fordert. Ende Juni bis September erscheinen an langen Stielen die Blütenquirle über schmalem, silbriggrünem Laub. Die frisch gepflanzten Sträucher wachsen im ersten Jahr nur mäßig und erblühen erst im folgenden Jahr prächtig. Deshalb sollte man Lavendel nach der Augustblüte kräftig zurückschneiden. Vor unseren strengen Wintern schützt man den Südländer am besten durch Abdecken mit Fichtenzweigen.

Den höchsten Gehalt an ätherischem Öl besitzen die Blüten kurz vor der völligen Entfaltung. Die frisch geschnittenen Blütentriebe trocknet man schonend. Nach dem Abrebeln bewahrt man die duftenden Blüten in einer gut schließenden Blechdose auf.

Klassisches Duftpotpourri

duftende Rosenblätter
grobes Meersalz
feines Speisesalz
Lavendelblüten
Lorbeerblätter
Piment
Iriswurzelpulver
Rosen- oder Lavendelöl

▶ **6 Teile Rosenblätter** werden mit 1 Teil grobem Meersalz und 1 Teil feinem Speisesalz „fermentiert", d.h. man bestreut in einer Schüssel jeweils 1 cm hohe Lagen von Blütenblättern mit Lagen der Salzmischung, bis das Gefäß zu 2/3 gefüllt ist.

▶ **Diese Mischung lässt man** dann 10 Tage lang an einem trockenen, luftigen, dunklen Ort ziehen. Danach bricht man den „Rosenblätterkuchen" in feine Teile und mischt diese vorsichtig mit 6 Teilen angestoßenen Lavendelblüten, 1 Teil grob zerstoßenen Lorbeerblättern, 1/2 Teil Piment und 1 Teil Iriswurzelpulver. Das Potpourri dann mit einigen Rosenknospen und ganzen Lorbeerblättern verzieren.

▶ **Den nachlassenden Duft** können Sie immer wieder mit Rosenöl oder auch mit Lavendelöl tröpfchenweise etwas auffrischen.

Lavendel bringen wir ein Stück Provence in unseren Garten. Dort im Hinterland der Cote d'Azur erlebt man am eindrucksvollsten die blauen Lavendelwalzen, die einen eigentümlichen herb-süßlichen Duft verströmen. Dieser weckt zwiespältige Gefühle. Die meisten Menschen lieben sein sowohl erfrischendes als auch entspannendes Aroma. Ich kann deshalb Lavendelbäder gut als anbaubar und ergibt eine höhere Ausbeute an ätherischem Öl, einer der wichtigsten Komponenten für die Parfumherstellung und Kosmetikindustrie. Viele wohlriechende Seifen, Duftwässer, Puder, ja sogar Möbelpolituren verströmen so den Duft des Südens.

Flächig angepflanzt ist der zarte Lippenblütler (*Labiatae*) ein wichtiges Gestaltungselement in der

Lavendel erfrischt und harmonisiert.

Äußerlich genießt man die entspannende Wirkung des Lavendels in Form von pflegenden Ölbädern oder erfrischendem Badesalz. Diese erfrischen vor allem Menschen mit niedrigem Blutdruck und Kreislaufbeschwerden. Überreizte Zeitgenossen mit Einschlafstörungen entspannen sich durch ein nicht zu heißes (ca. 37 °C) abendliches Lavendelbad. In gleicher Weise kann ein Lavendelsäckchen unter dem Kopfkissen wirken.

Sebastian Kneipp empfahl täglich 2 × 5 Tropfen Spicköl zur Appetitanregung und besseren Verdauung. Er berichtet auch über seine guten Erfahrungen mit Spicköl bei Gemütsleiden. Als Anwendungsgebiet nennt die Monographie Unruhezustände, Einschlafstörungen und funktionelle Oberbauchbeschwerden wie Reizmagen oder nervöse Darmbeschwerden. Eine Spezialität ist Lavendelspiritus zur Linderung rheumatischer Beschwerden.

Dem Duft des Lavendels sagt man nach, er läutere die Seele und kläre den Geist – also eine Pflanze ganz im Sinne der Kneippschen Lebensharmonie.

Die aus Kulturen stammenden Lavendelblüten des Arzneibuchs enthalten mindestens 1,5 % ätherisches Öl. Als Tee werden 1 – 2 Teelöffel Lavendelblüten mit 1 Tasse Wasser heiß aufgegossen, den Tee dann 5 – 10 Minuten ziehen lassen. Vor dem Schlafengehen trinkt man jeweils 1 – 2 Tassen. Wegen des strengen Geschmacks empfiehlt sich auch eine Kombination mit Melisse, Baldrian oder Hopfen.

LAVENDER (LAVENDULA)

Der „altmodische" Lavendelduft liegt wieder ganz im Trend.

Lein

Linum usitatissimum

Der Name *Linum usitatissimum* – der „allergebräuchlichste Lein" – zeigt an, wie nützlich diese 7 000 Jahre alte Kulturpflanze für unsere Vorfahren war. Bereits 3 000 v. Chr. stand die Nutzung als Nahrungspflanze in Ägypten im Vordergrund. Seit etwa 2 000 Jahren wird sowohl Öl-Lein, als auch Faser-Lein angebaut. Der Name „Lein" leitet sich vom griechischen Wort „linon" (Garn, Seil, Faden) ab, die Bezeichnung Flachs kommt von „flechten".

Die Kindheit des Weberbastl Sebastian Kneipp bestimmte der Takt des Webstuhls. Ob da ein

Lein, die blaue Blume des Allgäus, schenkt vielfachen Nutzen: gesundes Öl, kühles Leinen und milde Darmanregung.

Die Sieben Schwaben hielten die blauen Leinfelder für den Bodensee.

Blick für die Schönheit des „blauen Allgäus" blieb, wie seine Heimat wegen der vielen blau blühenden Leinfelder genannt wurde? Bis ins 18. Jahrhundert bildete der Leinanbau einen Schwerpunkt bäuerlicher Wirtschaft. Man kleidete sich in Leinen, setzte Leinensegel, leinte das Vieh an. Leintücher und Leinwickel wurden Hilfsmittel der Kneipp-Therapie. Doch plötzlich wollten alle die geschmeidigere, leicht zu färbende Baumwolle. Der Anbau von Lein wurde uninteressant. Heute ist „edel knitterndes Leinen" wieder „in" und die Autoindustrie entdeckt Flachsgewebe als gut recyclebares Dämmmaterial neu. Aus Leinsamen wird das fett-, eiweiß- und vitaminreiche Leinöl gewonnen. Mit seinem hohen Anteil an ungesättigten Fettsäuren ist es ein wertvolles Speiseöl. Als schnell trocknendes Öl ist es Bestandteil von Firnis und Holzimprägnierung. Aus „Oleum Lini" wurde „Linoleum". Kein Ölgemälde konnte ohne Leinöl entstehen.

Die Gewinnung des Leinsamens geschieht durch Feldanbau. Besinnung auf die alten Werte könnte wieder riesige blaue Leinfelder zum Erblühen bringen, die im Wind einem wogenden See gleichen.

Die therapeutische Bedeutung des Leinsamens liegt im hohen Anteil an Ballaststoffen. Die Samenschale enthält bis zu 10 % Schleim und bis zu 9 % Rohfaser-Cellulose. Bei den heute weit verbreiteten Verdauungsproblemen schätzt man Leinsamen als unschädliches, schleimhautschützendes Darmregulierungsmittel. Ein Esslöffel Leinsamen quillt mit mindestens 150 ml Wasser auf ein Vierfaches seines Volumens und löst durch einen Dehnungsreiz auf die Darmnerven abführende Darmbewegungen aus. Fett und Schleim wirken zusätzlich als Gleitmittel.

Malvenblüten, eleganter Schmuck am Wegrand

Malve

Malva silvestris

Malvengewächse (*Malvaceae*) sind weit verbreitet und artenreich. Während die hoch aufragende Stockrose (*Alcea rosea*) zusammen mit Ringelblumen, Rosen, Rittersporn oder Phlox in Bauerngärten selbstbewusst starke Farbtupfer setzt, begegnet uns die elegant gefärbte Malve eher bescheiden an Mauern, Zäunen und Wegrändern. Der Volksmund bezeichnet sie oberflächlich als „Allerweltskraut" oder wegen der unattraktiven Standorte sogar als „Pissblume". Dabei würde ihr der Name „Allerkrankheitskraut" eher zustehen. Malvengewächse sind in allen Pflanzenteilen reich an Schleimstoffen. Diese lindern ein-hüllend, schützend und entzündungshemmend allerlei Gebrechen. In der Pflanzensymbolik ist diese erweichende Wirkung Sinnbild für die Vergebung der Sünden bei einer verhärteten Seele – sie steht für Verzeihen und für Wohltätigkeit.

Die arzneilich verwendete Malve ist mit einer spindelförmigen Wurzel in der Erde verankert und Indiz für einen stickstoffreichen Boden. Die rauhaarigen Stängel sind ästig, die Blätter fünflappig. Die behaarten Blütenstiele entspringen in den Blattachseln und tragen an ihrem Ende die rosaroten bis violetten Blüten. Pharmazeutisch werden die Blüten mit Kelch, aber ohne Stempel, verwendet. Die günstigsten Sammelmonate sind Juni bis September. In früheren Zeiten wurden mit den Blüten Rotwein und Lebensmittel gefärbt. Malvenfrüchte setzen sich aus mehreren Teilfrüchten zusammen, die als „Käschen" bezeichnet werden. Daher kommt auch der volkstümliche Name „Käsepappel". In milden Essig eingelegt waren die Früchte früher eine beliebte Beigabe zu Fleisch und Soßen.

Während die Volksmedizin auch die kleine Malve, das Sigmarskraut, zuließ, beschränkt die Monographie die reizlindernde Wirkung auf Blüten und Blätter der *Malva silvestris*. Übrigens stammt der geschätzte, säuerlich erfrischende, vitaminhaltige „Malventee" von Blüten des bei uns nicht heimischen Hibiskus.

Malvenblätter enthalten bis zu 8 % Schleim, Malvenblüten bis zu 10 %. Als Schleimdrogen (Mucilaginosae) hüllen sie entzündete Schleimhäute bei Reizungen im Mund- und Rachenbereich schützend ein. Da sie neben dieser wohltuenden, abdeckenden Wirkung auch noch den zähen Bronchialschleim verflüssigen und den Effekt des Abhustens verstärken, ist die Droge ein idealer Bestandteil von Husten- und Bronchialtees. Zwei Teelöffel Malvenblätter werden mit etwa 150 ml siedendem Wasser übergossen und nach 10 Minuten abgeseiht. Schonender für empfindliche Schleimhäute ist ein Kaltansatz von Blüten und Blättern, der nach 3 Stunden abgeseiht und kurz aufgekocht wird.

Wie hoch Sebastian Kneipp die Malve schätzte, zeigen seine Angaben: „Unter den Blumen im Garten dürfen die Malven nicht fehlen. Als der gute Schöpfer ihre uns erfrischende Blüte malte, hat er mit der Farbe in jedes Blättchen einen Tropfen Heilkraft gegossen."

Malvenblüten sind eine sanfte Wohltat für gereizte Bronchien.

Kamille

Matricaria recutita

Die Kamille ist sicher die geeignetste Pflanze, um eine Erfolgschronik der Heilkräuter darzustellen. Seit 2 000 Jahren gehört sie zu den beliebtesten und wirksamsten Kräutern. Schon im Jahre 900 v. Chr. empfahl der bekannte griechische Arzt Dioscurides Kamille als Naturarznei gegen Fieber. Als Pflanze, die das Gleichgewicht wiederherstellen kann, steht sie in der Blumensprache sowohl für Energie, als auch für Geduld. Kamillenblüten schmückten Hochzeiten, stärkten Liebestränke. Kamillenzweige sollten Babys in der Krippe schützen und den Toten den Übergang in eine neue Welt erleichtern.

Die botanische Bezeichnung *Matricaria recutita* (früher: *Matricaria chamomilla*) leitet sich von „mater" ab, d.h. Mutter oder Gebärmutter, und weist auf die bewährte Anwendung in der Frauenheilkunde hin. Wohl in keiner Hausapotheke fehlt eine Tüte Kamillentee als bekömmlicher Bestandteil eines Haustees bei Entzündungen und Magenverstimmungen oder für die berühmte Dampfinhalation. Obwohl Kamille seit Jahrhunderten in der Volksheilkunde verwurzelt ist, hat sich kein deutscher Name für diese vielfältig verwendete Arzneipflanze durchgesetzt. *Chamomilla* bedeutet „am Boden wachsender Apfel". Aus dem humanistischen Brauch, Namen zu latinisieren, ist dann „Kamille" entstanden.

Sie ist eine anspruchslose Pionierpflanze an Weg- und Feldrändern, Rainen, auf Schuttplätzen oder Brachland. Die Verbreitung des apfelähnlich duftenden „Unkrauts" wurde, ähnlich wie bei Klatschmohn oder Kornblumen, durch Herbizide sehr stark eingeschränkt. Um beim Selbstsammeln die medizinisch wirksame Kamillen-Art zu erkennen, sollten Sie mit dem Fingernagel den Blütenboden zerteilen. Ist dieser hohl, so handelt es sich um die Echte Kamille. Ein gefüllter Blütenboden kennzeichnet die geruchlose Hundskamille. Typisch sind auch die weit nach

unten geschlagenen, weißen Blütenblätter. Durch die gerade Pfahlwurzel lässt sich die einjährige Pflanze leicht aus dem Boden ziehen. Vögel verbreiten die Kamille, indem sie nach dem Besuch der weißen, weiblichen Zungenblüten und der zwittrigen, gelben Scheibenblüten die unverdauten Samen irgendwo wieder ausscheiden.

Während die Römische Kamille (*Arthemis nobilis*) wegen ihres angenehmen Duftes gerne als Zierrasen gepflanzt wird, holt man sich die Echte Kamille selten in den Garten. Kamille liebt als Lichtkeimer die Sonne und sollte deshalb nicht zu

Kamillendampfbäder sind ein uraltes Hausmittel zur Linderung von Erkältungssymptomen.

Die Kamille hat sich Jahrtausende als Allerkrankheitskraut bewährt und ist wissenschaftlich bestens untersucht.

tief in einen aufgelockerten, leicht lehmigen Boden ausgesät werden. Sie braucht gelegentlich Wasser und sät sich als einjährige Pflanze durch die ausgeworfenen Samen selbst wieder aus. Um sich gut verzweigen zu können, brauchen die Pflanzen einen Abstand von etwa 20 cm. Eventuell müssen Sie auslichten. Die Blütenköpfchen werden bei sonnigem Wetter gesammelt und auf luftigen Rosten (kein Metall!) getrocknet. Achten Sie auf Insektenbefall.

Medizinisch verwendete Kamille kommt hauptsächlich aus den traditionellen Anbauländern Ägypten, Argentinien, Ungarn oder Böhmen. In den letzten Jahren wird auch bei uns in Deutschland Kamille in ausgezeichneter Qualität kontrolliert angebaut.

Kamille gehört zu den am besten untersuchten Heilpflanzen. Aus den getrockneten Blütenköpfchen bereitet man Tee, Kamillenfluidextrakt oder Kamillenöl. Hauptwirkstoffe sind Azulenverbindungen im ätherischen Öl. Dieses färbt sich beim Destillieren charakteristisch „azurblau". Die vielfältige Heilwirkung ergibt sich aus dem Zusammenspiel entzündungshemmender Terpene mit wasserlöslichen Flavonen. Neben einer schwach antibakteriellen Wirkung, die bei Inhalationen, Umschlägen und Mundspülungen genutzt wird, wirken Schleimstoffe reizmildernd auf den Schleimhäuten. Dies erklärt dann auch die lindernde Wirkung eines Kamillentees – am besten in Form

einer Rollkur – auf die entzündete Magenschleimhaut.

Gelegentlich werden bei der Anwendung von Kamillenpräparaten allergische Reaktionen beobachtet. Diese schreibt man Verfälschungen mit Hundskamille zu. Der etwas fad schmeckende Kamillentee lässt sich gut mit Pfefferminze geschmacklich „aufpeppen". In der Natur sollten die beiden Kräuter aber nicht nebeneinander stehen. Durch ihre ausgeprägten Ausscheidungen „kränken" sie sich und kümmern im Wuchs.

Die Zitronenmelisse ist eine beliebte Bienenweide. Als Tee beruhigt sie den nervösen Magen, als Bad entspannt sie von Alltagsstress.

Melisse

Melissa officinalis

Die unkomplizierte Melisse ist in Gärten eine beliebte Heil-, Gewürz- und Duftpflanze. Wie die verwandten Lippenblütler Minze, Thymian oder Salbei enthält sie ätherisches Öl. Zwischen den Fingern zerrieben duften ihre Blätter intensiv nach Zitronen. Deshalb bezeichnet sie der Volksmund als „Zitronenmelisse". Aber auch andere Namen sind gebräuchlich: „Herzkraut", „Frauenkraut", „Honigblume" oder „Bienenkraut". In ihrer 2 000jährigen Tradition wurde die Melisse immer als Bienennahrung und Honigspender gelobt. Als Bienenlockstoff reiben Imker noch heute Bienenstöcke mit Melissenkraut

ein. Der botanische Name leitet sich auch von „melitta" (Biene) und „Melissopholon" (Bienenblatt) ab.

Auch wenn die Melisse bereits bei den Griechen und Römern eine botanische Identität besaß, brachten doch erst die Araber die Pflanze im 10. Jahrhundert aus den östlichen Mittelmeerländern zu uns. Die alten Pflanzenkundigen von Dioscurides über Galenus bis hin zu Paracelsus und Hildegard von Bingen berichten über medizinische Erfolge mit dem Heilkraut. Karmelitergeist, ein melissenhaltiges Geheimrezept des Karmeliterordens aus dem 17. Jahrhundert, wurde ebenso berühmt wie der als Allheilmittel in die Arzneibücher aufgenommene „Spiritus Melisse comp.". Aromatisiert mit verschiedenen ätherischen Ölen ist diese 70%ige Spirituose bekannt als Melissengeist, ein bewährtes Hausmittel.

Wie viele Heilkräuter hat sich die Melisse aus den Kräutergärten der Benediktiner an Waldrändern, Hecken und in Gärten ausgebreitet. Als Gewürz passen Melissenblättchen gut zu Obst, Milchspeisen oder Salaten. Oft ziert ein erfrischendes Blatt ein Dessert oder einen Cocktail. Melissentee schmeckt mit Honig gesüßt sowohl heiß in der kalten Jahreszeit, als auch gekühlt mit Eiswürfeln im Sommer. Ein Melissenzweig verfeinert das Aroma von Schwarzem Tee und Milch. Feingehackt werden zarte Melissenblätter unter grünen Salat gemischt, auf kalte Sommersuppen oder heiße Gemüse gestreut. Weinessig lässt sich angenehm aromatisieren, indem man ihn 2 Wochen lang mit einigen Melissenzweigen an einem warmen Ort ziehen lässt. Getrocknete Melisse eignet sich nicht zum Würzen. Frisch verträgt sie sich mit vielen Kräutern, allerdings geht dann oft der spezifische Duft unter.

Das Arzneibuch versteht unter Melisse stets *Melissa officinalis*. In der Schweiz ist dagegen *Monarda didyma* als aromatische Goldmelisse ein beliebtes Heilkraut. Für den Garten eignet sich die Kreta-Melisse (*Melissa officinalis* ssp. *altissima*), von der es sogar Zierarten mit gelbbunten Blättern gibt. Im Frühjahr ausgesät oder gesetzt breitet sich Zitronenmelisse ungehemmt im Beet aus. Sie liebt einen warmen Platz mit humosem, eher feuchtem Boden und will maßvoll mit Dünger versorgt werden. Um das volle Aroma zu erhalten, sollten Sie die Stöcke alle drei Jahre teilen und umsetzen. Um den ganzen Sommer über ernten zu können, müssen Sie die

Beruhigende Bäder sollten nicht wärmer als 36 °C sein.

Pflanze vor der Blüte zurückschneiden. Melisse eignet sich zudem gut zur Aufzucht in Kübeln oder Töpfen auf dem Balkon.

 Sebastian Kneipp hat Melissenblätter gegen alle Formen von „gestörter Nerventätigkeit" verordnet, von der Hysterie bis zum nervösen Magen. Die Blätter enthalten höchstens

0,2 % ätherisches Öl, daneben Flavonoide und Labiaten-Gerbstoff mit Rosmarinsäure. Die krampflösende, antibakterielle und verdauungsfördernde Wirkung ist wissenschaftlich bewiesen. Als Frischpflanzensaft oder Tee wirken Melissenblätter beruhigend bei Einschlafstörungen und nervösen Magen-Darm-Beschwerden. Zusammen mit Kamillenblüten und Pfefferminzblättern sind sie Mittel der Wahl bei Stress, „der sich auf den Magen geschlagen hat". Melisse hilft mit bestem Erfolg bei Nervosität und auch bei Gereiztheit.

Diese Wirkung wird den Terpenen Citronellal, Citral und Linalool zugeschrieben. Da die Blätter nur wenig ätherisches Öl enthalten, ist echtes Melissenöl auffallend teuer.

Als Ersatz mit gleichen Inhaltsstoffen wird daher bei Rezepturen und für entspannende Badezusätze häufig Citronellöl verwendet. Dieses wird durch Wasserdampfdestillation aus der Gras-Art *Cymbopogon nardus* (Lemongras, Nar-

denkraut) gewonnen. Besonders beliebt und wissenschaftlich belegt ist die beruhigende Wirkung von Melissenbädern. Das ätherische Öl wird über die Haut und die Atmung in das Blut aufgenommen und verbessert auffällig die Schlafqualität. Abendliche, beruhigende Bäder sollten nicht zu warm sein (etwa 37 °C).

Neben der leicht entkrampfenden und antibakteriellen Wirkung ist der virostatische Effekt von Melissenblätter-Extrakt als Salbe bei Lippenbläschen gesichert. Betrachtet man daneben noch die leicht schleimlösenden, gallentreibenden und antimykotischen Effekte der Melisseninhaltsstoffe, so ist die heute noch sehr zutreffende Aussage zu verstehen, die Paracelsus in seinem Werk „de vita longa" machte. Er schrieb der Melisse goldähnliche Bedeutung zu: „Merkt Euch, dass nicht nur das Böse für unseren Körper geschaffen ist, wie Gift und Opiate, sondern auch das Gute, das unser Leben stark beschützt wie Gold und Melisse."

Melissenbowle

Melissenblätter von 10 Stängeln
500 g Fleisch reifer Melonen
¾ l leichter Weißwein
1 Limette
1 Flasche Sekt
evtl. etwas Zucker

▶ **Das Melonenfleisch fein würfeln** und in einem Bowlengefäß mit dem Saft der Limette und dem Weißwein übergießen. Die kalt gewaschenen, fein geschnittenen Melissenblätter zufügen.

Je nach Geschmack etwas Zucker hinzugeben und den Ansatz eine Stunde bei Zimmertemperatur ziehen lassen, dann kühlen.

▶ **Vor dem Servieren** mit einer Flasche gut gekühltem Sekt auffüllen. In Gläsern mit etwas zerstoßenem Eis servieren und jeweils mit einem kleinen Melissenzweig dekorieren.

▶ **Für eine alkoholärmere Bowle** kann man den Wein teilweise durch Apfelsaft oder den Sekt durch etwas Mineralwasser

Pfefferminze

Mentha x piperita

Wenn eine bekannte Staudengärtnerei einen eigenen Minzen-Katalog mit 50 verschiedenen Sorten herausbringt, dann zeigt dies, wie verwirrend vielfältig, aber auch reizvoll diese Pflanzenfamilie ist. Die Minze unseres Sprachgebrauchs ist fast immer die Pfefferminze (*Mentha x piperita*), die als eines der beliebtesten Heilkräuter in keinem Haushalt fehlt. Wohl bei keiner Pflanzengattung ist die Verwirrung bei der Namensgebung so groß wie bei den Minzen. Im „Capitulare de Villis" Karls des Großen werden bereits fünf Minzen genannt. Nur drei davon gehören wirklich zur Gattung der Minzen: Wasserminze, Krauseminze und Waldminze. Abt Walahfrid Strabo beschreibt neben „*pulegium*", der Poleiminze (*Mentha pulegium*), und der „*nepata*", der Katzenminze (*Nepeta cataria*), eine „*vulgaris copia menthae*". Er äußert sich überschwänglich über deren Heilkraft, ist aber auch verwirrt über die Vielfalt der Minzen. Um die Namen der Minzen aufzuzählen, „müsste man auch wissen, wie viele Fische im Roten Meer schwimmen oder wie viele Funken Vulcanus aus den Essen des Aetna in die Lüfte schickt".

Pfefferminztee regt die Galle an und entkrampft bei Bauchbeschwerden.

Minzöl lindert Kopfschmerzen und Sportverletzungen.

Die echte Pfefferminze ist ein Tripelbastard aus der Rundblättrigen Minze (*Mentha rotundifolia*), der Rossminze (*Mentha longifolia*) und der Wasserminze (*Mentha aquatica*). Im Handel können Sie bei dieser Kulturpflanze noch zwischen verschiedenen Sorten wählen: Mitcham-, Bayerische- oder Thüringer Pfefferminze sind nur einige empfehlenswerte Sorten.

Pfefferminze gilt mit ihrem angenehmen, frischen Duft als Symbol für Heilkraft, Gastfreundschaft und für Liebesleidenschaft. Das Geist und Körper stärkende Heilkraut ist erst im 17. Jahrhundert in England als Naturhybrid entstanden. Der Name „*Mentha*" geht wohl auf die sagenumwobene Nymphe Menthe zurück, die Beherrscherin der Unterwelt. Mit den dekorativen Blättern werden Soßen, Eintöpfe, Salate oder Drinks verschönert und gewürzt. In England liebt man Minzsoße besonders als Beigabe zu Lammbraten oder Fischgerichten. Zahnpasten, Kaugummis oder Mundwässer sind ohne den kühl-frischen Minzgeschmack kaum vorstellbar.

Wie alle Lippenblütler (*Lamiaceae*) besitzt Pfefferminze einen vierkantigen Stängel und kreuzgegenständige Blätter. Kultiviert wird die Heilpflanze vor allem in Griechenland, England, Spanien und Bulgarien. Für den Anbau im Garten eignet sich vor allem die wohlschmeckende Mitcham-Pfefferminze, die am roten Stängel und an den roten Blattadern zu erkennen ist. Nach Einweichen pflanzen Sie im Frühjahr einen 10 cm langen Wurzelausläufer (Stolonen) etwa 5 cm tief in einen nahrhaften, stets feuchten Boden ein. Minzen bevorzugen einen sonnigen oder halbschattigen Standort und lieben die Nähe des Gartenteichs. Ausdauernd neigen sie zum Wuchern. Um dies einzudämmen, sollten Sie einzelne Sorten in Tonblumentöpfen in der Erde vergraben. Die Blätter erntet man zu Beginn der Blüte.

 Medizinisch werden die Blätter von *Mentha* x *piperita*, das daraus gewonnene ätherische Öl und reines Menthol eingesetzt. Zur Mentholgewinnung werden auch Ackerminze (*Mentha arvensis*) und Japanische Minze (*Mentha arvensis* ssp. *haplocalyx*) kultiviert. Pfefferminzblätter enthalten bis zu 1,9 % ätherisches Öl, Flavonoide und „Labiatengerbstoffe" (z.B. Rosmarinsäure). Die Zusammensetzung des ätherischen Öls hängt stark von Sorte, Standort und Erntezeitpunkt ab.

Pfefferminzen mit angenehmem Aroma enthalten im ätherischen Öl höchstens 50 % Menthol, nicht mehr als 2 % Menthon und möglichst wenig Menthofuran. Sebastian Kneipp empfahl, Pfefferminzkräuter gegen heftiges Kopfweh auf die Stirn zu binden und erwähnte Pfefferminzöl als bewährtes Mittel bei örtlichen Schmerzen oder Neuralgien.

Innerlich angewendet beobachtete er schon die heute wissenschaftlich bewiesene krampflösende Wirkung eines Teeaufgusses. Pfefferminze regt die Gallenproduktion an und fördert den Gallenfluss.

Ätherisches Minzöl – auch als China- oder Japanisches Heilöl bekannt – lindert äußerlich angewendet Schmerzen und erfrischt als Einreibung, Dusche oder Bad über eine Erregung der Kälterezeptoren der Haut. Mentholhaltige Erkältungssalben oder -tropfen dürfen nicht bei Säuglingen oder Kleinkindern angewendet werden, da hier Atemkrämpfe beobachtet wurden. Sebastian Kneipp meinte, „dass doch jede Hausfrau diesem wohledlen Pflänzchen neben der Raute ein Eckchen im Garten anweisen möchte. Sie lohnen die Mühe allein schon durch ungemein erfrischenden Wohlduft, den sie bei jeder Berührung in unsere Hand legen".

Minz-Julep

frische Pfefferminzzweige (oder getrocknete Minze)
Whisky
1 Tl Puderzucker
etwas Wasser
klein gestoßenes Eis

▶ **Ein gut gekühltes Glas** mit den kalt gewaschenen, klein gehackten Blättern eines Minzezweiges, 1 Teelöffel Puderzucker und 2 Teelöffeln Wasser füllen. In einem Küchentuch das Eis mit einem Nudelholz fein zerschlagen.

▶ **Das Glas mit dem Eis** bis zum Rand auffüllen, Whisky darüber gießen und so lange umrühren, bis das Glas beschlägt. Eventuell noch etwas Eis nachfüllen. Mit einem Minzenzweig verzieren und mit einem so kurzen Strohhalm servieren, dass man während des Trinkens den Minzeduft in der Nase hat.

Frische Minze bringt uns morgens in Schwung.

Nachtkerze

Oenothera biennis

Die hohen, eleganten Nachtkerzen leuchten mit ihren schwefelgelben, becherförmigen Blüten von Juni bis August in Kiesgruben, am Straßenrand

Tipp

Schöne Zeiten für Problemhaut

▶ **Rückfettende Bäder** mit Nachtkerzenöl, Mandelöl. Luftbäder, Kaltanwendungen zur Abhärtung.
▶ **Innerliche Anwendung von** Nachtkerzen- und Borretschöl.
▶ **Entschlackende Tees:** Brennnessel, Birke, Löwenzahn. Lactovegetabile Kost.
▶ **Begleitende Anwendungen:** Entspannungsübungen. Johanniskraut, Vitamine. Rückfettende, alkalifreie Seifen und Duschen, Molkebäder.

oder am Bahndamm. Ihren Namen verdankt die bis zu 2 m hoch wachsende Nachtduftpflanze der Tatsache, dass sie erst bei Dämmerung oder an stark bewölkten Tagen ihre großen Blüten öffnet, um mit betörendem Duft Insekten zur Bestäubung anzulocken. Theophrast (350 v. Chr.) gab der Pflanze ihren wissenschaftlichen Namen: „Oinos" (Wein) und „thera" (Jagd) deuten an, dass die Pflanze entweder süchtig nach Wein macht oder die Folgen übermäßigen Weingenusses lindert. Früher wurden die Blüten auch dem Wein zugesetzt.

Die Nachtkerze kam im 17. Jahrhundert aus Nordamerika als Salatpflanze nach Europa. Die Bezeichnung „biennis" weist darauf hin, dass es sich um eine zweijährige Pflanze handelt. Im ersten Jahr bildet sie zunächst eine rübenförmige, rötliche Wurzel aus. Diese schmeckt nussig und ergibt kleingehackt mit Zwiebeln, Äpfeln und

Nüssen einen würzigen Salat. Die dünnen Scheiben der Wurzel ähneln Schinkenscheiben, daher kommt auch der volkstümliche Name „Schinkenkraut".

In der Pflanzensymbolik steht die Nachtkerze sowohl für Unbeständigkeit als auch für stille Liebe. Hängt das eventuell mit dem sekundenschnellen Öffnen und Schließen der Blüte zusammen? Trotz der schönen vierzeiligen Blüten ist die Nachtkerze inzwischen ein gefürchtetes Unkraut. Früher wurden Nachtkerzen zur Gewinnung von Wurzelgemüse angebaut, heute steht die Ölgewinnung im Vordergrund der weltweiten Kulturbemühungen. Die Aussaat für die Septemberernte des darauffolgenden Jahres erfolgt im Juni. Die gerbstoffhaltigen Blätter werden im Herbst gesammelt, die Wurzeln im Herbst des ersten oder im Frühjahr des darauffolgenden Jahres.

Die hohe, elegante Nachtkerze sucht sich gerne Kiesgruben oder Schutthalden als Standort.

Die Nachtkerze eignet sich vor allem für den Anbau in größeren Kulturen. Da die Pflanzen erst im zweiten Jahr Samen ausbilden, nimmt man ihr die Chance, sich zu regenerieren und zu verbreiten, wenn man zu viele Samen sammelt. Im ersten Jahr treibt sie eine am Boden anliegende Blattrosette mit länglichen Blättern. Erst im zweiten Jahr bildet sich der aufrechte, behaarte Stängel mit lanzettlichen, flaumigbehaarten Blättern. Die tellerförmigen Blüten sitzen in den oberen Blattachseln.

Pharmazeutisch wird die nach völliger Reife im Herbst geerntete Frucht mit etwa 200 Samen verwendet. Diese Samen enthalten bis zu 24 % fettes Öl, das sich durch einen besonders hohen Anteil an ungesättigten Fettsäuren auszeichnet. Nacht-

Die Blüten locken nachts mit betörendem Duft Insekten an.

kerzenöl („evening prime rose oil") ist so wertvoll, weil es bis zu 10 % der in anderen Pflanzen kaum verbreiteten Gamma-Linolensäure enthält. Lediglich Borretschöl weist noch einen höheren Gehalt auf.

Nachtkerzenöl wird als diätetisches Lebensmittel in Form von Ölkapseln oder pur eingenommen. Man kann das Öl rein oder verdünnt auch äußerlich verwenden oder in Salben und Lotionen einarbeiten. Die Volksmedizin empfiehlt Nachtkerzenöl bei schmerzhaften Regelbeschwerden, zur Beruhigung hyperaktiver Kinder oder zur Senkung erhöhter Cholesterinwerte.

Bis vor kurzer Zeit führte die Nachtkerze eher ein Schattendasein als Arzneipflanze. „Über Nacht" wurde sie zu einem begehrten Diätetikum und zur geschätzten Heilpflanze, nachdem man erkannt hatte, dass ihre ungesättigten Fettsäuren an der Regulation zahlreicher Körperfunktionen und Immunreaktionen beteiligt sind. Nachtkerzenöl wird erfolgreich zur Linderung und Behandlung des atopischen Ekzems (Neurodermitis) eingesetzt. Dem Behandlungskonzept liegt die Beobachtung zu Grunde, dass sich bei diesen Patienten durch einen gestörten Stoffwechsel der ungesättigten Fettsäuren ein Mangel an natürlichen, entzündungshemmenden Stoffen ergeben hat. Durch langfristige Einnahme von 6 – 8 g Gamma-Linolensäure pro Tag sollen sich die Symptome der Neurodermitis bessern. Dermatologische Tests haben bewiesen, dass sich nachtkerzenölhaltiges Hautöl oder Badeöl als Spezialpflege für sensible, trockene und gereizte Haut eignet: Die Hautfeuchtigkeit wird gesteigert, die

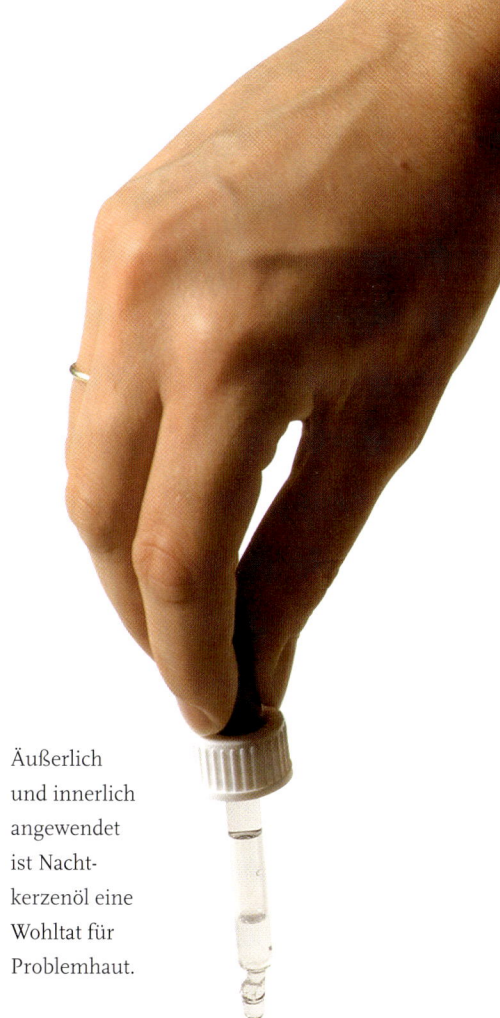

Äußerlich und innerlich angewendet ist Nachtkerzenöl eine Wohltat für Problemhaut.

Rauheit reduziert und der Juckreiz vermindert. Diesen Effekt erzielt man auch, wenn man Nachtkerzenbalsam verwendet.

Auf Grund der Vielfalt der krankheitsauslösenden Vorgänge lassen sich sicher die geschilderten Krankheitsbilder durch Nachtkerzenöl alleine nicht heilen. Die Anwendung der Gammalinolsäure weckt aber Hoffnung bei vielen Neurodermikern. Wenn die Präparate in bestimmten Phasen des Krankheitsverlaufs schon lindernd wirken, so ist dies eine Hilfe für über 2 Millionen Menschen in Deutschland, die an dieser Hauterkrankung leiden.

Spitzwegerich

Plantago lanceolata

Die Heiltugenden der weltweit verbreiteten Wegerichgewächse (*Plantaginaceae*) entschädigen leicht für die mangelnde Schönheit. In Nordamerika erhielt der Wegerich von den Indianerstämmen den Spitznamen „Fußstapfen des weißen Mannes", denn er wuchs überall auf den Spuren der weißen Siedler. In südlichen Ländern wächst eine Wegerich-Art, das Flohkraut (*Plantago psyllium*), dessen Samen wegen seiner Ähnlichkeit mit den ungeliebten Tierchen als „Flohsamen"

Tipp

Mit Psyllium Cholesterin senken

▶ **Regelmäßige Einnahme** von 10 – 15 g Indischen Flohsamenschalen (*Plantago psyllium*) mit reichlich Flüssigkeit zu den Mahlzeiten regt nicht nur als Quellmittel natürlich die Darmtätigkeit an, sondern kann den Cholesterinspiegel im Blut um durchschnittlich 10 % senken.
▶ **Unterstützend wirken Präparate** aus Artischockenblättern, Knoblauch, Fischöl, sowie fett- und eiweißreduzierte Kost.

bezeichnet werden. Wegen seines enormen Quellvermögens mit Wasser wird dieser Flohsamen als unschädliches Abführmittel verwendet, das zusätzlich auch noch den erhöhten Fettsäurespiegel günstig beeinflusst. In Mitteleuropa begegnen wir hauptsächlich drei Wegerich-Arten, die an ihren unterschiedlichen Blattformen gut zu unterscheiden sind: Spitzwegerich (*Plantago lanceolata*), Breitwegerich (*Plantago major*) und

schließlich der Mittlere Wegerich (*Plantago media*).

Sowohl Dioscurides als auch Plinius haben bereits Spitzwegerich als Wundheilungsmittel empfohlen. Spitzwegerichblätter werden in der Volksmedizin bei Ekzemen und Hautentzündungen auf die betroffenen Hautstellen aufgelegt. Als „Naturpflaster" versiegeln ihre Gerbstoffe wundes Gewebe. Gleichzeitig schützen sie als pflanzliches „Antibiotikum" die Wunde vor Infektionen und wirken blutstillend. Sebastian Kneipp lobte diese wundheilende Wirkung: „Wie mit Goldfäden näht der Wegerich klaffenden Riss zu." Auf einer Wanderung lassen sich Mückenstiche wirksam lindern, indem Sie ein zwischen den Fingern zerriebenes Wegerichblatt auf die betroffene Hautstelle auflegen. Wie mit einem Mückengel eingerieben schwillt die Einstichstelle ab und der Juckreiz lässt nach.

Als erfrischende Einlegesohle schützen Wegerichblätter in den Wanderschuhen vor wunden Füßen. Der volkstümliche Name „Wegbeherrscher" verdeutlicht die massenhafte Verbreitung des Spitzwegerichs. Deshalb war er auch Symbol für die gewünschte Ausbreitung des Christentums. Als „guter Schritt auf rechtem Pfad" ist er ein echter Weltenwanderer. Ob sich allerdings der Name „Plantago" von „Planta" (Fußsohle) oder von der schön gerundeten Form der Blätter ableitet, ist ungewiss. Für die weltweite Verbreitung haben die Samen gesorgt, die sich wie Kletten an Kleidung, Waren oder Gefährte hängen. Auf mittel-

Spitzwegerich, die Apotheke am Wegesrand

alterlichen Bildern finden wir Wegerich-Arten als uralte Heilpflanzen oft in der Nähe Mariens oder der Heiligen Familie kunstvoll abgebildet. Leonhart Fuchs beschrieb weitere Heilwirkungen für den Wegerich: „Der safft von den blettern ist gut zu mundfeule, so man den mundt zum offtermal im tag darmit wäscht." und „Er ist auch seer bequem den Keichenden gegeben [...]." Es ist wohl die heute bewiesene antibiotische Wirkung, die unsere Vorfahren aus der Erfahrung heraus zu diesen Indikations-

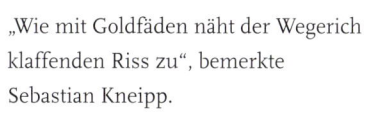

stellungen veranlasste. Allerdings wurde die Pflanze nicht von allen geschätzt. Die Bauern nennen den Wegerich „Heudieb", denn unter seiner Rosette wächst kein Gras mehr. In der Küche gibt man feingehackte Wegerichblätter zu Salaten, Gemüsen oder Rohkost. In manchen Gegenden werden die Blätter auch, von den Fasern befreit, in Pfannkuchenteig ausgebacken oder in Form von Wegerichknödeln und Wegerichstrudel genossen.

„Wie mit Goldfäden näht der Wegerich klaffenden Riss zu", bemerkte Sebastian Kneipp.

 Spitzwegerich begegnet uns massenhaft auf Wiesen, Feldern, Schuttplätzen, an Wegesrändern oder an Bahndämmen. Da er wild zwar sehr oft, aber verstreut vorkommt, stammt die Arzneidroge meist aus Kulturen in Osteuropa oder in den neuen Bundesländern.

Als ausdauernde Pflanze ist der Wegerich mit einem kräftigen Wurzelstock tief in der Erde verankert. Die bis zu 40 cm langen, schmal lanzettlichen Blätter stehen in einer Grundrosette und sind längsadrig. Aus der Rosette entspringt der blattlose Stängel, der am Ende eine walzenförmige Blütenähre mit kleinen Blütchen trägt. Auffällig sind die feinen, weißen Staubgefäße, die von Mai bis September weit aus der Blüte herausragen. In dieser Zeit werden auch die Blätter gesammelt. Die Arzneidroge darf nicht zu viele Stängelanteile und Blüten enthalten. Eine Dunkelfärbung weist auf eine unsachgemäße Trocknung und Lagerung hin. Da für die Hausapotheke genügend Blätter in der Natur zu finden sind, ist Selbstanbau von Spitzwegerich im Garten nicht sinnvoll.

 Früher galt Spitzwegerichsaft als Synonym für Hustensaft. Das Bundesgesundheitsamt nennt als Anwendungsgebiete für Spitzwegerichkraut: Reizlinderung bei Katarrhen der oberen Luftwege und Entzündungen der Mund- und Rachenschleimhaut. Durch den Schleimgehalt der Droge und den hohen Anteil an Kieselsäure werden Bronchitis und Reizhusten günstig beeinflusst. Die Spaltprodukte des Iridoidglykosids Aucubin wirken antibakteriell und entzündungshemmend.

Durch den Gerbstoffgehalt (bis zu 5 % Tannine) wirkt die Droge adstringierend und blutstillend. Die Anwendung als Tee (ca. 3 g auf 150 ml Wasser) oder als Frischpflanzensaft ist besonders empfehlenswert, da die Flüssigkeitszufuhr die schleimlösende, bakterientötende Wirkung des Heilkrautes unterstützt, den zähen Bronchialschleim verdünnt und den Hustenreiz dämpft. Am Beispiel des Spitz-

wegerichs zeigt sich wieder einmal, dass gerade in den schmucklosen, massenhaft verbreiteten und oft als Unkraut gescholtenen Pflanzen wirkungsvolle Heilkräfte verborgen sind.

Schlüsselblume

Primula veris, Primula elatior

Ist der zartgelbe Frühlingsbote der sagenhafte „Himmelsschlüssel" und die „Petriblume" oder erschließt er uns „nur" Linderung bei Erkältungskrankheiten? Schon der lateinische Name „*Primula veris*" weist Schlüsselblumen als „die im Frühjahr zuerst blühenden" aus. Früher waren sie ein vertrauter Anblick an Bachrändern, in Lichtungen, an Quellhängen und auf feuchten Wiesen. Heute gehören sie zu den geschützten Arten, deren Wurzeln nicht beschädigt oder gesammelt werden dürfen. In den angelsächsischen Ländern verfeinert man mit Schlüsselblumen Sirupe, Essig, Eingemachtes, Kuchen und Desserts.

Den beiden ausdauernden Schlüsselblumen-Arten begegnet man in ganz Europa. Die Blüten der Hohen Schlüsselblume (*Primula elatior*) sind schwefelgelb mit einem hellorangen Ring im Blütenschlund. Sie blüht von März bis Mai und duftet schwächer süßlich als die später blühende Waldschlüsselblume (*Primula veris*), die an fünf orangefarbenen Flecken in der Kronröhre zu erkennen ist. Während von beiden Arten Wurzel und Wurzelstock geerntet werden, sammelt man die Blüten nur von *Primula veris*, die daher auch als *Primula officinalis* bezeichnet wird.

Auch bei großen Beständen sollten Sie der Versuchung widerstehen, die Wurzelstöcke von wild wachsenden Primeln oder Aurikeln für Ihren Garten zu rauben. Der Selbstanbau der arzneilich verwendeten Schlüsselblumen-Arten ist nicht zu empfehlen. Besser: Sie kaufen der Natur zuliebe verschiedenfarbige Zuchtarten.

Die in der Pharmazie häufig gebrauchten Primelwurzeln stammen ausschließlich aus kontrolliertem Anbau. Sie enthalten bis zu 10 % Saponine, wenig Gerbstoff und ein Glykosid (Primulaverin), das für den typischen Geruch der Droge verantwortlich ist. Schlüsselblumentee (Tagesdosis: 0,5 – 1,5 g Wurzeldroge oder 2 – 9 g Blüten) verflüssigt als Expectorans bei Katarrh den zähen Bronchialschleim und beschleunigt dessen Abtransport. Mit anderen Drogen lindert Schlüsselblumenwurzel Entzündungen der Nasennebenhöhlen. Schlüsselblumenblüten ergänzen sich in Husten- und Bronchialtees ideal mit desinfizierendem Thymiankraut, auswurffördernden Fenchelfrüchten und reizlinderndem Spitzwegerichkraut. Sebastian Kneipp setzte vornehmlich auf *Primula officinalis*: „Nur die dunkelgelbe Schlüsselblume hat Wert für die Hausapotheke. Schon der Geruch verrät, dass in all diesen Blütenkelchen eine besondere Heilflüssigkeit stecken müsse. Kaut man zwei bis drei dieser gelben Trichterchen, so fühlt man recht gut, welch medizinischen Gehalt sie bergen."

Die naturgeschützten Schlüsselblumen lindern Reizhusten.

Hagebutte

Rosa canina

Während strahlend schöne, betörend duftende Zuchtrosen das Rosarium schmücken, blüht die Urform der Rose als Heckenrose bescheiden am Zaun des Kneipp-Gartens.

Sebastian Kneipp hat die Einnahme ihrer vitaminreichen Hagebuttenfrüchte empfohlen: „Am Hundsrosenstrauch pflückt die an ihre Hausapotheken denkende Mutter nicht allein die schönen Rosen, sondern auch mit Fleiß die so genannten Hagebutten, und zwar nicht allein für Soßen, sondern auch zu Heilzwecken." Aus dem lateinischen Namen „*Rosa canina*" und aus der griechischen Bezeichnung Kynosbatos für „Kyon" (Hund) und „batos" (Strauch) leitet sich der generelle Begriff Hundsrose für Wildrosen ab. Die in Mitteleuropa um diese Zeit einzig bekannte fünfblättrige Heckenrose wurde „Mutter Rose" genannt. Erst römische Legionäre brachten Edelrosen in unsere Breiten.

Heckenrosen erfreuen uns als dichter Pflanzenabschluss entlang von Böschungen, Wegen, Zäunen und Autobahnen. Stamm und Äste sind rosentypisch dornig. Die hellrosa Blüten sind nicht gefüllt.

Heckenrosen und Hagebutten bilden eine Harmonie von Schönheit, Duft und Heilwirkung.

Die orangeroten, krugartigen Früchte dienen in Form von Hagebuttenzubereitungen vorwiegend als Nahrungsergänzung. Die vollreifen Früchte werden im Herbst gesammelt, zum Trocknen aufgeschnitten und meist von ihren Kernen befreit. Um die Inhaltsstoffe – Vitamin C, Pektine, Gerbstoffe, Zucker, Fruchtsäuren, Mineralstoffe und Carotinoide – zu schonen, sollte das Trocknen (bis zu 40 °C) rasch verlaufen.

Neben der tonisierenden und schwach harntreibenden Wirkung finden Hagebutten wegen ihres leicht säuerlichen Geschmacks vielseitige Verwendung in der Küche.

Hagebutten-Apfel-Gelee

1 kg geschälte, geviertelte Äpfel
450 g reife Hagebutten
400 g Gelierzucker
300 ml Wasser

▶ **In einem großen Topf** zu den Äpfeln so viel Wasser geben, dass diese gerade bedeckt sind. Noch einmal 300 ml Wasser zugeben und die Äpfel so lange garen, bis sie zu Mus zerfallen. Die zuvor in der Küchenmaschine grob gehackten Hagebutten zu den Äpfeln geben und alles weitere 10 Minuten köcheln lassen. Nach dem Abkühlen die Mischung über einem Tuch abseihen und über Nacht stehen lassen.

▶ **600 ml Saft aufkochen** und dann 400 g im Backofen vorgewärmten Zucker einrühren. Unter Rühren so lange erhitzen, bis sich der Zucker vollständig gelöst hat. Bis zum Gelierpunkt kochen lassen.

▶ **Das fertige Gelee in** sterilisierte Gläser füllen und sofort verschließen.

Rosmarin

Rosmarinus officinalis

Antike Seeleute sollen bei ihren Seefahrten auf dem Mittelmeer den Duft des Rosmarins – der Name bedeutet „Tau, der zum Meer gehört" – bereits wahrgenommen haben, bevor Land in Sicht war. Etwas weniger sensibel, aber genau so begierig, genieße ich den herb-aromatischen Duft, der der Küche entströmt, wenn einige Rosmarinblätter Braten, Geflügel, ein Fisch- oder Gemüsegericht verfeinern. Sparsam dosiert wird dieses Gewürz als Bestandteil gesunder Mittelmeerküche auf unserem Speiseplan immer beliebter.

Ungleich empfindsamer nehmen Bienen den sehr ausgeprägten, herben Duft einer Rosmarinpflanze noch im Verhältnis 1 : 100 000 verdünnt wahr. Ein Rosmarinstock durfte früher in keinem bayerischen oder schwäbischen Bauernhaus fehlen. Er diente nicht nur zum Konservieren und Würzen von Speisen, sondern aromatisierte bereits damals Seifen, Mundwässer, Parfums und Schnupftabak. Als immergrüne Pflanze symbolisierte er Unsterblichkeit, Treue und Liebe. Wie alle stark dem Leben zugewandten Symbolpflanzen wurde auch Rosmarin mit dem Tod verbunden. In manchen ländlichen Gegenden gibt man noch heute den Toten einen Rosmarinzweig als Hoffnungszeichen für eine

Wiederkehr mit ins Grab, und als „Gedenkemein" im Gebetbuch erfrischte der Duft andächtige Beter. Rosmarin spielte in allen Ereignissen des Lebens eine wichtige Rolle. Menschen schmückten sich, die Hochzeitsaltäre und die Festtafeln mit dem Kraut. Taufpaten legten dem Neugeborenen einen Zweig in die Wiege. Rosmarin zierte die Götterbilder der Griechen und Römer. Als Kultpflanze war er der Liebesgöttin Aphrodite zugeordnet, aber im Christentum auch Attribut Mariens.

Die Kräuterkundigen des 16. Jahrhunderts schrieben Rosmarin gallenanregende Wirkung zu. Matthiolus empfahl ihn gegen „verstopfte leber und miltz". Bei Leonhart Fuchs heißt es: „Rosmarin in

Sparsam dosiert verfeinert Rosmarin viele Gerichte.

Wechselfußbäder mit Rosmarin kurbeln den Kreislauf an.

wasser gesotten und zu morgens
früe vor der übung getrunken,
heylet die geelsucht." Sebastian
Kneipp hat die kreislaufanregende
Wirkung bekannt gemacht. Er rech-
nete den Lippenblütler zu seinen
Lieblingspflanzen und bevorzugte
als Arzneiform Rosmarinwein: 20 g
Rosmarinblätter werden mit einem
3/4 l leichten Weißweins angesetzt
und nach 5 Tagen abgeseiht. Zwei
Gläser über den Tag verteilt sollten
als wohlschmeckendes Tonikum
Kneipps Wasseranwendungen unterstützen und bei den älteren
Patienten mit „Herzgebrechen"
den Kreislauf stärken.

Rosmarin gedeiht in
Mittelmeerländern
als sparriger Halb-
strauch, der bis zu
2 m Meter hoch wachsen kann.
Als „Südländer" bevorzugt er
ebenso in unseren Breiten einen
geschützten, sonnigen Standort
mit einem leichten, durchlässigen,
aber humosen Boden. Auch wenn
er sich unseren klimatischen Ver-
hältnissen gut angepasst hat, ist er
nicht winterhart. Am besten kaufen
Sie beim Gärtner eine kräftige
Rosmarinpflanze und setzen diese
in eine Mischung aus Gartenerde,
Torf und Sand. Die kalte Jahreszeit
übersteht ein Rosmarinstock am
besten in einem hellen, kühlen
und zugfreien Treppenhaus oder
Wintergarten. Da die Pflanze im
Topf schnell austrocknet, muss sie
bei Hitze kräftig gegossen und
einmal im Monat leicht gedüngt
werden. Dies dürfen Sie auch während der Wintermonate nicht vergessen. Rosmarin blüht bei uns
von März bis Mai. Die kleinen,
blassblauen Lippenblüten stehen
in Scheinquirlen im oberen Teil
der Zweige.

Rosmarin-Ofenkartoffeln

2 kg festkochende Kartoffeln
4 Knoblauchzehen
2 Zweige Rosmarin
8 Esslöffel bestes Olivenöl
Pfeffer & Salz

▶ **Die Kartoffeln werden geschält** und
geviertelt. Die Knoblauchzehen pellen
und in feine Streifen schneiden. Von
den Rosmarinzweigen die Nadeln
zupfen und ein Drittel der Rosmarinblättchen beiseite stellen. Nun die Kartoffeln, Knoblauch und Rosmarin in
einen großen Bräter oder auf ein Back-
blech geben, mit sehr gutem Olivenöl
mischen und mit Pfeffer und Salz würzen.
Nachdem noch einmal mit Olivenöl be-
träufelt wurde das Ganze im vorgeheizten
Backofen bei etwa 200 °C 1 Stunde und
15 Minuten offen braten.
▶ **Die knusprigen Kartoffeln** aus dem
Backofen nehmen und mit den restlichen
Rosmarinblättchen bestreut servieren.
Diese herb-aromatische Kartoffelbeilage
schmeckt sehr gut zu deftigen Braten,
Lamm, Geflügel oder gegrilltem Fisch.

Nach dem Arzneibuch werden die
linealförmigen, ledrigen, am Rande
umgeschlagenen Blätter (*Folia
Rosmarini*) verwendet. Einige Blätter und Zweigspitzen können Sie
während des ganzen Jahres
ernten. Allerdings sollten Sie
diese nur so schneiden,
dass ihr Fehlen der Schönheit des Zierstrauches nicht
zu sehr schadet. Die Blätter
enthalten bis zu 2,5 % ätherisches Öl mit den Hauptbestand-
teilen Cineol, Campher, Borneol
und Pinen, daneben Flavonoide,
Bitterstoffe und Labiatengerbstoffe
(u.a. Rosmarinsäure).

Rosmarin, das Herz-Schmerz-Kraut

Innerlich regt Ros-
marin als Teeaufguss,
Pflanzensaft oder
Wein den Kreislauf,
die Magensaft- und Gallenproduktion an. Wissenschaftliche Arbeiten
haben die Identität des Rosmarin-
kampfers mit der des echten
Kampfers bestätigt. Die kreis-
lauftonisierende Wirkung kommt
auch bei äußerlicher Anwendung
in Form von Herzsalbe, Rosmarin-
bädern oder Rosmarinspiritus auf
reflektorischem Weg zustande.
Sebastian Kneipp lobte seine Lieb-
lingspflanze: „Als Heilmittel ist
Rosmarin unbezahlbar und es gibt
wenige Kräuter, die ihm gleich-
kommen. In keinem Hause sollte
Rosmarin fehlen und keine Hausfrau sollt sein, die nicht ein Win-
kelchen hätte für so ein heilsames
Pflänzchen."

Salbei war das Desinfektionsmittel unserer Vorfahren. Äußerlich wirkt er entzündungshemmend und antiseptisch, innerlich genommen schweißhemmend.

Unter den stark duftenden Lippenblütlern (*Lamiaceae*) gibt es etwa 500 verschiedene Salbei-Arten. Auch prächtige subtropische Arten sind leicht am vierkantigen, behaarten und klebrigen Stängel und an den typischen rot-violetten Blüten zu erkennen. Setzt sich eine Biene oder Hummel auf die Blüte der beliebten Weidepflanze, so werden die verborgenen

Salbei

Salvia officinalis

Ob als Wiesensalbei am Wegesrand oder als prächtiger Muskatellersalbei im Duftgarten, Salbei-Arten ziehen immer bewundernde Blicke auf sich. Daher ist es kein Wunder, dass der Salbei eine Hauptpflanze mittelalterlicher Klostergärten war. Der vom lateinischen „salvare" (heilen) abgeleitete Name zeigt die hohe Wertschätzung, die man der Pflanze entgegenbrachte. Salbei und Raute sollten als Antidot vor dem Giftbecher retten. Leider waren auch diese Kräutlein nicht wider den Tod gewachsen. Einerseits wurde behauptet: „Wo Salbei gedeiht, ist eine starke Frau im Haus." Andererseits glaubten unsere Vorfahren, dass der Salbei gut gedeiht, wenn es dem Herrn des Hauses

gut geht. Zusammenhänge sind sicher denkbar. Als Desinfektionsmittel des Mittelalters konnte Salbei vor Krankheiten, ja selbst vor der gefürchteten Pest bewahren.

Diese Kraft ist ihm der Sage nach direkt von Maria als Dank dafür verliehen worden, dass die Heilige Familie auf der Flucht nach Ägypten unter einem Salbeibusch Schutz vor den Häschern des Königs Herodes fand. Bei Walahfrid Strabo eröffnet „*Salvia*", der Echte Salbei (*Salvia officinalis*), die Reihe der besungenen Pflanzen: „Leuchtend blühet Salbei ganz vorn am Eingang des Gartens, süß von Geruch, voll wir-kender Kraft und heilsam zu trin-ken [...]." Später erwähnt der Rei-chenauer Abt auch den „sclarea", den Muskatellersalbei (*Salvia sclarea*), der nur selten zu Heilzwecken genutzt wurde. Diese dekorative Gartenpflanze diente vielmehr früher dazu, mäßigen Wein zu Muskatellerwein zu „veredeln".

Salbei ist winterhart, liebt aber einen sonnigen, windgeschützten Standort.

Staubgefäße durch einen raffinierten Hebelmechanismus herausgedrückt und bestäuben den Rücken des Insekts. Ursprünglich ist der Echte Salbei im Mittelmeerraum heimisch. Bei den Griechen wurde er wegen seiner vielseitigen Heilkräfte als Kraut der Unsterblichkeit verehrt. Die Römer ernteten die heilige Pflanze Salbei barfuß mit Silberwerkzeu-

gen. Salbei genoss den Ruf eines verjüngenden Stärkungsmittels und war Bestandteil von Lebenselixieren. Über die Klostergärten der Benediktiner wanderte er in Bauerngärten und verbreitete sich in der freien Natur.

Salbei ist ein hochgeschätztes Gewürz der Mittelmeerküche. Welcher Italienfan kennt nicht „Saltimbocca alla romana"? Sparsam eingesetzt verfeinern Salbeiblätter Braten, Wildgerichte, Würste, Tomatensoßen oder Kräuterbitter. Ähnlich wie Lavendel eignen sich auch Salbeisäckchen zur duftenden Desinfektion des Wäscheschranks. Schon unsere Vorfahren benutzten als Naturzahnbürste Rüben mit frischen Salbeiblättern. Die Zähne blieben dann „steiff und sauber", wie Hieronymus Bock berichtete. Noch heute ist Salbei ein wichtiger Bestandteil von Kräuterzahnpasten, Mundwässern und Deodorantien.

 Als Mittelmeerbewohner liebt Salbei einen sonnigen, windgeschützten Standort mit trockenem Boden, der mit etwas Kompost und Algenkalk angereichert wurde. Lehmige Böden sollten Sie mit Sand auflockern. Vorgezogene Stauden werden ab Mai im Abstand von 40 cm ins Kräuterbeet gesetzt. Salbei ist winterhart. Allerdings frieren die oberen, unverholzten Teile in unseren Breiten im Winter oft ab. Aus den unteren verholzten Teilen treiben im Frühjahr die wolligen Stängel mit den derben, fein gekerbten Blättern. Diese können Sie je nach Bedarf ernten. Zum Trocknen als Wintervorrat ernten Sie die Blätter kurz vor der Blüte.

Tipp

Mit Kneipp Halsweh kurieren

▶ **Mit Salbeitee oder -tinktur** gurgeln. Evtl. 1 – 2 Tropfen Thymian oder etwas Myrrhentinktur hinzugeben.
▶ **Reichlich Tee** mit Schleimdrogen trinken. Kaltansatz von: Eibisch, Wollblume und Isländisch Moos.
▶ **Kneipp-Brustkaramellen**, Isländisch-Moos-Pastillen, Mineralsalztabletten lutschen.
▶ **Kamillendämpfe inhalieren.** Kühle Halswickel. Minzöl tropfenweise auf die Zunge geben. Warme Getränke.

 Salbeiblätter enthalten bis zu 2,5 % ätherisches Öl, Bitterstoffe und Flavonoide. Sie werden in Form von Tee, Tinktur oder als Extrakt angewendet. Das wohlriechende ätherische Öl wirkt tropfenweise eingesetzt entzündungshemmend und stoppt das Wachstum von Bakterien und Pilzen. Diese Wirkung nutzen wir bei Entzündungen der Mund- und Rachenschleimhaut. Die antiseptische Wirkung wird ergänzt durch die abschwellenden und gefäßabdichtenden Eigenschaften der Gerbstoffe und Flavonoide. Innerlich angewendet regen die Bitterstoffe die Magensaftsekretion an. Welche Inhaltsstoffe für die fast konkurrenzlose speichel- und schweißhemmende Wirkung innerlich angewendeter Salbeizubereitungen verantwortlich sind, ist noch ungeklärt. Trotz der ausgezeichneten Hemmung von Nachtschweiß sollten diese Präparate und auch Salbeitee wegen ihres Thujongehalts nicht zu lange und nicht während der Schwangerschaft eingenommen werden.

Holunder

Sambucus nigra

Viele Bauernhöfe, Stallungen und Heustadl der bayerischen Heimat Sebastian Kneipps werden von einem Holunderstrauch geschmückt. Die Beliebtheit des „Hollerstrauchs" – er gehört zu den Geisblattgewächsen – als Hausnachbar geht auf den volkstümlichen Glauben zurück, dass dieser Wohnsitz von Frau Holle, also Freya, der Beschützerin von Haus und Hof sei. Die Liebe geht aber sicher auch durch den Magen, denn aus den Holunderblüten lassen sich köstliche Hollerküchle ausbacken. Vergoren erfrischt uns im Sommer perlender Holundersekt und der Saft der blauschwarzen Holunderbeeren treibt uns im Winter als Heißgetränk jede Erkältung aus den Poren.

In der Mythologie und im Volksglauben gilt Holunder als magischer und heiliger Baum. Nie wird der Blitz in ihn einschlagen. Er wurde auch als lebende Hausapotheke betrachtet: „Rinde, Beere, Blatt und Blüte, jeder Teil ist Kraft und Blüte, jeder segensvoll." Der wissenschaftliche Name „sambucus" weist auf seine Verwendung als Blasinstrument hin: „Sambuka" ist die Bezeichnung für eine griechische Panflöte. Nach Entfernen des Marks diente der hohle Stängel als Flöte. „Nigra" (schwarz) bezieht sich wohl auf die dunklen Beeren. Den deutschen Namen führt man auf „Holle" oder „Holda", die germanische Muttergöttin, zurück. Der Hollerbaum wurde immer zwiespältig betrachtet: als heiliger Baum, der aber gleichzeitig eine rätselhafte Beziehung zu Hexen oder zum Teufel hält. Sein Holz wurde deshalb nie zum Haus- oder Schiffsbau verwendet.

Der Schwarze Holunder ist ein bis zu 7 m hoch wachsender Strauch aus der Familie der Geißblattgewächse (*Caprifoliaceae*). Holunderbüsche sind zäh. Sie treiben nach dem Abschlagen oder Zurückschneiden wieder sehr schnell. Diese Überlebenskraft machte sie zu einem Symbol für die Wiedergeburt. Sebastian Kneipp gab den Rat, sich einen Holunderstrauch in den Garten zu holen: „Es sollte kein Wohnhaus geben, wo er nicht gleichsam als Hausgenosse in der Nähe wäre oder wieder in die Nähe gezogen würde [...]."

Der Baum ist anspruchslos und leicht zu pflegen. Nach gutem Anwässern wächst er schnell in humusreicher Erde. Er liebt Halbschatten und ist deshalb häufig in Auen, an Wegrändern und Wald-

Hollersekt, eine köstliche Erfrischung im Sommer

Hollersekt

Für 5 – 6 Flaschen:
6 voll erblühte Holunderblütendolden
5 l Wasser
625 g Zucker
Saft von 2 – 3 Zitronen
¹/₂ Glas guten Weinessig

▶ **Das Wasser abkochen** und nach dem Abkühlen in einen großen Glasballon oder in einen Topf mit Deckel geben. Die gut gewaschenen Holunderblüten werden mit dem Zucker, Weinessig und Zitronensaft dem Wasser zugefügt.
▶ **Die Mischung 14 Tage** leicht verkorkt bzw. zugedeckt stehen lassen und täglich einmal durchschütteln oder sogar durchrühren. Danach seiht man den Ansatz durch ein Tuch in vorher sterilisierte Flaschen.
▶ **Die Flaschen** maximal bis zum Hals füllen und den Korken nur leicht bis zur Hälfte eindrücken. Wenn sich der Inhalt beruhigt hat, den Korken voll nachdrücken. Den Hollersekt kühl aufbewahren und mit erfrischenden Zitronenscheiben dekoriert servieren.

rändern in ganz Europa zu finden. Holundersträucher sind leicht an der warzigen, unangenehm riechenden Rinde und an den gegenständig angeordneten, unpaarig gefiederten Blättern zu erkennen. Ab Mai verkünden die flachen, duftenden, trugdoldigen, gelblichweißen Blüten die warme Jahreszeit. „Auf Johanni blüht der Holler, da wird die Lieb noch toller."

Die schwarzen Früchte reifen im Herbst. Und jeder Winzer weiß, dass die Vögel keine Trauben stehlen, solange sie Holunderbeeren zum Naschen haben. In der Küche werden die Beeren zu aromatischem Saft, Mus, süffigem Wein, Suppe oder Gelee veredelt. Die medizinisch verwendeten Holunderblüten kommen aus Wildbeständen in Russland, Osteuropa und Portugal. Die abgeschnittenen Blütenstände werden schonend auf Darren getrocknet. Danach rebelt man die Einzelblüten ab.

Ein Holunderbusch sollte Haus und Stall vor Unglück, Unwetter und bösen Geistern schützen.

 Holunderblüten enthalten Flavonoide (v.a. Rutin), ätherisches Öl, Gerbstoffe, Glykosidspuren, organische Säuren und Schleim. Das Bundesgesundheitsamt empfiehlt Holunderblüten als schweißtreibenden Teeaufguss bei Erkältungskrankheiten. Noch ist unklar, ob diese schweißtreibende Wirkung auf das ätherische Öl, die Flavonoide oder auf weitere Inhaltsstoffe zurückzuführen ist. Unterstützt wird sie sicher auch durch das schnelle Hinabtrinken von mindestens 200 ml heißem Tee vor dem Zubettgehen. Eine solche Schwitzkur mit einer Tagesdosis von 10–15 g Droge setzt allerdings einen stabilen Kreislauf voraus. Holunder-blüten, fälschlicherweise als „Flie-

dertee" bezeichnet, eignen sich auch als Geschmackskorrigens mit milder Schleimwirkung für Teemischungen und als aromatische Füllung von Kräuterkissen.

Sebastian Kneipp lobte Holundertee: „[...] es wäre gut, wenn in jeder Hausapotheke eine Schachtel gedörrter Blüten aufbewahrt würde. Der Winter ist lang, und es kann Fälle geben, in denen ein derart lösendes und schweißtreibendes Mittelchen treffliche Dienste leistet." Heiß getrunkener Holunderbeersaft wird als stärkendes Hausmittel gegen Erkältungen oder als mildes Abführmittel geschätzt. In der Volksmedizin gelten Holunderblüten als unschädliches, entschlackendes „Blutreinigungs-

Holunderblüten lassen die Erkältung ausschwitzen.

mittel". Sebastian Kneipps Hoffnung, dass der alte Hausfreund wieder zu neuem Ansehen kommen möchte, erfüllt sich heute wieder in vielfältiger Weise.

Mariendistel

Silybum marianum

Früher habe ich um stachelige Disteln einen großen Bogen gemacht. Heute betrachte ich diese wehrhaften Weggefährten als wirksame Helfer gegen unsere Zivilisationskrankheiten. Distelgewächse (*Asteraceae*) gelten als Symbole für Kraft, Potenz und Treue, aber auch für Unnahbarkeit und die Abwehr böser Geister. Volkstümlich wurden sie als „Christi Krone", „Heilandsdistel", „Frauendistel" oder „Marienkörner" bezeichnet. Auf zwiespältige Weise waren Disteln sowohl Attribut der Ritter, der Gewitter- und Kriegsgötter, aber auch Mariens.

Der raffinierte Aussaatmechanismus der Mariendistel gewährleistet eine schnelle Ausbreitung über große Flächen. Dioscurides hat einen Distelwurzelextrakt als Brechmittel verwendet. Hieronymus Bock und Adam Lonicerus wiesen bereits im 17. Jahrhundert auf die heute geschätzte Wirkung der Disteln bei Leberbeschwerden hin.

Hildegard von Bingen empfahl Disteln gegen „Stechen" der Glieder. Dies stimmt mit den Ansichten der mittelalterlichen Signaturlehre des Paracelsus überein, in der man meinte, dass aus der äußeren Form einer Pflanze deren Heilwirkung zu erkennen ist. Demnach sollten Disteln gegen Seitenstechen helfen. Leider hat es uns die Natur nicht so leicht gemacht. Wir müssen heute schon die Pflanzenanalytik und klinische Versuche bemühen, um zu erkennen, dass Extrakte aus Mariendistelfrüchten sowohl bei alkoholbedingter Fettleber, als auch bei einer Knollenblätterpilzvergiftung lebensrettend helfen können.

Auf der ganzen Welt sind unendlich viele Disteln verbreitet, die aber zum Teil ganz unterschiedlichen Pflanzenfamilien angehören. Man hat wohl alles, was kantig war und sticht, als „Distel" bezeichnet. Für Bauern und Gärtner sind Disteln eher ein Teufelsgeschenk, verursachen sie doch ständig Mühe und Plage. Heilkundige schätzen sie aber seit einiger Zeit als sehr wirkungsvolle Arzneipflanzen bei Leber- und Gallenbeschwerden. Die Mariendistel sieht mit ihren grün-weiß-marmorierten Blättern und den kugelförmigen, purpurroten Blüten prächtig aus.

 Die arzneilich verwendete Mariendistel stammt vor allem aus Kulturen in China, Mitteleuropa, Nordafrika und Argentinien. Ursprünglich in Südeuropa, Kleinasien, Südrussland und Nordafrika beheimatet, wurde sie in Amerika eingebürgert

Eine elegante Gartenpflanze

und kam als Zierpflanze in unsere Gärten. Allerdings sollte man sie sich nur in einen großen Garten holen, denn die Pflanze wird bis zu 2 m hoch.

Die rot gefärbten, kugelförmigen Körbchenblüten sitzen einzeln an den Stängelspitzen. Nach der Befruchtung entwickeln sich aus dem Blütenstand hartschalige, schwarze Früchte mit einer Haarkrone (Pappus), die bald abgewor-

Tipp

So hilft Kneipp bei Gallen- und Leberbeschwerden

▶ **Zur Regeneration der Leber:** Mariendisteltabletten.

▶ **Für die Gallenanregung:** Artischocke, Gelbwurz, Pfefferminze, Bittermittel. Heusack auf die Leber, Leibwickel.

▶ **Begleitende Anwendungen:** Temperatur ansteigendes Fußbad. Bewegung. Evtl. Teefasten mit Pfefferminz- oder Kamillentee. Leichte, fettarme Kost. Alkoholabstinenz. Entspannungs-Übungen.

fen wird. Wie alle Disteln liebt auch die Mariendistel warme, trockene Plätze. Die im Frühjahr gesetzten Pflänzchen gedeihen bei guter Erde üppig an einer Gartenmauer. Auf dem Balkon beansprucht jede Pflanze einen eigenen Kübel. Zur Blütezeit im Juli und August werden die krautigen Teile geerntet und sorgfältig getrocknet. Die Früchte sind im August oder September reif. Sie werden nach der Ernte vom Pappus befreit und an der Luft getrocknet. Sie sorgen auch für den Nachwuchs, indem sie sich selbst aussäen.

Im Handel befinden sich graue, braunschwarze bis rötlichviolette Mariendistelfrüchte, die oft fälschlicherweise als Samen bezeichnet werden. Neben Eiweiß, Gerbstoff und Schleim enthalten sie vor allem den Wirkstoffkomplex Silymarin (ca. 1 – 3 %). Dieser befindet sich ausschließlich in der Fruchtschale und setzt sich aus den drei Flavonollignanen Silybin, Silydiamin und Silychristin zusammen. Das reichlich vorhandene fette Öl

mit seinem hohen Anteil an diätetisch wertvollen ungesättigten Fettsäuren wird für pharmazeutische Zubereitungen entfernt. Überernährung, hoher Alkoholgenuss oder auch Infektionen können zur Zerstörung oder Stilllegung eines Teils der Leber führen. Durch wissenschaftliche Arbeiten wurde nachgewiesen, dass die Verbindungen des Silymarinkomplexes eine vorbeugende, regenerierende und schützende Wirkung auf die Leber besitzen. Dadurch wurde diese Distel zu einer geschätzten Arzneipflanze.

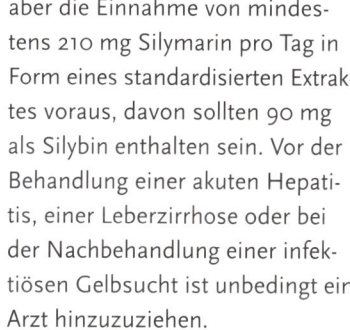

Distelöl ist wegen seiner ungesättigten Fettsäuren gesund und gut verträglich.

Eine Abkochung von 5 g angestoßenen Früchten mit 1/4 l Wasser wird als Mariendisteltee „nur" bei dyspeptischen Beschwerden empfohlen. Die Teezubereitung gewährleistet keine gleichmäßige und ausreichend hohe Dosierung der Wirkstoffe. Eine erfolgreiche Therapie bei toxischen Leberschäden und zur unterstützenden Behandlung bei chronisch entzündlichen Lebererkrankungen setzt

aber die Einnahme von mindestens 210 mg Silymarin pro Tag in Form eines standardisierten Extraktes voraus, davon sollten 90 mg als Silybin enthalten sein. Vor der Behandlung einer akuten Hepatitis, einer Leberzirrhose oder bei der Nachbehandlung einer infektiösen Gelbsucht ist unbedingt ein Arzt hinzuzuziehen.

Die intravenöse Verabreichung von reinem Silybinin innerhalb von 24 Stunden nach Giftaufnahme hat sich neben anderen Medikamenten als Antidot bei Knollenblätterpilzvergiftungen bewährt. Vor dem Einsatz von Mariendistelpräparaten ist eine Diagnose durch den Arzt sinnvoll. Da es sich in der Regel um chronische Erkrankungen handelt, und Neben- und Wechselwirkungen mit anderen Medikamenten nicht bekannt sind, ist die Anwendung entsprechender Präparate über einen längeren Zeitraum sinnvoll.

Mariendistelsamen stacheln die Leber zu neuer Tätigkeit an.

Löwenzahn

Taraxacum officinale

Wann wird endlich der Löwenzahn zu den Zierpflanzen gerechnet? Haben wir allein wegen der Masse strahlender Blüten den Blick für die Schönheit der einzelnen Pflanze verloren? Für mich ist der Frühling mit seinen üppig blühenden Löwenzahnwiesen, die das Allgäu in eine Sinfonie in Gelb verwandeln, die schönste Jahreszeit in dieser Landschaft. Und mitten in dieser Pracht genießen stoisch kauende Kühe Stück für Stück diese „Kuhblume". Rund 500 Bezeichnungen gibt es für diese beliebte Wiesenblume: Als „Butterblume" soll sie der Butter eine appetitliche Färbung verleihen. Der Name „Milchblume" weist darauf hin, dass die Pflanze von den Landwir-

ten als optimales Weidefutter geschätzt wird. Kinder verbreiten voller Freude die fliegenden Fallschirmsamen der „Pusteblume" und als „Ackerzichorie" wurden die tiefen Pfahlwurzeln in Notzeiten zu wohlschmeckendem Kaffeeersatz (Zichorie) geröstet. Der Name Löwenzahn kommt von den scharfgezähnten, schrotsägeförmigen Blättern des vitalen Korbblütlers.

Sebastian Kneipp schwärmte von der Würze einer Löwenzahnsuppe. Aus den auf ungedüngten Wiesen geernteten Löwenzahnblättchen lässt sich mit Essig und Öl ein leicht bitterer, magenstärkender Frühlingssalat zubereiten, der früher den winterbedingten Mineralstoff- und Vitaminmangel ausglich. Die feingehackten Blätter würzen auf gesunde Weise Quark, Weichkäse, Suppen, Eintöpfe oder auch nur ein Butterbrot.

Löwenzahn ist eine Allerweltspflanze der nördlichen Halbkugel.

Genügsam und anpassungsfähig wächst Löwenzahn überall dort, wo die Fallschirme einmal gelandet sind: in Mauerritzen, zwischen Pflastersteinen, auf Wiesen, Feldern, gerne unter Obstbäumen. Liebhaber steril reiner Golfrasen bringt er zur Verzweiflung. Mit seinen optimalen Voraussetzungen für eine sichere Ausbreitung – reicher Samenansatz mit guter Flugtauglichkeit, tiefe Pfahlwurzeln, Blätter als Regenrinnen zur Blattrosette – wurde er zum Symbol für Treue und die gewünschte weltweite Verbreitung der christlichen Lehre.

Auch ohne Staubbeutel und Narben kann der Löwenzahn Früchte bilden. Vielleicht war es diese botanische „Jungfernzeugung", die viele mittelalterliche Maler die beliebte Heilpflanze als Attribut Mariens darstellen ließ. Literarisch hat ihr Hermann Löns als „schönste Blume" ein Denkmal

Löwenzahnblüten verwandeln das Allgäu in einen Park.

gesetzt. Heinrich Waggerl beschrieb den Löwenzahn in seinem „Heiteren Herbarium" und Sebastian Kneipp bedauerte die geringe Wertschätzung, die dieser erfährt, „denn er ist der Gesundheit sehr zuträglich".

Der mittelalterlichen Signaturlehre nach sollte er den Gallenfluss anregen, denn nach dem Pflücken fließt aus Stiel und Blättern ein weißer Milchsaft. Sie können den Versuch unternehmen, den Milchsaft auf Warzen aufzutupfen. Ähnlich wie mit Schöllkrautsaft oder Thuja-Extrakt ist es möglich, dass diese nach einiger Behandlungszeit wurzeltief abfallen. Auch wenn bereits arabische Ärzte Löwenzahn als Heilpflanze einsetzten, wurde er bei uns erst im 16. Jahrhundert bekannt. Leonhart Fuchs ordnete ihn in seinem „New Kreüterbuch" unter den Wegwarten als „Pfaffenröhrlin" ein.

Klare Brühe mit Löwenzahn-Crostini

500 g zarte Löwenzahnblätter von Naturwiesen
1 l Fleisch- oder Gemüsebrühe
4 Scheiben Weißbrot
Olivenöl
4 Knoblauchzehen gehackt
1 halbierte Knoblauchzehe
Salz & Pfeffer
etwas geriebener Käse

▶ **Die gewaschenen,** fein gehackten Löwenzahnblätter in wenig Wasser 4 Minuten blanchieren. Das Kochwasser aufheben. In einem großen Topf den Knoblauch mit 4 Esslöffel Olivenöl goldgelb dünsten, dann den Löwenzahn darin mitbraten, salzen und pfeffern.

▶ **Die Brotscheiben rösten,** mit den Knoblauchhälften einreiben, etwas Olivenöl aufträufeln und den gebratenen Löwenzahn darauf verteilen.

▶ **Die Brühe** mit Löwenzahnkochwasser erhitzen und in tiefe Teller füllen. Pro Teller ein Löwenzahn-Crostini auf die Suppe legen und mit Käse bestreut servieren.

um ihn abends oder bei Regenwetter wieder zu schließen. Voll zäher Überlebenskraft erscheint sie immer wieder nach dem Jäten, niedergetreten richtet sie sich schnell wieder auf.

 Löwenzahn liebt nährstoffreiche, stickstoffhaltige Böden. Geschichtsforscher schließen deshalb aus dem Fund größerer Mengen von Löwenzahnpollen auf vorgeschichtliche Siedlungsplätze. Die mehrjährige Pflanze wird bis zu einem halben Meter hoch. Ihre Blätter bilden am Boden eine Rosette, die wie ein Trichter das Regenwasser zur Pfahlwurzel leitet. Das Blütenkörbchen aus 200 Zungenblüten wird von einem doppelten Hüllkelch umschlossen. Im Stängel und in den hohlen Blattstielen fließt der für Zichoriengewächse typische Milchsaft. Die Pflanze hat einen ausgeprägten Tag-und-Nacht-Rhythmus. Als relativ genaue Uhr öffnet sie ihren Blütenkopf bei Sonnenaufgang,

 Löwenzahnkraut wurde früher in Bulgarien, Polen, Ungarn oder Russland gesammelt. Heute stammt die Droge meist aus heimischem, kontrolliertem Anbau. Kraut, Wurzel und Blüten enthalten Bitterstofe, Inulin, Terpene, Sterine, Mineralstoffe (v.a. Kalium), Schleim sowie reichlich Vitamine.

Der Steigerung der Magensaft- und Gallensekretion durch die Bitterstoffe trägt die Kommission E des Bundesgesundheitsamtes Rechnung durch die Anwendungsgebiete: Störungen des Gallenflusses, Appetitlosigkeit und dyspeptische Beschwerden wie Völlegefühl und Blähungen. Bei Gallenleiden sollten Löwenzahnzubereitungen nur nach Rücksprache mit einem Arzt angewendet werden.

Bewährt hat sich die Anwendung als Frischpflanzensaft, Teeaufguss (1 – 2 Teelöffel auf $1/4$ l Wasser), in Form von Pflanzendragees oder als Tinktur. Durch die leicht harntreibende und mild abführende Wirkung eignet sich die „Löwenzahnwurzel mit Kraut", wie die Droge nach dem Arzneibuch bezeichnet wird, auch gut als Bestandteil von Entschlackungstees zur Ausscheidung von Abbauprodukten und Schadstoffen.

Löwenzahn ist ein überzeugendes Beispiel für eine Pflanze, die gesund und schmackhaft unseren Speisezettel erweitern kann, Organfunktionen anregt, Beschwerden lindert und daneben auch noch unser Auge erfreut.

Thymian

Thymus vulgaris,
Thymus zygis

Wenn es darum geht, südliche Stimmung zu zaubern, dann gehört Thymian unbedingt zu den Duftkräutern, die sich dafür eignen. In Südfrankreich und in Italien verströmt der Wilde Thymian auf steinigen Heiden seinen herb-aromatischen Duft und lockt unzählige Bienen an. Der Eifer, mit dem diese dann den Honig aus den Blüten des Thymians saugen, machte Thymian zum Synonym für „Fleiß". Das Wort „thymos" bedeutet allerdings neben Fleiß auch Kraft und Stärke. Unsere Vorfahren glaubten, durch den Genuss dieser energiespendenden Pflanzen all diese Tugenden stärken zu können. Tatsächlich liegt aber die Stärke dieser Pflanze mehr in der antibakteriellen Wirkung des ätherischen Öles. Sumerische Keilschriften aus dem Jahr 2000 v. Chr. weisen schon auf Thymiananbau im heutigen Irak hin. In Ägypten wurde Thymian zur

Thymiankraut zaubert südliche Stimmung und lockt die Bienen.

Wunddesinfektion und zur Parfümierung der Leichenharze für Mumien verwendet. Da aus der Pflanze in Griechenland auch Weihrauch als Opfergabe für die Götter hergestellt wurde, könnte ihr Name auch von „thumos" (räuchern) her kommen. Seit der Zeit von Hildegard von Bingen dient Thymianöl zur Abwehr von Infektionskrankheiten. Wie viele andere Kräuter brachten die Benediktiner auch den Thymian im 11. Jahrhundert über die Alpen in ihre Klostergärten.

Wegen seiner verdauungsfördernden Eigenschaften ist Thymiankraut ein belebendes und appetitanregendes Gewürz für deftige Speisen, Würste, Fleischpasteten, Bratkartoffeln oder Käse. Eine Mischung von Thymian mit

Rosmarin und Bohnenkraut kann sogar Pfeffer ersetzen. Krampfartige Beschwerden im Magen und Gärungserscheinungen im Darm werden gelindert.

Aus einer holzigen Pfahlwurzel wächst ein immergrünes, mehrjähriges Kraut, welches stark duftende, länglich-elliptische Blättchen besitzt. Diese sind an der Unterseite behaart und am Rand etwas eingerollt. Von Mai bis September sind die zierlichen Sträucher mit den feinen weißlich bis rosa gefärbten Lippenblüten übersät.

Thymian ist in südeuropäischen Mittelmeerländern, in Nord- und in Westafrika zu Hause. Deshalb

Tipp

Inhalat bei Erkältungsbeschwerden

▶ **Inhalationsöl:** 2 Teile Thymianöl, 3 Teile Eukalyptusöl, 5 Teile Latschenkieferöl.
▶ **Übergießen Sie in einem** weiten Topf etwa 10 g Kamillenblüten und 10 g Lindenblüten mit $^{1}/_{2}$ l siedendem Wasser. Zu diesem Inhalationswasser geben Sie 3 Tropfen des Inhalationsöls.
▶ **Nachdem Sie Kopf und Gefäß** mit einem Tuch abgedeckt haben, atmen Sie die Dämpfe langsam und tief durch Mund oder Nase ein.
▶ **Nicht geeignet für** Säuglinge und Kleinkinder!
▶ **Achten Sie darauf,** dass der Topf nicht umkippen kann!

liebt er auch im Garten einen Standort mit viel Sonne und trockener, durchlässiger Erde. Der Boden sollte alkalisch und mager gehalten werden. Sie können Thymian durch Aussaat von Samen im Frühjahr, durch Ableger oder durch schwach verholzte Stecklinge vermehren. Jungpflanzen sollten Sie im Abstand von 15 – 30 cm setzen. Verschiedene Thymian-Arten eignen sich als Würzkraut im Garten, Kräuterbeet, Topfkultur oder Balkonkasten. Während sich der frostempfindlichere Sommerthymian niedrig wachsend rasch ausbreitet, gedeiht der widerstandsfähigere Winterthymian langsamer. Für die Duftecke eignen sich frischer Zitronenthymian oder wild wachsender Feldthymian, auch als Quendel bekannt.

Der unscheinbar blühende Thymian ist eine der wichtigsten Heilpflanzen bei Erkältungskrankheiten. Das Arzneibuch verwendet die Blätter und Blüten von Echtem Thymian (*Thymus vulgaris*) und von Spanischem Thymian (*Thymus zygis*). Für Heil- und Gewürzzwecke werden beide Arten in Großkulturen angebaut. Der beste Erntezeitpunkt ist die Blütezeit. Die abgeschnittenen Triebspitzen werden schonend bei höchstens 35 °C getrocknet. Die danach abgestreiften Blätter und Blüten bewahren ihre Wirkstoffe am längsten in einer gut schließenden Blechdose.

Hauptwirkstoff des Thymians ist neben Gerb- und Bitterstoffen das oft in Lippenblütlern (*Lamiaceae*) verbreitete ätherische Öl. Dessen Hauptbestandteile Thymol und Carvacrol variieren im Mengenverhältnis je nach Pflanzenart und Anbaubedingungen. Als Phenole sind beide noch in einer Verdünnung von 1 : 3 000 keimtötend gegenüber Bakterien und Pilzen. Thymol wirkt nicht nur 20-mal stärker keimhemmend als Phenol, sondern ist wegen seiner geringen Wasserlöslichkeit auch weniger giftig. Wegen des auswurffördernden und krampflösenden ätherischen Öls ist Thymiankraut ein sehr wirksamer Bestandteil von Husten- und Bronchialtees (1 – 2 g pro Tasse). Hier ergänzt es sich ideal mit schleimlösenden Schlüsselblumen, hustenanregenden Fenchelfrüchten und reizlindernden Schleimdrogen. Thymiantee, Thymianbäder und Hustensäfte mit Thymianfluidextrakt oder Thymianpress-Saft sind wirksam bei allen Symptomen der Bronchitis, des Keuchhustens und bei Katarrhen der oberen Luftwege. Ca. 1 – 2 Tropfen Thymianöl lindern, mit heißem Wasser verdünnt, als Inhalation oder feucht-warme Auflage krampfartigen Husten.

Lediglich bei Säuglingen und Kleinkindern, bei Leberschäden und Schilddrüsenfunktionsstörungen sollten Sie mit der Anwendung von Thymian zurückhaltend sein. Sebastian Kneipp lobte den Thymian als „vorzügliches Kräutlein" und empfahl den Absud als „vortreffliches Magenmittel, zur Reinigung der Brust, sowie bei krampfartigen Zuständen und Blähungen".

Thymianöl

3 Bund Thymian
¹/₂ l Olivenöl extra virgine
1 unbehandelte Zitrone in Scheiben geschnitten
Saft von 1 Zitrone

▶ **Den gut gewaschenen Thymian** kurz mit etwas heißem Wasser blanchieren, trocken tupfen und mit ¹/₄ l Olivenöl im Mixer zerkleinern. Dann unter allmählicher Zugabe des restlichen Öls so lange verrühren, bis schließlich eine homogene Mischung entstanden ist.

▶ **Zusammen mit den Zitronenscheiben** und dem Zitronensaft lassen Sie die Mischung in einem sterilisierten Glas verschlossen eine Woche im Kühlschrank ziehen. Das in der Kälte fest gewordene Öl verflüssigt sich wieder bei Zimmertemperatur und kann abgeseiht werden.

▶ **Kühl gelagert ist es** etwa eine Woche haltbar und eignet sich besonders zum Würzen von Salaten, Gemüse, gegrilltem Fisch und Meeresfrüchten.

Ein heißes Bad mit Thymianbadesalz vertreibt schnell die Erkältung.

Linde

Tilia platyphyllos,
Tilia cordata

Welcher Baum kann für sich so unterschiedliche Standorte in Anspruch nehmen, wie: Marktplätze, Wirtshausgärten, Parks, Viehweiden, Alleen, Laub- und Bergwälder und „am Brunnen vor dem Tore"? Sicher nur der beliebte, viel besungene Lindenbaum, der uns im Frühjahr bei Spaziergängen mit seinem betörenden Duft umgibt. Linden sind Urgesteine, Veteranen, die Geschichten und Geschichte erzählen könnten, wie die Dorflinde in Schöneschach bei Bad Wörishofen, die an das Ende des grausamen Dreißigjährigen Krieges erinnert. Ein Lindenmethusalem von 1 000 Jahren ist kein seltenes Naturdenkmal. Unter den oft riesigen, schützenden Laubdächern wurden Feste gefeiert und Recht gesprochen.

Sie war Friedens-, Treue-, Gerechtigkeitssymbol und Schwurbaum.

Unzähligen Vogel- und Insektengenerationen waren Lindenbäume Lebensbereich. Sie gelten als heilige Bäume und als Symbol für Gastfreundschaft. Ihr Name lockt zur Einkehr bei der Lindenwirtin und als populäre Fernsehserie „Lindenstraße". In unzähligen Orts- und Straßennamen von Lindau bis Lindenberg, ja selbst im Familiennamen des berühmten Botanikers Linné ist ihr Name versteckt. Die Linde ist der meistbesungene Baum, der unzählige Bilder und Wappen ziert. Sie bietet uns mit ihrem Holz, ihrem Laub, der Rinde, dem Bast oder Blüten als Honigspender reichen Nutzen. Für die Germanen war sie der Baum der Liebenden, der Fruchtbarkeit und des Wohlstandes. Aus weichem Lindenholz, dem heiligen „Lignum sacrum", schufen Künstler Marienbilder und Heiligenfiguren. „Linde" klingt weich, zärtlich und mild – als heilender Baum „lindert" sie. Schwache und Wehrlose sollte sie schützen, Liebende in Treue verbinden. Allein Siegfrieds Schulter wurde durch ein Lindenblatt verwundbar.

Wohl kein Baum ist im deutschsprechenden Raum so eng mit dem Begriff „Heimat" verbunden wie die Linde. Linden waren das Dorfzentrum, hier traf man sich, hier plätscherte der Dorfbrunnen als Mittelpunkt, als Zentrum der Gemeinschaft. Unsere Vorfahren wussten noch nichts von der hei-

Die Linde ist ein vielbesungener „Heilbaum".

lenden Wirkung der heute so geschätzten Lindenblüten. In den antiken Kräuterbüchern wurden sie nicht genannt und auch Hildegard von Bingen vermerkte nur, dass die Linde sehr heilsam sei. Allerdings benutzten frühere Naturheilkundige bereits das Pulver von Lindenholzkohle gegen Gärungserscheinungen des Darmes mit Durchfall, eine Zubereitung, die als „Carbo Ligni Tiliae" noch ihren Platz in der Naturheilkunde hat.

Wohl jeder kennt den Lindenbaum, doch nur wenige wissen, dass es zwei Lindenarten gibt: die Sommerlinde (*Tilia platyphyllos*) und die Winterlinde (*Tilia cordata*).

Die kleinwüchsigere Winterlinde entfaltet ihre reichen Blütenstände etwa zwei Wochen früher als die Sommerlinde. Während in ihren Blattachseln rotgelbe Haarbüschel sitzen, hat die Sommerlinde nur einen hellen Flaum. In der Natur findet man Lindengewächse (*Tiliaceae*) meist als Solitärbäume und

Lindenblütentee heizt der Erkältung gehörig ein.

Unter Linden wurde getanzt und gerichtet.

Relikte eines Waldes. Selten begegnen wir den Urformen, meist Mischformen. Die herrlich duftende Linde sollte in keinem Garten fehlen, der die nötige Größe hat. Sie bevorzugt alkalische, feuchte, aber wasserdurchlässige Böden und liebt Sonne oder Halbschatten. Im Juni und Juli umschwirren unzählige Bienen den blühenden Lindenbaum. Da diese Zeit auch ideal zum Sammeln der Blüten ist, ist die Ernte nicht ganz ungefährlich. Als Ausgleich schmeckt Lindenblütenhonig besonders süß und aromatisch. Nach der Ernte müssen die Blüten schnell getrocknet und in einer licht- und luftgeschützten Dose aufbewahrt werden, um ihren Wohlgeschmack zu erhalten.

Da wir uns kaum noch großzügige Gärten, geschweige denn Parks leisten können, machen Baumschulen mit Zwerglinden aus der Raumnot eine Tugend. Diese sind anspruchslos und erfreuen auch mit reicher Blüte.

 Lindenblüten werden vor allem aus Osteuropa, China und aus der Türkei eingeführt. Die ganzen, voll entwickelten Blütenstände mit den Hochblättern enthalten neben viel Schleim Flavonoide und ätherisches Öl. Auf Grund des aromatischen Geschmacks und angenehmen Duftes sind Lindenblüten nicht nur ein beliebter Bestandteil von Haustees oder Botanica-Siebenkräuter-Tee, sondern ein Spezialauszug aus Linden- und Orangenblüten kann als duftende Grundlage eines Ölbades für harmonische Ausgeglichenheit fast süchtig machen. Lindenblütentee wirkt schweißtreibend, schwach krampflösend, hustendämpfend und leicht fiebersenkend. Er eignet sich gut als Inhalationsmittel. Wegen des angenehmen Geschmacks ist Lindenblütentee, gesüßt mit Lindenblütenhonig, ein beliebtes Heilmittel bei Kinderhusten.

Tipp

Mit Kneipp Erkältungsbeschwerden lindern

▶ **Ohne Fieber:** heiße Bäder mit Thymian, Eucalyptus. Brustwickel mit Erkältungsbalsam. Hustentee oder -saft: Thymian, Spitzwegerich, Fenchel, Schlüsselblume. Kopfdampf mit Kamille oder Lindenblüten. Temperatur ansteigende Fußbäder, ätherische Öle im Raum, Schwitzkur mit Linden- und Holunderblütentee.
▶ **Bei Fieber:** Bettruhe, kalte Wadenwickel und Brustwickel.

In der Volksmedizin finden Zubereitungen aus Lindenblüten Anwendung zum Entwässern und bei rheumatischen Beschwerden. Sebastian Kneipp bemängelte: „Fast nur noch ältere Leute der alten Schule sammeln die einst so beliebten Lindenblüthen. Sie haben ganz recht und mögen nur treu und konservativ bleiben. Der Lindenblüthenthee ist neben dem Holunderblüthenthee der bekannteste Schwitzthee."

Brennnessel

Urtica dioica, Urtica urens

Brennende Liebe wird es wohl nie, dazu schmerzt sie zu sehr. Aber anerkennenden Respekt werde ich der Brennnessel wohl zunehmend entgegenbringen. Kein Spaziergang in der Natur, bei dem wir nicht am Wegrand, auf einem Schuttplatz oder an einem anderen unwirtlichen Platz unzähligen Brennnesseln begegnen. Jede Freifläche wird in kürzester Zeit von den dumpf riechenden, unscheinbar blühenden Nesseln besiedelt. Sie als „Unkraut" zu bezeichnen, führt heute leicht dazu, dass man sich „in die Nesseln setzt". Neuere wissenschaftliche Forschungen verheißen dieser sehr alten Heilpflanze eine glänzende Zukunft als Arznei-

Brennnesselblätterextrakt macht steife Gelenke beweglich und schmerzfrei.

pflanze. Als Apothekerpraktikant musste ich mit grünem, alkoholischen Brennnesselextrakt Hühneraugenkollodium färben. Brennnesselblätter waren Hauptbestandteil der beliebten „Blutreinigungstees" und gelegentlich verlangte ein Kunde diskret Brennnesselwurzelextrakt als Tonikum.

Der Symbolgehalt der Nesseln wurde immer zwiespältig betrachtet. Sie waren einerseits Sinnbild für schmerzliche Liebe, sinnliche Begierde, Laster und Faulheit, andererseits standen sie aber auch für Mut und Kampfbereitschaft. Brennnesselsuppe oder Brennnesselspinat galten als Speise der Armen. Heute sind die zarten Austriebe beliebt als vitamin- und mineralstoffhaltige Bereicherung von Frühlingssuppen, Soßen und Gemüsen. In der Pflanze vermuteten unsere Vorfahren den Sitz dämonischer Wesen. Als „Donnernesseln" sollten sie den Blitz anziehen, als wucherndes Unkraut galten Nesseln als „Pest der Gärten". Im biologischen Gartenbau schützen Brennnesseln das Gemüse vor Ungeziefer und Brennnesseljauche gilt als natürliches Spritzmittel gegen Blattläuse. Den stechenden Schmerz, wenn sich die abgebrochene, verkieselte Spitze eines farblosen Brennnesselhaares in unsere Haut bohrt bewirken organische Säuren, Amine den stechenden Schmerz und die Quaddelbildung. Die „brennende" Verteidigungsbereit-

Brennnessel, verkanntes „Unkraut" mit großer Zukunft

schaft der scheinbar unbeachteten Pflanze nutzten unsere Vorfahren. Sie haben den durchblutungsfördernden Reiz als „Urtication" bewusst zur Linderung rheumatischer Beschwerden herbeigeführt, indem sie sich gegenseitig mit Brennnesselruten auspeitschten.

Aus Blättern, Kraut und Wurzeln bereitete man wassertreibenden Tee oder Pflanzensaft. Alkoholische Extrakte pflegen Kopfhaut, Haare und schmerzende Körperstellen. Die Pflanzenfasern wurden, grob versponnen, zu preiswertem Nesseltuch gewebt. Entdecker, Auswanderer und Händler setzten auf ihren Schiffen dieses als wetter- und reißfestes Segel. So war dieses Unkraut schon früher eine vielseitig verwendete Pflanze.

In der Heilkunde werden Kraut, Wurzeln und Samen der Großen Brennnessel (*Urtica dioica*) und der Kleinen Brennnessel (*Urtica urens*) verwendet. Im Gegensatz zur bis zu 1,5 m hoch wachsenden, zweihäusigen Großen Brennnessel ist die Kleine Brennnessel einhäusig. Auch wenn die Brennnessel überall wächst, wo man es zulässt, stammen die Kräuter für Heilzwecke meist aus kontrolliertem Anbau. Sie stellen hohe Anforderungen an den Boden. Enthält dieser zu wenig Stickstoff, färbt sich die Pflanze braun und welkt. Ein zu hoher Stickstoffgehalt kann zu hohen Nitratwerten in der Droge führen. Auch der Erntezeitpunkt führt je nach Tageszeit und vorheriger Wetterlage zu unterschiedlichem Gehalt an Aminosäuren und Nitrat. Der

kontrollierte Anbau der anscheinend so unproblematischen Pflanze ist auch deshalb sehr aufwendig, weil nur ein Bruchteil des ausgesäten Samens keimt und deshalb Anzucht empfehlenswert ist.

Lassen Sie in Ihrem Garten ein kleines Brennnesseleck am Zaun oder beim Komposthaufen zu. Dort können Sie von März bis Mai zarte Blätter und Triebe ernten. Zusätzlich erhalten Sie einigen Schmetterlingen eine beliebte Futterpflanze.

Im Brennnesselkraut befinden sich Flavonoide, Vitamine der B-Gruppe, Vitamin C, Calcium- und Kaliumsalze, Kieselsäure, Nitrate und auch organische Säuren.

Die mild entwässernde Wirkung des Teeaufgusses und des Frischpflanzensaftes dient der unterstützenden Behandlung rheumatischer Beschwerden und zur Durchspülung bei entzündlichen Erkrankungen der ableitenden Harnwege.

Nach neueren Erkenntnissen schreibt man den Inhaltsstoffen der Brennnesselblätter eine lindernde Wirkung bei Beschwerden des rheumatischen Formenkreises zu. Sie optimieren die verminderte Blutversorgung der Gelenke, verhindern so deren Abbau, lösen schmerzhafte Knorpeltrümmer auf und regenerieren die Knorpelmasse. Brennnesselwurzelextrakt hat sich auf Grund seines hohen Gehaltes an Sterinen als linderndes Mittel bei Prostatabeschwerden bewährt. Die als „Unkraut" beschimpfte Brennnessel bestätigt mit ihren vielfältigen Wirkungen den vorausschauenden Satz von Sebastian Kneipp: „Versteh doch die Sprache der Pflanzen, gerade die Verachtetsten, die am meisten Zertretenen, haben häufig die schönsten Kräfte in sich verborgen."

Brennnesselsuppe

200 g Brennnesselblättchen
1 l Wasser
1 Bund Kräuter (Petersilie, Kerbel, Sauerampfer, Löwenzahn)
1 Schalotte
etwas Butter
etwas Mehl
3/4 l gewürzte Fleischbrühe
1/4 l Milch
1/2 Becher Crème fraîche
1 Eigelb
Pfeffer & Salz

▶ **Die grob gehackten** Brennnesselblättchen auf einem Sieb kurz kalt waschen, nach dem Abtropfen 15 Sekunden in 1 l sprudelnd kochendem Salzwasser blanchieren und sofort mit Eiswasser abschrecken.

▶ **Die gewaschenen und** abgetrockneten Kräuter mit der feingehackten Schalotte in Butter andünsten, die Brennnessel hinzufügen. Alles ca. 1 Minute dünsten und leicht mit Mehl bestäuben. Wenn das Mehl hell angeschwitzt ist, löschen Sie mit 3/4 l kräftig gewürzter Fleischbrühe und 1/4 l Milch unter Rühren ab und lassen 8 Minuten köcheln. 1/2 Becher Crème fraîche hinzugeben und die Suppe bis kurz vor dem Kochen erhitzen.

▶ **Die Mischung wird durch ein** in etwas Suppe verquirltes Eigelb legiert, mit Pfeffer und Salz gewürzt und mit einigen Kräuterblättchen dekoriert serviert.

Baldrian

Valeriana officinalis

An den Tagen, an denen wir in der Teefabrik der Kneipp Werke Baldrianwurzeln zerkleinern oder „windsichten", werde ich von unserer Katze abends besonders liebevoll und schmusig begrüßt. Der Duft des für uns beruhigenden Baldrians versetzt sie in Aufregung und macht sie und ihre Artgenossen ausgesprochen „high". Dieses Verhalten erklärt den volkstümlichen Namen des Baldrians als „Katzenkraut", „Katzentee" oder „Katzenwurz". Auch Sebastian Kneipp ist es wohl ähnlich ergangen wie mir, denn er berichtet: „Dass im Baldrian etwas Besonderes stecken muss, darüber belehren uns die Katzen, die er so betäubt, dass sie sich in ihm wälzen."

Als Hexenkraut sollte Baldrian alles Böse, ja sogar den Teufel abwehren. Dies lässt darauf schließen, dass der Name mit dem Lichtgott Balder, dem Sohn der germanischen Göttermutter Frigg, zusammenhängt. Seit dem 5. Jahrhundert wird

Baldriantee entspannt und fördert die Konzentration.

Baldrian als Volksheilmittel in Kräuterbüchern erwähnt, allerdings nicht immer als entspannendes Beruhigungsmittel. Die uralte Heilpflanze spielte bereits bei den Hippokratinern unter dem Namen „*Narduus sylvestris*" eine bedeutende Rolle in der Frauenheilkunde und als Krampflöser. Daher auch sein volkstümlicher Name „Krampfkraut". Mit dem wohlriechenden Öl des Indischen Nardenbaldrians (*Nardostachys jatamansi Valerianaceae*) soll Maria Magdalena Christus die Füße gesalbt haben. Daher ist Baldrian auf vielen mittelalterlichen Tafelbildern abgebildet.

Hildegard von Bingen (1099 bis 1179) empfiehlt Baldrian gegen Gichtschmerzen und die Kräuterkundigen des 16. und 17. Jahrhunderts lobten seine lindernde Wirkung bei Atemnot, Sehschwäche, Kopfschmerzen und Husten. Wahrscheinlich beeinflusste der eigenartige Geruch der Baldrianwurzel die Psyche so, dass sie eine solche Vielzahl von Beschwerden lindern konnte. Die „gute, alte Zeit" war ja aufregend, kriegerisch und sorgenvoll. Man hätte gut ein Beruhigungsmittel brauchen können.

Aber erst seit dem 19. Jahrhundert weiß man um die beruhigende, nervenstärkende Wirkung des Baldrians. Der lateinische Name weist auf die Wirkung hin: „valeo" (ich fühle mich wohl). Wegen des aromatischen, nicht von allen geschätzten Geruchs sollte die Pflanze früher abergläubischen Menschen als Schutz gegen die Pest dienen. Zusammen mit ebenfalls stark riechenden Kräutern wie Dost und Dill schützte sie angeblich das Vieh vor Hexen.

Auf Wanderungen begegnen Sie den bis zu 2 m hohen Baldrianstauden vor allem an Bachufern, an Gräben, auf feuchten Wiesen und in Laub- und Mischwäldern. Die bei uns vorkommenden Arten unterscheiden sich in der Blütenfarbe – von Reinweiß bis Rosa – und in der Zahl der Fiederblättchen. Die kräftige, ausdauernde Pflanze ist als Baldriangewächs (*Valerianaceae*) leicht an den gegenständigen, unpaarig gefiederten Blättern und an den endständigen Doldenrispen mit kleinen fünfspaltigen Blüten zu

Tipp

Gesunder Schlaf mit Kneipp

▶ **Heilkräuter:** Baldrian, Hopfen, Melisse, Passionsblume als Tee, Saft oder Dragee.
▶ **Begleitende Anwendungen:** Temperaturansteigendes Fußbad, Kniguss. Bei warmen Füßen: kalte Fußwaschung oder Wassertreten. Atemübungen.
▶ **Für Harmonie & Ordnung:** Nur kurzer Mittagsschlaf, Abendmahlzeit nicht zu spät. Passendes Bett, Matratze, Kopfkissen. Entspannungsübungen. Schlafrhythmus anpassen (Morgen- und Abendtypen).

erkennen. Diese werden bevorzugt von Fliegen befruchtet.

Der leicht gerippte Stängel ist hohl und unverzweigt. Der arzneilich verwendete, gedrungene Wurzelstock entwickelt erst nach dem Trocknen seinen typischen Geruch. Er wird nach der Blüte von August bis Oktober gesammelt.

Arzneibaldrian stammt hauptsächlich aus Kulturen. Er gedeiht am besten in feuchtem Boden und liebt volle Sonne oder lichten Halbschatten. Sie können die Staude im Garten oder als Kübelpflanze auf dem Balkon anpflanzen. Hohe Arten müssen gestützt werden. Fleißiges Gießen bildet kräftige Wurzeln aus. Diese entwickeln sich besonders gut, wenn die Blütentriebe zeitig geschnitten werden. Bereits einjährige Wurzeln können nach dem Waschen gebündelt und getrocknet werden. Dies darf nicht zu langsam und nicht über 40 °C geschehen. Auch zu feuchte oder zu lange Lagerung mindert die Qualität. Offizinelle Baldrianpflanzen bekommen Sie in der Staudengärtnerei. Wegen des häufigen Vorkommens können Sie aber auch eine Staude am Bachrand behutsam ausgraben und sie im Garten durch Teilung vermehren.

 Die im Arzneibuch vorgeschriebene Baldrianwurzel stammt ausschließlich aus kontrolliertem Anbau. Hauptinhaltsstoffe sind 0,5 – 2 % Valepotriate, Alkaloide, 0,5 – 1,5 % ätherisches Öl mit α- und β-Pinen, Fenchon, Camphen und Limonen. In den Zubereitungen sind meist schon die Abbauprodukte der Valepotriate enthalten. Die bei der Trocknung entstehende Isovaleriansäure ist für den typischen Geruch verantwortlich.

Baldrianzubereitungen haben den Vorteil, dass sie beruhigen und entspannen, gleichzeitig aber auch Konzentration und Leistungsvermögen steigern. Für diese ideale Wirkung sind ätherisches Öl und Valepotriate verantwortlich. Baldriantee und Baldriantinktur wirken beruhigend und schlaffördernd, obwohl sie keine Valepotriate mehr enthalten. Kombiniert mit Hopfen sind Baldrianzubereitungen sehr geeignete Nachtsedativa. Sie eignen sich gut zur Linderung nervöser Herz- und Magenbeschwerden, bei Prüfungsangst, nervöser Erschöpfung und vor Stresssituationen. Bei genügend hoher Dosierung (Teeaufguss aus 2 – 3 g Droge pro Tasse, Tinktur mehrmals täglich $\frac{1}{2}$ – 1 Teelöffel) werden Sie wohltuend die im Schlaflabor wissenschaftlich bewiesene Wirkung erfahren, die bereits Sebastian Kneipp lobte: „Weitgeschätzt ist auch die Verwendung als Schlafmittel."

Baldrianduft macht Katzen „high" und Menschen ruhig. Baldrianwurzel (rechts)

Die Artenvielfalt ungedüngter Naturwiesen ist Voraussetzung für hohe Qualität
und aromatischen Duft der Kneippschen Heusäcke.

Heublumen

Flores Graminis

Tipp

**Mit Kneipp rheumatische
Beschwerden lindern**

▶ **Chronisch:** Heusack, warme Rückengüsse,
Bäder mit Wacholder und Heublumenöl,
Rückenschule, Entspannungsübungen, Massage,
Schwimmen, Radeln, Wandern, Übergewicht
reduzieren, Brennnesseltee, Rheumasalben und
Arnikapräparate, Matratze, Kopfkissen und
Bürostuhl anpassen.
▶ **Akut-entzündlich:** feucht-kalte Wickel, Lehm-
und Quarkauflagen, Bewegung, Brennnesseltee,
Mädesüßtee, Weidenrinde als Tee.

 Neben der Gießkanne
gilt der Heusack als
Symbol für die Kneipp-
kur. Mancher lang-
jähriger Kurgast sehnt sich nach dem
morgendlichen Leinensäckchen
voller Heu zur Linderung seiner
Schmerzen. Da sich nach der halbstündigen Wärmeanwendung noch
einmal entspannender Schlaf ein-
stellt, wird der Heusack gerne als
„Morphium der Kneippkur" geprie-
sen. Heublumen sind in Form von
locker gefüllten Leinensäckchen,
als gebrauchsfertiger Heupack, als
Badeextrakt, Badeöl oder Badesalz

wieder in Mode gekommen. Wie ist
dieses Gemisch von Blüten, Samen, Blatt- und Stängelstückchen,
die wir Apotheker als *Flores Graminis* bezeichnen, definiert?

 Zu Kneipps Zeiten
waren Heublumen
die Anteile des ge-
trockneten Heus, die
beim Lagern in der Tenne durch
die engen Ritzen der Bodendielen
fielen. Heute im Zeitalter der Silo-
technik ist es kaum noch möglich,
diese Qualität zu bekommen. Wissenschaftliche Untersuchungen
haben nachgewiesen, dass fein
geschnittenes Heu in Bezug auf
die Wärmeaufnahme beim Dämp-
fen und die Wärmeabgabe an den
Körper den historischen Heublumen ebenbürtig ist. Entscheidend
für die Qualität ist aber die Arten-

perenne) und Wolliges Honiggras (*Holcus lanatus*). Cumarinhaltige Pflanzen wie Wohlriechendes Ruchgras (*Anthoxantum odoratum*), Echter Steinklee (*Melilotus officinalis*) oder Waldmeister (*Galium odoratum*) verbreiten nach dem Trocknen den typischen Heuduft.

 Wenn auch die wohltuende Wirkung des Heublumensacks vor allem auf der gleichmäßigen, sanften Wärmeabgabe beruht, so schreibt man den über die Haut und die Atmung aufgenommenen Cumarinen eine beruhigende Wirkung zu. Unterstützt wird diese durch ätherisches Öl, Flavonoide, Zucker, Proteine, Mineralien und Spurenelemente. Schafgarbe, Kamille, Johanniskraut, Quendel, Bibernell, Kümmel oder Spitzwegerich tragen wesentlich zum Gehalt an diesen Wirkstoffen bei. Flockenblume, Günsel, Primel, Kleearten oder Labkraut sorgen für eine optische Aufwertung.

Stoffwechsel anregend, Muskel lockernd, durchblutungsfördernd und wärmend werden Heusäcke vor allem nach sportlichen Aktivitäten, bei Muskelkater, Tennisarm, nach Zerrungen und Verstauchungen angewendet. Bewährt hat sich diese Spezialität auch bei rheumatischen Beschwerden, Arthrosen und unterstützend bei Gallen-, Nieren- und Blasenerkrankungen. Bei offenen Wunden, akuten rheumatischen Schüben und Entzündungen ist die Anwendung kontraindiziert. Heusäcke steigern den Gewebestoffwechsel und die Elastizität des Bindegewebes. Gebrauchsfertige Heusäcke eignen sich gut für die häusliche Anwendung. Hierbei feuchten Sie den Heupack leicht an und lassen ihn anschließend etwa eine Stunde in einem großen Topf durchdämpfen. Der auf etwa 50 °C abgekühlte Heusack wird nach mehrmaligem Aufschütteln vorsichtig auf die zu behandelnde Körperstelle aufgelegt, zunächst mit einem Leinentuch fixiert, und dann noch mit einem Wolltuch umwickelt. Nach der etwa halbstündigen Auflage sollten Sie unbedingt mindestens eine halbe Stunde ruhen. Wer einmal die wohltuende Wirkung erfahren hat kann verstehen, dass man danach süchtig werden kann.

vielfalt der Wiesen. Auf schnelles Futterwachstum hin gedüngte Wiesen weisen neben wenigen Masse bringenden Gräsern hauptsächlich noch Löwenzahn oder Kerbel auf. Im Gegensatz dazu wächst auf Mager- oder Bergwiesen eine Vielfalt an Gräsern, Heilkräutern und Blumen. Besonders hochwertig ist Heu von „einmähdrigen Wiesen" und Almheu.

Die einmal vor oder während der Blüte gemähten Wiesen – „D'Bluah" wie der Allgäuer sagt – enthalten Süßgräser (*Graminaceae*), Wiesenfuchsschwanz (*Alopecurus pratensis*), Wiesenlieschgras (*Phleum pratense*), Zittergras (*Briza media*), Knäuelgras (*Dactylis glomerata*), Englisches Raygras (*Lolium*

Heublumenbäder lindern rheumatische Beschwerden.

Das richtige Kraut zur rechten Zeit

Wir besinnen uns wieder zunehmend darauf, im Einklang mit der Natur und in den Jahreszeiten zu leben. Die fünf Elemente der Kneippschen Lehre bieten vielfältige Anwendungsmöglichkeiten, Kräuter in der Gesundheitsvorsorge, beim Sport, in der Küche, als Gewürz, Potpourri, Aromaöl oder als pflanzliches Heilmittel wohltuend zu nutzen.

Kräuter für neuen Frühjahrsschwung

Tipp

Frühlings- und Sommerkräuter

▶ **Frühling**
Tee: Löwenzahn, Petersilie, Birke, Brennnessel.
Bad: Rosmarin, Heublumen.
Nahrung: Löwenzahn, Bärlauch, Spargel, Holunder.
Duft: Maiglöckchen, Flieder.

▶ **Sommer**
Tee: Hagebutte, Hibiskus, Grüntee, Zitrone.
Bad: Lavendel, Orangen-Minze, Mandelblüte.
Nahrung: Fenchel, Rosmarin, Basilikum, Tomate, Artischocke, Knoblauch.
Duft: Zitrone, Limone, Melisse, Minze.

Seit Jahrmillionen beeinflussen der durch die Eigenrotation der Erde bedingte Tag-und-Nacht-Rhythmus und der Zyklus der Jahreszeiten unser Leben. Seit etwa 5 000 Jahren jagen wir Menschen mit Uhren aller Art der Zeit nach. Dabei haben wir eine fragwürdige Freiheit gegenüber der natürlichen Zeitordnung gewonnen. Wir machen die Nacht zum Tage, überspringen bei Flügen Stunden und Tage, klimatisieren Räume und verwischen mit unseren Lebensgewohnheiten die Jahreszeiten. Zu keiner Zeit wusste man so viel über biologische Rhythmen, doch nie wurde rücksichtsloser dagegen verstoßen. Zunehmend regt sich aber eine Sehnsucht, wieder mehr mit der Natur zu leben, „chronos" (Zeit) und „bios" (Leben) mehr in Einklang zu bringen.

Entdecken Sie daher den Reiz der Jahreszeiten mit der zeitgerechten Anwendung von Heilkräutern, Nutz- und Duftpflanzen neu. Gerade das Frühjahr ist traditionell die Zeit der äußeren und inneren Reinigung. Der Sinn der Fastenzeit besteht auch darin, den Körper nach dem langen Winter zu regenerieren und Schadstoffe auszuschwemmen. Zur milden Entwässerung und Entschlackung – früher sprach man bildhaft von „Blutreinigung" – eignen sich Löwenzahn- und Petersilienkraut, Birken- und Brennnesselblätter, Brunnenkresse oder Hagebutte als Tee oder Pflanzensaft. Heublumen- und Rosmarinbäder regen Kreislauf und Stoffwechsel an. Unterstützt wird dieser Effekt durch Waschungen, Wickel oder warm-kalte Güsse.

Wandern, Schwimmen und Radfahren kräftigen die Kondition optimal. Ein bitterer Pflanzensaftaperitif stimmt Sie ein auf leichte, naturbelassene Salate und Frühlingssuppen mit zarten Löwenzahn- oder Bärlauchblättern. Genießen Sie entwässernden Spargel und schweißtreibende Holunderblüten. Die wintertrockene Haut regenerieren Sie mit pflegendem Mandelblüten-, Jojoba- oder Nachtkerzenöl. Über die Nase verstärken Sie die Freude an der erwachenden Natur mit Maiglöckchen oder Fliederduft. Mit diesen Frühjahrskräutern gelingt Ihnen die Einstimmung auf die kommenden Sommerfreuden.

Das Frühjahr ist die Jahreszeit der Reinigung und Entschlackung.

Den Sommer natürlich genießen

Der Sommer macht es uns besonders angenehm, in und mit der Natur zu leben. Lange Tage und milde Nächte, wärmende Sonne und erfrischender Regen, üppige Flora und lebendige Fauna schenken uns direkte Begegnungen mit den Blüten, Früchten, Düften und Tieren dieser Jahreszeit. Der Urlaub mit seinem Milieuwechsel ist ein wichtiger Beitrag zur Lebensharmonie. Hier haben wir unbeschwert Zeit für die Familie und für uns selbst.

Wohl jeder erinnert sich an typische Sommerdüfte: das Meer, ein Regentag, ein Getreidefeld oder eine blühende Lindenallee. Sommer ist die Zeit der frischen Düfte: Zitrusfrüchte, Lavendel, Melisse, Minze. Unseren Körper erfrischen wir mit diesen Duftnoten in Form von Badesalzen, Duschen oder Sprudelbädern. Kalte Getränke ergänzen nach einem heißen Tag oder nach dem Sport Flüssigkeit, Mineralien und

Im Sommer lässt sich besonders gut der Kräuterschatz der Natur nutzen.

Vitamine. Dies können verdünnte Fruchtsäfte oder abgekühlte Tees sein: säuerlich durstlöschende Hagebutte, Hibiskus, Sieben-Kräuter-Tee, Schwarztee mit Zitrone oder auch ein erfrischender Pfefferminztee.

Die Sommerküche ist leicht und bekömmlich: Salate, Gemüse, Obst, Milchprodukte. Fisch

und Geflügel werden durch Fenchel, Rosmarin, Basilikum bekömmlicher. Grill und Wok erhalten uns durch kurze Garzeiten Vitamine. Artischocke, Tomaten und Knoblauch gelten als schmackhafte Fettkiller.

Sportliche Aktivitäten trainieren unser Herz- und Kreislaufsystem ebenso wie Arm-, Bein- und Gesichtsgüsse oder Wassertreten. Nach dem Sonnenbaden verlangt unsere Haut nach pflegender Feuchtigkeit mit Ringelblume, Mandelblüten, Kamille, Jojoba- oder Nachtkerzenöl. Minzöl, Fichtennadelfranzbranntwein und Arnikapräparate lindern Sportblessuren und erleichtern schwere Beine. Genießen Sie den Sommer mit seinen vielen natürlichen Gaben in vollen Zügen!

Sonnenblumen liefern bekömmliches Öl für Sommersalate.

Im Herbst sollen wir unseren Körper für den Winter stärken.

Die herbstliche Fülle der Natur

Die oft gestellte Frage: „Kann ich immer den gleichen Tee trinken?" beantworte ich gerne mit der Gegenfrage: „Möchten Sie immer das Gleiche essen?"

Wir sollten daher vielmehr die vielfältigen Angebote der Natur individuell nutzen. Der Herbst besteht nicht nur aus goldenen Oktobertagen. Eine gedrückte Stimmungslage an tristen, nebligen Herbsttagen können Sie mit Johanniskraut aufhellen. Wir bevorzugen wieder „wärmere" Düfte und Tees: Brombeer- und Himbeerblätter, Grüntee mit Jasmin, Schwarztee. Zeder, Rosenholz, Angelika, Bergamotte, Mandarine oder Geranie vertreiben als Düfte trübe Stimmung. Auch das klassische Potpourri mit Rosen- und Lavendelblüten und Lorbeerblättern lässt den Sommer etwas nachklingen.

Der Herbst ist die Zeit der Ernte, der Früchte. Sie sollten mit dem reichen Angebot an Obst und Gemüsen noch einmal vor dem Winter kräftig Vitamine tanken. Warum nicht neue Rezepte mit Kürbis und Maronen probieren? Auch fruchtige Vorräte in Form von Holundermarmelade, Hagebutten- oder Quittengelee, Obstsäften oder Beerenweinen lassen sich gut anlegen.

Statt erfrischender Duschen bevorzugen wir wieder mehr ein entspannendes Bad mit Orangen-, Linden-, Melissen-, Heublumen- oder Fichtennadelöl. Jetzt ist auch die Zeit, mit Vitaminen, Sonnenhutpräparaten oder Bitterstoffdrogen unser Immunsystem zu stärken. Kleine Wasseranwendungen, die allmählich gesteigert werden, Gesichtsgüsse oder auch Saunagänge mit Eucalyptus-, Bir-

ken- oder Latschenkieferaufguss unterstützen deren Wirkung.

Sie verbreiten typischen Herbstduft ...

Mit Kneipp gut durch den Winter

Kälte, Schnee und Eis, kurze Tage und lange Abende sind die Merkmale der manchmal gar nicht so stillen Jahreszeit. Duftöle, Gewürze, Backwaren oder Glühwein mit dem Geruch nach Zimt, Vanille, Kardamom und Gewürznelken wecken in uns herrliche Kindheitserinnerungen. Winterliche Speisen sind deftiger. Sie können daher Ihren Magen mit blähungstreibendem Kümmel und Fenchel, appetitanregenden Wacholderbeeren, Lorbeerblättern, Muskat, Curry und mit fettverdauendem Wermut gut unterstützen. Jetzt ist die Zeit, die Sommervorräte zu genießen.

Sie sollten morgens vollwertig mit Müsli und Fruchtjoghurt in Ruhe frühstücken, wieder mehr laufen, Auto und Aufzüge meiden. Statt Kaffee Kräutertee, Fruchtsäfte und Mineralwasser trinken. Mittags Salate, weniger Fleisch, mehr Fisch, Obst und Gemüse essen. Dem Winterspeck mit Skifahren, Hallentennis oder Spaziergängen bei jedem Wetter trotzen. Danach ein durchwärmendes Bad genießen. Die schwachen Stellen mit einem Heusack behandeln.

Den Kreislauf können Sie mit Waschungen, Güssen und wechselwarmen Fußbädern (Rosmarin, Fichtennadel) in Schwung halten. Im Sinne der Ordnungstherapie sollten Sie einen ausgewogenen Lebensstil mit einem Wechsel von Aktivität und Ruhepausen anstreben. Haben Sie ein wirksames Zeitmanagement, bei dem auch die Freizeitaktivitäten feste Termine sind? Machen Sie sich Gedanken über Ihre Familie und Ihr Berufsumfeld, lösen Sie Konflikte und streben Sie Harmonie an.

Wenn Sie trotz aller Vorbeugung und Abhärtung doch eine Erkältung oder Grippe angeflogen hat, können Sie diese mit zahlreichen Kräutern lindern: Der Kopfdampf mit Kamillenblüten, Lindenblüten oder einem Tropfen Thymianöl befreit Nase und Rachen. Hustentee mit Thymian, Fenchel, Schlüsselblume und Spitzwegerich lindert fest sitzenden Husten und befreit die Bronchien von zähem Schleim. Die entzündungshemmende Wirkung von Salbei wird unterstützt durch einen kühlen Halswickel. Thymian, Eucalyptus, Kampfer und Latschenkiefer lindern als Bäder und Salben Erkältungssymptome. Holunder- und Lindenblütentee eignen sich bei robustem Kreislauf für eine Schwitzkur. Kalte Waden- und Brustwickel helfen hohes Fieber zu senken. Bei entzündeten Nebenhöhlen haben sich Nasenspülung, Kamillendämpfe und ein Gesichtsguss bewährt. Neben ausreichender Bettruhe sollten Sie immer für warme Füße sorgen, reichlich trinken und die Selbstheilungskräfte

des Körpers mit Saft- und Teefasten unterstützen. So werden Sie mit den fünf Säulen der Kneippschen Gesundheitslehre bald wieder fit sein. Dieser persönliche Lebensstil kann aber nicht nur jahreszeitlich geprägt sein, sondern kann an jedem einzelnen Tag erfolgen.

Tipp

Herbst- und Winterkräuter

▶ **Herbst**
Tee: Brombeerblätter, Himbeerblätter, Johanniskraut, Schwarztee, Melisse.
Bad: Heublume, Fichtennadel, Melisse.
Nahrung: Kürbis, Maronen, Holunderbeeren, Hagebutten, Quitte, Vogelbeere.
Duft: Zeder, Rosenholz, Rose, Bergamotte, Mandarine.

▶ **Winter**
Tee: Thymian, Spitzwegerich, Schlüsselblume, Holunderblüten, Lindenblüten.
Bad: Wacholder, Kamille, Fichtennadel, Eucalyptus, Thymian.
Nahrung: Wacholderbeeren, Lorbeer, Muskat, Curry, Beifuß.
Duft: Zimt, Kardamom, Vanille, Gewürznelke.

Im Winter stärken Kräuter die Abwehrkraft und lindern Husten & Co.

Die Heilkräuteruhr

Vielleicht denken Sie ja, dass die folgende Heilkräuteruhr der Wunschtraum eines Apothekers ist. Aber sinnvoll in Ihren Tageslauf eingebaut können Sie mit der Kraft der Kräuter den chronobiologischen Rhythmus Ihres Körpers natürlich unterstützen und Organfunktionen mild anregen.

5 Uhr: Die Düfte des schmerzlindernden Heusacks schenken noch einmal erholsamen Schlaf.

7 Uhr: Morgendlicher Schwung mit einer erfrischenden Rosmarindusche.

8 Uhr: Korngesundes Frühstück mit Haferkleie, Leinsamen und Kräutertee.

9 Uhr: Den Kreislauf mit einem Glas Weißdornsaft stützen.

10 Uhr: Mit Brennnessel die Entschlackung fördern.

11 Uhr: Enzian und Wermut locken Magensäfte und regen den Appetit an.

12 Uhr: Löwenzahn steigert den Gallenfluss und fördert die Fettverdauung.

13 Uhr: Artischocke verbessert die Verdauung und senkt die Fettwerte.

14 Uhr: Kümmel und Fenchel befreien von Völlegefühl und Blähungen.

15 Uhr: Das Mittagstief mit Johanniskraut überwinden.

16 Uhr: Hagebutten als Vitaminstoß, Grüntee mindert Risikofaktoren.

17 Uhr: Den Tagesstress mit Melisse abfangen.

18 Uhr: Nach dem Ausgleichssport mit Wacholder die Muskeln lockern.

19 Uhr: Kürbis und Sägepalme sorgen für eine ungestörte Nacht ohne Aufstehen.

20 Uhr: Mit Knoblauch die Blutgefäße schützen.

21 Uhr: Weißdorn als herzstärkender Schlummertrunk.

22 & 23 Uhr: Natürlich entspannt einschlafen mit Baldrian und Hopfen.

24 Uhr: Lavendel eignet sich nicht nur nachts als harmonisierendes Ruhekissen .

Nachdem wir heute wissen, was „Bio" mit „Rhythmus" zu tun hat, können wir die Heilkräuter viel wirkungsvoller nach dem Ticken unserer Inneren Uhr anwenden.

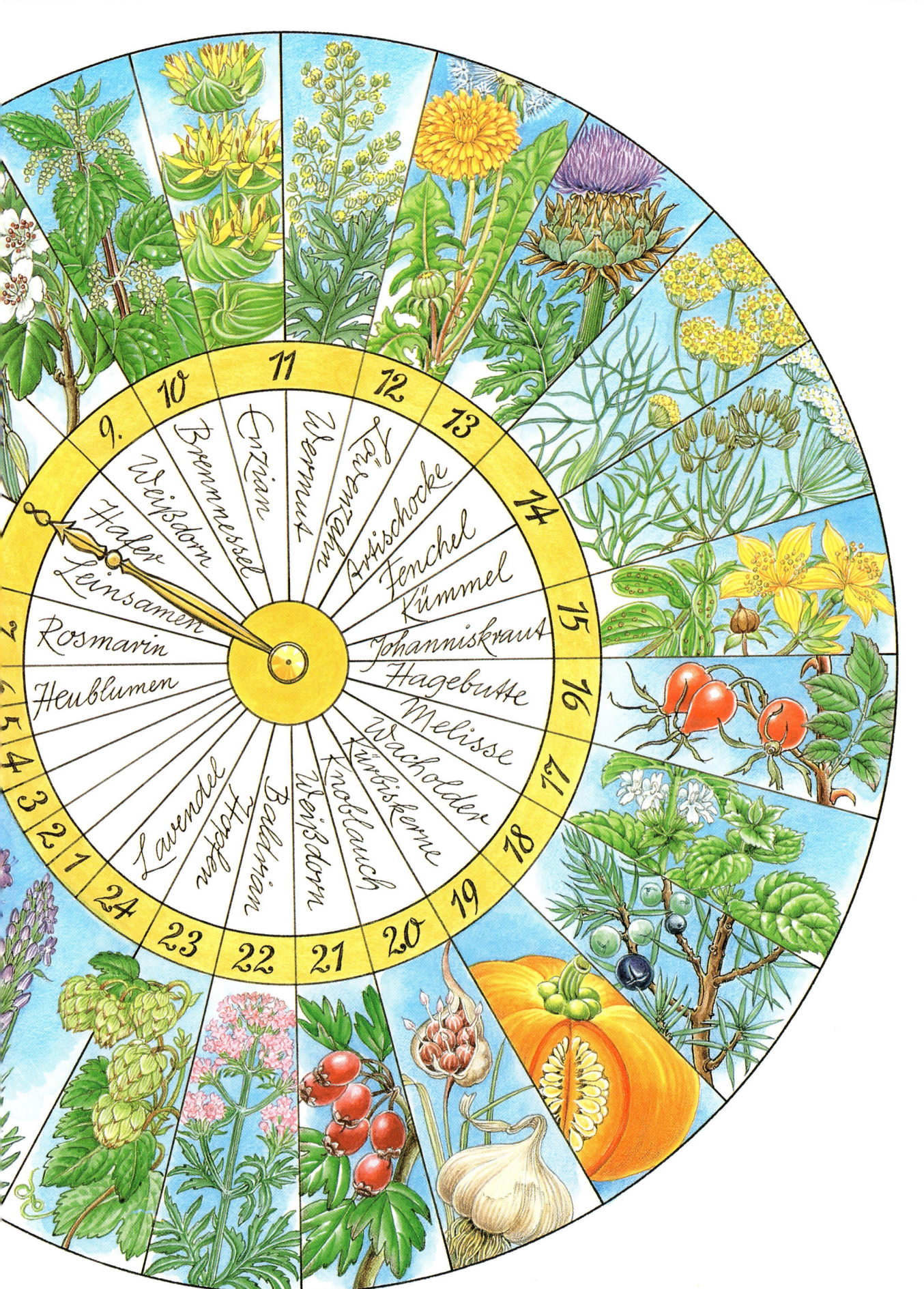

Literatur

Heilpflanzen

Aichele, D. / Golte-Bechtle, M.: Das neue Was blüht denn da? Kosmos Verlag, Stuttgart (1994).

Bickel, G.: Mein Kräuterhexenwissen. Kosmos Verlag, Stuttgart (1997).

Brickell, C.: DuMont's Große Pflanzen-Enzyklopädie A-Z. DuMont Buchverlag, Köln (1988).

Fintelmann, V. / Menßen, H.G. / Siegers, C.P.: Phytotherapie Manual. Hippocrates Verlag, Stuttgart (1993).

Fischer, M. / Fröhlich, H.H. / Thiele, K.: Kneipp Kräuter Fibel. Kneipp Werke Würzburg-Bad Wörishofen (1999).

Fröhlich, H.H.: Der Naturgarten des Sebastian Kneipp. Hugendubel Verlag, München (1997).

Gehrmann, B. / Koch, W.G. / Tschirch, C.O. / Brinkmann H.: Arzneidrogenprofile. Deutscher Apotheker Verlag, Stuttgart (2000).

Holt, K.: Kräuter in Garten und Küche – Kräuter für Gesundheit und Schönheit – Kräuter als Duft und Dekoration. Christian Verlag, München (1995).

Kremer, B.P.: Heilpflanzen. Kosmos Verlag, Stuttgart (2000).

Laux, H.E. / Todt, A.: Heilpflanzen. Umschau Verlag, Frankfurt/Main (1990).

McIntyre, A.: Das große Buch der heilenden Pflanzen. Hugendubel Verlag, München (1998).

Pahlow, M.: Das Große Buch der Heilpflanzen. Gräfe und Unzer Verlag, München (1993).

Pahlow, M.: Heilpflanzen – sanfte Behandlung. Hirzel Verlag, Stuttgart (2000).

Saller, R. / Reichling, J. / Hellenbrecht, D.: Phytotherapie. Karl F. Haug Verlag, Heidelberg (1995).

Schilcher, H.: Kleines Heilpflanzen Lexikon. Walter Hädecke Verlag, Weil der Stadt (1999).

Schmeil, O. / Fitschen, J.: Flora von Deutschland und angrenzender Länder. Quelle & Meyer Verlag, Heidelberg (2000).

Schönfelder, P.: Heilpflanzen. Kosmos Verlag, Stuttgart (1992).

Wagner, H.: Arzneidrogen und ihre Inhaltsstoffe. Wissenschaftl. Verlagsges.mbH, Stuttgart (1999).

Wagner, H. / Wiesenauer, M.: Phytotherapie. Gustav Fischer Verlag, Stuttgart / Jena / New York (1995).

Weiss, R.F. / Fintelmann, V.: Lehrbuch der Phytotherapie. Hippokrates Verlag, Stuttgart (1999).

Wichtl, M.: Teedrogen. Wissenschaftl. Verlagsges.mbH, Stuttgart (1997).

Geschichte der Gärten, Kräuterbücher, Pflanzensymbolik

Belling, L.: Die Pflanze in der mittelalterlichen Tafelmalerei. Böhlan Verlag, Köln / Graz (1967).

Berger, K.v.: Deutsche Pflanzensagen. Verlag von August Schaber (1864), Fotomechanischer Neudruck (1978).

Beuchert, M.: Symbolik der Pflanzen. Insel Verlag, Frankfurt am Main / Leipzig (1995).

Fuchs, L.: New Kreüterbuch. Faksimile-Nachdruck, GOVI Verlag, Eschborn.

Gärten im Park. Kurverwaltung Bad Wörishofen (2000).

Gallwitz, E.: Ein wunderbarer Garten. Insel Verlag, Frankfurt/M. (1996).

Heilmann, K.E.: Kräuterbücher in Bild und Geschichte. Verlag Konrad Kölbl, München-Allach (1973).

Hobhouse, P.: Illustrierte Geschichte der Gartenpflanzen. Scherz Verlag, Bern / München / Wien (1999).

Kremer, B.P.: Der Kräutergarten. in: Pharmazie in unserer Zeit, 15, 144–154 (1986).

Kreuter, M.L.: Der naturgemäße Kräutergarten. BLV Verlags GmbH, München / Wien / Zürich (1998).

Rosenberg, J.: Führer durch die Pflanzenwelt von Bad Wörishofen und Umgebung. Selbstverlag (1929).

Sarkowicz, H.: Die Geschichte der Gärten und Parks. Insel Verlag, Frankfurt / Leipzig (1998)

Walahfrid von der Reichenau: Hortulus. Erhältlich beim Verkehrsverein Reichenau.

Duft- und Aromapflanzen

Berger, R.: Düfte – Abenteuer für Nase und Gefühl. Hirzel Verlag, Stuttgart (1999).

Duft- und Kulturgeschichte des Parfums. Comite Francais du Parfum. Katalog zur Ausstellung im Deutschen Museum München (1996).

Evers, U.: Romantische Duftgärten. Naturbuch Verlag, Augsburg (1999).

Fischer-Rizzi, S.: Botschaft an den Himmel. Hugendubel-Irisiana Verlag, München (1996).

Schmal, G. / Krämer, B.: Düfte der Natur. Heilessenzen & Aromaöle. Ludwig Buchverlag GmbH, München (1999).

Seitz, P.: Duftatmen mit Aromapflanzen. Kosmos Verlag, Stuttgart (1997).

Urban, H.: Ein Garten der Düfte. BLV Verlags GmbH, München / Wien / Zürich (1999).

Werner, M.: Ätherische Öle für Wohlbefinden, Schönheit und Gesundheit. Gräfe und Unzer Verlag GmbH, München (1996).

Wolf, A.: Aromatherapie – dufte Medizin? In: Pharm. Ztg. Nr. 33, 145, S.2694 (2000).

Kneipp: Literatur und Therapie

Kneipp, S.: Meine Wasserkur. 1.Aufl., Josef Kösel'sche Buchhandlung, Kempten (1886).

Kneipp, S.: So sollt ihr leben! 1. Aufl., Josef Kösel'sche Buchhandlung, Kempten (1889).

Kneipp, S.: Mein Testament für Gesunde und Kranke. 1. Aufl., Josef Kösel'sche Buchhandlung, Kempten (1894).

Kneipp, S.: Bienen-Büchlein. 1.Aufl., B.Schmid'sche Verlagsbuchhandlung, Augsburg (1892).

Kneipp, S.: Fritz, der fleißige Futterbauer. 1.Aufl., B.Schmid'sche Verlagsbuchhandlung, Augsburg (1875).

Kneipp, S.: Fritz, der fleißige Landwirt. 3.Aufl., B.Schmid'sche Verlagsbuchhandlung, Augsburg (1878).

Kneipp, S.: Fritz, der eifrige Viehzüchter. 1.Aufl., Verlag der Buchhandlung L.Auer, Augsburg (1877).

Kneipp – Gesundheit auf 5 Säulen. Kneipp Werke, Würzburg (2000).

Kneipp Anwendungen. Kneipp Verlag GmbH, Bad Wörishofen (1997).

Baumgärtner, O.: Kur der Seele – ein Beitrag zur Kneippschen Ordnungstherapie. Selbstverlag, Bad Wörishofen (1994).

Broschüre: Netzwerk für klassische Naturheilverfahren in Europa. Hrsg. Kurdirektion Bad Wörishofen (2000).

Margarethe Fürstin von Thurn und Taxis / Erzherzog Joseph: Atlas der Heilpflanzen des Prälaten Kneipp.

Metz, R.: So sollt ihr kochen. Selbstverlag, Bad Wörishofen (1995).

Naturheilverfahren – Ein Leitfaden durch die natürlichen Methoden der Medizin. Bundeszentrale für gesundheitliche Aufklärung (BzgA), Köln (1999).

Schiedermair, W. (Hrsg.): Das Dominikanerinnenkloster zu Bad Wörishofen. Anton H. Konrad Verlag, Weißenhorn (1998).

Sieg, S.: Horizonte des Heilens. Komplementäre Medizin heute. Katalog für das Expo-Projekt „KeimCelle Zukunft – Heilen im Dialog" der Stadt Celle (2000).

Uehleke, B. / Hentschel, H.D.: Gesundleben mit Kneipp. Ehrenwirth Verlag, München (1999).

Wegweiser zu den Kneipp Mitteln. Sebastian Kneipp Gesundheitsmittel Verlag GmbH, Würzburg (1997).

Wolf, J. / Burghardt L.: Ein Bauerndorf wird Weltbad. Verlag Erwin Geyer, Bad Wörishofen (1971).

Kneipp-Adressen

KNEIPP infoline: KNEIPP WERKE
Steinbachtal 23, 97082 Würzburg
Tel. 0180-500-1821
Fax 0180-500-1897
E-Mail: info@kneipp.de
URL: www.kneipp.de

Kneipp Ärztebund e.V.
Hahnenfeldtstr. 21, 86825 Bad Wörishofen
Tel.: 08247-90110
Fax: 08247-90111
E-Mail: kneippärztebund@
t-online.de

Kneipp Apotheke
Kneippstr. 2, 86825 Bad Wörishofen
Tel.: 08247-2230
Fax: 08247-6379
E-Mail: hans-horst.froehlich@
kneipp.de

Kneipp-Bund e.V. Bundesverband für Gesundheitsförderung
Adolf-Scholz-Allee 6,
86825 Bad Wörishofen
Tel.: 08247-3002-0
Fax: 08247-3002-199
E-Mail: bundesverband@ kneippbund.de
URL: www.kneippbund.de

Kneippland, Unterallgäu
Postfach 1362, 87713 Mindelheim

Kurverwaltung Bad Wörishofen
Postfach 1443, 86817 Bad Wörishofen

Tel.: 08247-96900
E-Mail: info@bad-woerishofen.de
URL: www.bad-woerishofen.de

Sebastian Kneipp Museum
Schulstraße, 86825 Bad Wörishofen

Sebastian-Kneipp-Schule
(Ausbildung zu Masseur, med. Bademeister, Physiotherapeut, Kneipp- und Kurbademeister, Med. Fußpfleger/-innen)
Brucknerstr. 1, 86825 Bad Wörishofen
Tel.: 08247-9676-0

Fax: 08247-9676-44
E-mail: kneippschule@aol.com

Sebastian Kneipp Gesundheitsmittel Verlag GmbH
Postfach 5865, 97008 Würzburg
Tel.: 0931-8002-0
Fax: 0931-8002-104
URL: www.kneipp.de/mitglieder/ verlag/index.html

Verband Kneippscher Bademeisterinnen und Bademeister Bundesverband med. Badeberufe e.V.

Postfach 1651, 86819 Bad Wörishofen
Tel. 08247-9676-0

Verband Deutscher Kneippheilbäder und Kneippkurorte e.V.
Tel. 02752-898
Fax 02752-7789
E-Mail: badlassphe@t-online.de

Europäisches Kneipp-Gesundheitszentrum Bad Wörishofen e.V.
Postfach 1337, 86816 Bad Wörishofen
URL: www.eu-health-center.org

Register

Die **halbfett** gesetzten Seitenzahlen verweisen auf Farbabbildungen.

KNEIPP®

für Körper, Geist und Seele

Sebastian Kneipp und sein Würzburger Apothekerfreund
Leonhard Oberhäußer (ganz links zu sehen)

Arnika – eine zauberhafte
Heilpflanze

Tradition

Es gehörte damals Mut dazu, sich
wie der Würzburger Apotheker
Leonhard Oberhäußer zu Sebastian Kneipp und seinen zukunfts-
weisenden Erkenntnissen zu
bekennen. Gemeinsam erprobten
beide die Wirkung der Heilkräuter
und entwickelten Rezepturen. In
Verträgen von 1891 – 1897 über-
trug Sebastian Kneipp an Leonhard Oberhäußer das Namens-
recht „KNEIPP" einschließlich der
Fort- und Weiterentwicklung des
Kneipp Naturschatzes. So entstanden aus der Engel Apotheke in
Würzburg die KNEIPP WERKE als
Familienunternehmen. Heute
stellen die KNEIPP WERKE in
Würzburg und Bad Wörishofen
pflanzliche Arzneimittel, Körperpflegemittel, Nahrungsergän-
zungsmittel und diätetische
Lebensmittel her. Die Verpflich-
tung zum Gedankengut Sebastian
Kneipps ist Voraussetzung für die
Qualität, Sicherheit und Wirksamkeit der Produkte.

Qualität beginnt beim Anbau

Zusammen mit langjährigen Ver-
tragspartnern sichern sich die
KNEIPP WERKE über kontrolliert-
integrierten oder biologischen
Anbau Heilkräuter als nachwach-

senden Rohstoff in möglichst ein-
heitlicher, hervorragender Qualität. Unter Berücksichtigung von
richtiger Pflanzenart, Bodenquali-
tät, klimatischen Bedingungen,
geographischer Lage der Felder,
Fruchtwechsel und Düngebilan-
zen können die strengen Quali-

Mechanische Unkrautbekämpfung beim Pfefferminzanbau im fränkischen
Schwebheim

tätsvorgaben eingehalten werden. Neuzüchtungen verbessern Anbau- und Erntebedingungen, optimieren Wirkstoffe und tragen dazu bei, gefährdete Pflanzenarten zu erhalten.

Qualitätskontrolle und schonende Verarbeitung

Fast wie abstrakte Grafiken erscheinen die Chromatogramme moderner Analysengeräte. Physikalisch-chemische Messmethoden garantieren, dass der von den Arzneibüchern vorgeschriebene Pflanzenteil der richtigen Pflanzenart mit dem geforderten Wirkstoffgehalt verwendet wird.

Komplizierte Analysen sichern in feinsten Spuren die Einhaltung der gesetzlichen und selbst gestellten Vorgaben in Bezug auf Pflanzenschutzmittel-Rückstände, Schwermetalle, chemische und pflanzliche Verunreinigungen, Radioaktivität, Aflatoxine oder Pflanzenhygiene (Keimzahlen).

Schonende Verarbeitung und optimale Konfektionierung ermöglichen bestmögliche Nutzung der

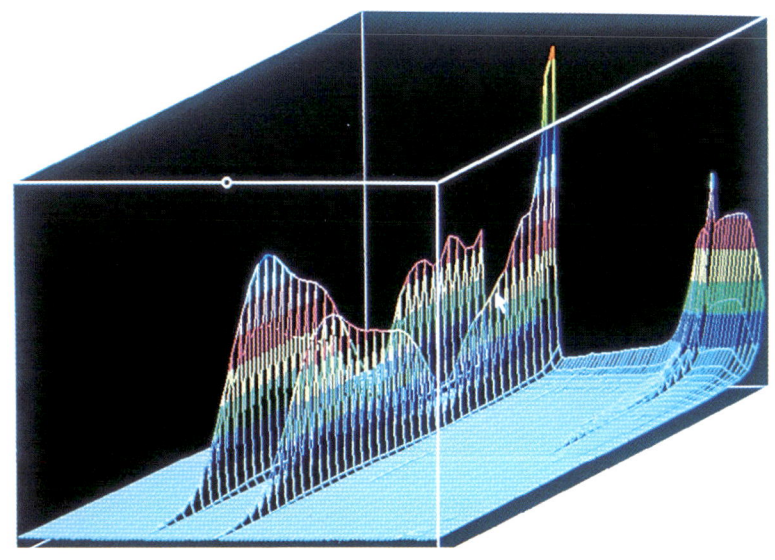

3D-Hochdruckflüssigkeitschromatogramm von Melissenöl

Wirkstoffe und gewährleisten eine möglichst lange Haltbarkeit. Neue Erkenntnisse aus Wissenschaft und Forschung fließen zudem ständig in die Entwicklung und Produktion ein.

Information

Aus ihrer Phytokompetenz heraus möchten die KNEIPP WERKE das Wissen um die wohltuende Wirkung der Pflanzen an alle Interessierten weitergeben. Gerne haben wir daher zusammen mit der Stadt Bad Wörishofen und der Regierung von Schwaben den Aroma-und Duftgarten und die drei Heilkräutergärten errichtet. Der sich hier harmonisch einfügende Holzpavillon ist Treffpunkt für Gartenführungen, Kräuterwanderungen und Meinungsaustausch bei einer Tasse Tee...

Optimale Verpackung erhält die Wirk- und Aromastoffe der Teekräuter.

In der SEBASTIAN KNEIPP FORSCHUNG finden regelmäßig Heilpflanzenvorträge statt. Sie können uns aber auch über unsere Infoline befragen oder im Internet besuchen.

KNEIPP® Infoline
Phone 0180-500-1821[*]
Fax 0180-500-1897[*]
Internet www.kneipp.de
e-mail info@kneipp.de

[*] gebührenpflichtig

Der Info-Pavillon der Kneipp Werke im Kurpark Bad Wörishofen

KOSMOS

Gabriele Bickel

Die Sternenfelser Kräuterhexe

Aus dem Zauberkästchen einer Kräuterhexe: Von uralten Geheimnissen der Kräutermedizin bis zu Schönheitsmitteln, von Geschenkideen bis zu köstlichen Rezepten wie Gewürzwein, Wildkräutersalate, Kräuterkekse, Rosenwasser ...

Gabriele Bickel
Mein Kräuterhexenwissen

155 Seiten
228 Abbildungen

ISBN 3-440-07277-0

Gegen so manches Unwohlsein ist ein Kraut gewachsen. Gegen Kopfschmerzen und Frauenleiden, gegen Hautprobleme oder Depressionen. Kräuterhexe Gabriele Bickel zeigt, wie man Heilmittel aus Kräutern selbstmacht und verrät ihre besten Rezepte für Tinkturen, Elixiere und Kräutertees.

Gabriele Bickel
Meine Kräuterhexengesundheit

155 Seiten
231 Abbildungen
gebunden

ISBN 3-440-07634-2

www.kosmos.de

Die geheimen Gartentipps!

Über Jahrhunderte hinweg wurden in Klostergärten wertvolle Erfahrungen im Umgang mit Pflanzen gesammelt. Die Schwestern der Abtei Fulda bewahrten dieses Wissen auf und ergänzten es mit den aktuellen Erkenntnissen des biologischen Gartenbaus. Ein Buch, das nicht am Schreibtisch, sondern ganz aus der Praxis entstand.

Christa Weinrich OSB
Geheimnisse aus dem Klostergarten

156 Seiten
148 Abbildungen
gebunden

ISBN 3-440-07397-1

Nicht nur Kräuter, auch Obst und Gemüse können dem Körper auf die Sprünge helfen. Dieser Ratgeber beschreibt ihre verblüffenden Eigenschaften und gibt genaue Anwendungstipps. Inhaltsstoffe, Wirkung und Anwendungsweise werden für jedermann verständlich beschrieben. Außerdem mit Rezepten und Tabellen „Was hilft bei welcher Krankheit".

Dr. Wolfgang Hensel
Heilkraft aus dem Garten

126 Seiten
192 Abbildungen

ISBN 3-440-07457-9

Bildnachweis

Mit **185 Farbfotos** von:
Archiv für Kunst und Geschichte, Berlin (S. 75, 99 u);
Dr. Manfred Fischer, Bad Wörishofen (S. 152 u);
Hans Horst Fröhlich, Bad Wörishofen (S. 1, 2/3, 4, 6/7, 9, 12, 13 u, 14, 15, 16/17, 18, 19, 20, 21, 22, 23, 26, 27, 28 beide, 29, 30, 31 beide, 32 beide, 34 beide, 35 oli, 35 ore, 36, 37 beide, 39 beide, 41, 65, 66/67, 70 re, 73 o, 74, 77, 78, 83 beide, 85, 87 o, 89, 91, 92, 94, 96, 98, 100 beide, 101, 103, 106 u, 107 beide, 114, 115 li, 116, 118, 125 beide, 126, 127 u, 128 beide, 134, 137 li, 138/139, 142, 143 beide, 144 beide, 145, 152 ore, 153 Mre, 153 uli);
GartenBildAgentur, Au/Hallertau (S. 46, 47, 48 u, 50 o, 54 o);
Kneipp Werke, Bad Wörishofen (S. 152 oli, 153 ore);
Roland Krieg, Waldkirch (S. 24/25, 139);
Kurverwaltung Bad Wörishofen (S. 7 re, 14/15, 113, 134/135);
Bildarchiv Laux, Biberach/Riß (S. 5 oli, 5 ore, 61, 64/65, 69, 73 u, 81, 99 o, 105 o, 121, 122, 140/141 beide);
Landespflanzenschutzamt Sachsen-Anhalt, Magdeburg (S. 55 beide);
Wolfgang Redeleit, Bienenbüttel (S. 40/41, 43, 45 u, 52 u, 56, 63 li, 84);
Reinhard-Tierfoto, Heiligkreuzsteinach/Eiterbach (S. 8/9, 33, 35 ure, 42, 44 beide, 45 o, 48 o, 51, 54 u, 59 beide, 59, 60 beide, 62, 63 re, 79, 108/109, 109, 110, 112 re, 132 o, 133, 137 re);
Nils Reinhard, Heiligkreuzsteinach/Eiterbach (S. 5 ure, 50 u, 52 o);
Ralf Roppelt, Sahara Werbeagentur, Stuttgart (S. 13 o, 17, 25, 53, 68/69, 76, 80, 82, 86, 87 u, 88, 93, 95 beide, 96/97, 102, 105 u, 106 o, 108, 111, 112 li, 115 re, 117, 119, 120 beide, 122/123, 122/133 Bonbons, 124, 127 o, 129, 131, 132 u, 136);
Peter Schönfelder, Pentling (S. 70 li, 130);
Friedrich Strauß, Au/Hallertau (S. 57, 58).

Mit **15 Farbzeichnungen** von Ruth Fritzsche, Parthenstein bei Grimma (S. 10/11, 19, 21, 23, 38, 49, 64 drei, 67, 68, 90, 117, 118/119, 146/147).

Umschlaggestaltung: Atelier Reichert, Stuttgart.
Umschlagvorderseite: Reinhard-Tierfoto (großes Motiv); Hans Horst Fröhlich (beide Einklinker); Kurverwaltung Bad Wörishofen (Sebastian Kneipp).
Umschlagrückseite: Reinhard-Tierfoto (großes Motiv); Ralf Roppelt, Sahara Werbeagentur (Blüten).

Mit 191 Farbfotos, 15 Farbzeichnungen.
Gedruckt auf chlorfrei gebleichtem Papier.

© 2001, Franckh-Kosmos Verlags-GmbH & Co., Stuttgart
Alle Rechte vorbehalten.
ISBN 3-440-08513-9
Lektorat: Christiane Theis
Grundlayout: Atelier Reichert, Stuttgart
Gestaltung: Guido Schlaich, München
Produktion: Heiderose Stetter, Martina Gronau
Satz: TypoDesign, Radebeul
Printed in Czech Republic / Imprimé en République Tchèque
Druck und Buchbinder: Graspo CZ a.s.

Die Deutsche Bibliothek – CIP-Einheitsaufnahme
Ein Titelsatz für diese Publikation ist bei
Der Deutschen Bibliothek erhältlich

Alle Angaben in diesem Buch sind sorgfältig geprüft und geben den neuesten Wissensstand bei der Veröffentlichung wieder. Da sich das Wissen aber laufend und in rascher Folge weiterentwickelt und vergößert, muss jeder Anwender prüfen, ob die Angaben nicht durch neuere Erkenntnisse überholt sind. Dazu muss er zum Beispiel Beipackzettel lesen und genau befolgen, sowie Gebrauchsanweisungen und Gesetze beachten.

In diesem Buch werden Hinweise zur Naturheilkunde gegeben. Nur auf die beschriebenen Arten trifft die angegebene Verwendung zu, ihr Gebrauch setzt daher ihre sichere Kenntnis voraus.
Heilpflanzentees sollten immer nur beschränkte Zeit und nicht länger als nötig eingenommen werden. Behandelt werden dürfen nur leichtere Gesundheitsstörungen, die keiner ärztlichen Behandlung bedürfen. Bei neu auftretenden, länger anhaltenden, stärkeren Beschwerden und bei Befindlichkeitsstörungen, die Sie sich nicht erklären können, sollten Sie unbedingt einen Arzt aufsuchen. Besondere Vorsicht ist während der Schwangerschaft und Stillzeit, bei Säuglingen und Kleinkindern angebracht. Den Arztbesuch kann dieses Buch auf keinen Fall ersetzen.

Danksagung
Bedanken möchte ich mich bei Herrn Markus Wittenzeller für die kompetente und anschauliche Schilderung der Kräutergartenpraxis. Und bei meinen Lektorinnen Frau Angelika Throll-Keller und Frau Christiane Theis, die mich zu diesem Buch angeregt haben und mit viel Verständnis und in harmonischer Zusammenarbeit auf meine Ideen und Wünsche eingegangen sind. Frau Ruth Fritzsche herzlichen Dank für die Umsetzung unserer Gedanken in wunderschöne Zeichnungen, meinem Kollegen Dr. Manfred Fischer für die kritische Durchsicht der botanischen Ergänzungen. Besonders herzlich bedanke ich mich bei meiner Frau Ingrid, die mit vielen Anregungen und Geduld meine Liebe zu den Pflanzen, Gärten und zum Fotografieren begleitet und mitträgt.   *Hans Horst Fröhlich*

Informationen senden wir Ihnen gerne zu

Bücher · Kalender · Spiele · Experimentierkästen · CDs · Videos · Seminare
Natur · Garten & Zimmerpflanzen · Heimtiere · Pferde & Reiten · Astronomie · Angeln & Jagd · Eisenbahn & Nutzfahrzeuge · Kinder & Jugend

KOSMOS Postfach 10 60 11
D-70049 Stuttgart
TELEFON +49 (0)711-2191-0
FAX +49 (0)711-2191-422
WEB www.kosmos.de
E-MAIL info@kosmos.de